현행 법규 사례에 따른

성년 후견 · 후견 제도의 규정과 사례

편저 : 대한민사법실무연구회

대한민국 법률지식의 중심
법문 북스

머 리 말

사회의 고령화 시대에 접어들면서 전체 인구에서 노령화 인구의 비율이 증가하고 도시화 · 산업화에 따른 산업재해 · 정신적 장애 · 교통사고 등 복잡한 사회 속에서 장애인 · 병약자 등이 늘고 있다.

이에 따라 후견인 제도는 있었으나 이번에 성년 후견인 제도가 도입되어 우리 사회의 책무를 조금이나마 더할수 있는 제도라 생각한다.

본서는 사회책무인 후견인 제도에 도움될만한 각 규정과 사례를 구성해 보았다.

제1편 에는 후견인 제도 · 성년 후견인 · 유언에 의한 미성년 후견인의 지정 · 후견인 임무 · 후견인 종료 · 재산 대리권과 관리권

제2편 에는 친권 · 친권의 행사방법 · 친권자의 변경 · 친권의 효력 · 친권의 상실 등이 수록되었으며 각 항목마다 후견인 제도 관련된 서식 · 판례 · 예규 · 훈령 · 선례 등을 수록하였으며 후견인 관련된 법률을 별도 수록되어 있어 후견인 제도 실무 이해에 많은 도움이 되리라 믿는다.

2013. 10.

차 례

제1편. 후견제도

제1장 후견인제도 개정

제2장 후견인제도

♣ 핵심판례

♣ 핵심판례

제 2 절 후견인의 임무 ······················ 30

♣ 핵심판례

제2편. 친족

제1장 친 권

제5절 친권의 상실 ·······················153

♣ 핵심판례

제3편. 관련법률

제1편. 후견제도

제1장   후견인제도 개정

1. 기존의 금치산·한정치산 제도를 현재 정신적 제약이 있는 사람은 물론 미래에 정신적 능력이 약해질 상황에 대비하여 후견제도를 이용하려는 사람이 재산 행위뿐만 아니라 치료, 요양 등 복리에 관한 폭넓은 도움을 받을 수 있는 성년후견제로 확대·개편하고,

2. 금치산·한정치산 선고의 청구권자에 후견감독인과 지방자치단체의 장을 추가하여 후견을 내실화하며,

3. 성년후견 등을 요구하는 노인, 장애인 등에 대한 보호를 강화하고, 피성년후견인 등과 거래하는 상대방을 보호하기 위하여 성년후견 등에 관하여 등기로 공시하도록 하였다.

제2장 후견인제도

제1절 성년후견

◈ 성년후견심판에 의한 후견의 개시

제929조【성년후견심판에 의한 후견의 개시】
가정법원의 성년후견개시심판이 있는 경우에는 그 심판을 받은 사람의 성년후견인을 두어야 한다.

■ [요약] 929. 성년후견심판에 의한 후견의 개시

·성년후견개시심판이 있는 때
·후견개시의 신고 : 후견이 개시되면 후견인은 그 취임일로부터 1월 이내에 후견개시의 신고를 하여야 한다
·관련법조 : [후견개시의 신고] 가족관계등록법 §80

본조는 성년 후견에 관하여 규정한 것으로, 획일적으로 행위능력을 제한하는 문제점을 내포하고 있는 기존의 금치산·한정치산제도 대신 더욱 능동적이고 적극적인 사회복지시스템인 성년후견·한정후견·특정후견제도를   도입하기   위하여 2011.3.7. 법률 제10429호로 개정되었다(시행 2013.7.1.)

1. 성년후견의 개시

가정법원의 성년후견개시심판이 있을 때에 후견이 개시된다(제929조).

【서식】 후견개시신고서

<table>
<tr><td colspan="3" rowspan="2">후 견 개 시 신 고 서
(년   월   일)</td><td colspan="4">※ 아래의 작성방법을 읽고 기재하시되, 선택항목을 해당번호에 "○"으로 표시하여 주시기 바랍니다.</td></tr>
<tr></tr>
<tr><td rowspan="9">① 피후견인</td><td colspan="2">등록기준지</td><td colspan="2"></td><td>출생연월일</td><td></td></tr>
<tr><td colspan="2">주 소</td><td colspan="5"></td></tr>
<tr><td colspan="2">성 명</td><td>한글</td><td>한자</td><td>주민등록번호</td><td>–</td></tr>
<tr><td colspan="2">등록기준지</td><td colspan="2"></td><td>출생연월일</td><td></td></tr>
<tr><td colspan="2">주 소</td><td colspan="5"></td></tr>
<tr><td colspan="2">성 명</td><td>한글</td><td>한자</td><td>주민등록번호</td><td>–</td></tr>
<tr><td colspan="2">등록기준지</td><td colspan="2"></td><td>출생연월일</td><td></td></tr>
<tr><td colspan="2">주 소</td><td colspan="5"></td></tr>
<tr><td colspan="2">성 명</td><td>한글</td><td>한자</td><td>주민등록번호</td><td>–</td></tr>
<tr><td rowspan="4">② 후견인
(신고인)</td><td colspan="2">등록기준지</td><td colspan="2"></td><td>출생연월일</td><td></td></tr>
<tr><td colspan="2" rowspan="2">주 소</td><td colspan="2" rowspan="2"></td><td>전화</td><td></td></tr>
<tr><td>이메일</td><td></td></tr>
<tr><td colspan="2">성 명</td><td>한글</td><td>㉑(서명 또는 무인)</td><td rowspan="2">주민등록번호</td><td rowspan="2">–</td></tr>
<tr><td colspan="2"></td><td>한자</td><td></td></tr>
<tr><td colspan="3">③ 후견개시일자 및 원인</td><td colspan="4">년   월   일</td></tr>
<tr><td colspan="3">④취임일자 및 원인</td><td colspan="2">년   월   일</td><td>□지정   □법정</td><td>□선정</td></tr>
<tr><td colspan="3">⑤ 심 판 일 자</td><td colspan="2">년   월   일</td><td>법원명</td><td></td></tr>
<tr><td colspan="3">⑥ 기 타 사 항</td><td colspan="4"></td></tr>
</table>

작 성 방 법

①란 : 2명 이상의 피후견인에 대해 후견개시가 있는 경우에는 순서대로 적으시면 됩니다.
 · 법 제25조제2항에 따라 주민등록번호란에 주민등록번호를 기재한 때에는 출생연월일의 기재를 생략할 수 있습니다.
③란 : 후견개시일자 및 원인은 2008. 2. 1. 친권자의 사망(상실), 2009. 2. 1. 한정치산선고 확정, 2010. 2. 1. 친권자행방불명 등으로 기재합니다.
④란 : 지정·법정후견인의 취임연월일은 후견개시원인이 발생한 날(친권자의 사망, 상실 등)을 기재합니다.
⑤란 : 심판일자란은 선정후견인의 경우에만 기재합니다.
⑥란 : 기타사항은 가족관계등록부에 기록을 분명하게 하는데 특히 필요한 사항을 기재합니다.

첨 부 서 류

1. 유언서, 그 등본 또는 유언녹음을 기재한 서면 1부(유언에 의하여 후견인을 지정한 경우)
2. 재판서 등본 1부.(가정법원이 재판에 의하여 후견인을 선정한 경우)
3. 당사자의 가족관계등록부의 기본증명서, 가족관계증명서 각 1통(전산정보처리조직에 의하여 그 내용을 확인할 수 있는 경우에는 첨부를 생략합니다).
4. 우편접수의 경우에는 신고인의 신분증명서 사본을 첨부하여야 합니다(신고인이 출석한 경우에는 출석한 신고인의 신분증명서에 의하여 신분을 확인하여야 하고 별도의 신분증명서 사본을 첨부할 필요가 없으나, 제출인이 출석한 경우에는 제출인의 신분증명서를 제시하여야 합니다).

2. 성년후견인

(1) 후견인의 수

성년 후견인은 피성년후견인의 신상과 재산에 관한 모든 사정을 고려하여 여러 명을 둘 수 있으며, 법인도 성년후견인이 될 수 있다(제930조). 미성년후견인의 수는 한 명으로 한다(민법 제930조).

◈ **친권을 행사하는 부모는 유언으로 미성년자의 후견인을 지정할 수 있는가?**

제931조 【유언에 의한 미성년후견인의 지정】

① 미성년자에게 친권을 행사하는 부모는 유언으로 미성년후견인을 지정할 수 있다. 다만, 법률행위의 대리권과 재산관리권이 없는 친권자는 그러하지 아니하다.

② 가정법원은 제1항에 따라 미성년후견인이 지정된 경우라도 미성년자의 복리를 위하여 필요하면 생존하는 부 또는 모, 미성년자의 청구에 의하여 후견을 종료하고 생존하는 부 또는 모를 친권자로 지정할 수 있다.

[전문개정 2011.5.19]

[시행일 : 2013.7.1]

■ **[요약] 931. 유언에 의한 미성년후견인의 지정 등**

·최후로 친권을 행사하는 자, 즉 그 자의 사망으로 친권을 행사할 자가 없어지는 관계에 있는 자는 유언으로써 후견인을 지정할 수 있다..

·그러나 법률행위의 대리권과 재산관리권이 없는 자는 그 지정을 할 수 없다.

·가정법원은 위에 따라 미성년후견인이 지정된 경우라도 미성년자의 복리를 위하여 필요하면 생존하는 부 또는 모, 미성년자의 청구에 의하여 후견을 종료하고 생존하는 부 또는 모를 친권자로 지정할 수 있다.

■ **핵심판례** ■

■ 후견개시신고가 법정후견인 취임의 효력발생요건인지 여부

미성년자에 대한 법정후견인의 취임은 지정후견인이 없음을 조건으로 후견개시사유 발생과 동시에 당연히 이루어지고, 호적상 후견개시신고는 보고적 신고에 불과한 것이므로, 법정후견인이 될 수 없는 자가 선순위자가 있음에도 불구하고 후견개시신고를 하여 호적에 후견인인 것처럼 등재되었다 하여도 후견인으로 취임한 것으로 볼 수 없다(대결 1991. 4. 4. 90스3).

◈ 미성년자의 후견인의 선임

제932조【미성년자의 후견인의 선임】

① 가정법원은 제931조에 따라 지정된 미성년후견인이 없는 경우에는 직권으로 또는 미성년자, 친족, 이해관계인, 검사, 지방자치단체의 장의 청구에 의하여 미성년후견인을 선임한다. 미성년후견인이 없게 된 경우에도 또한 같다.

② 가정법원은 친권상실의 선고나 대리권 및 재산관리권 상실의 선고에 따라 미성년후견인을 선임할 필요가 있는 경우에는 직권으로 미성년후견인을 선임한다.

③ 친권자가 대리권 및 재산관리권을 사퇴한 경우에는 지체 없이 가정법원에 미성년후견인의 선임을 청구하여야 한다.

[전문개정 2011.3.7]

[시행일 : 2013.7.1]

■ [요약] 932. 미성년 후견인의 선임

·청구 : 가정법원 직권으로, 또는 미성년자, 친족, 이해관계인, 검사, 지방자치단체의 장의 청구에 의한다.

·가정법원은 친권상실의 선고나 대리권 및 재산관리권 상실의 신고에 따라 미성년후견인을 선임할 필요가 있는 경우에는 직　권으로 미성년후견인을 선임한다.

·친권자가 대리권 및 재산관리권을 사퇴한 경우에는 지체없이 가정법원에 미성년후견인의 선임을 청구하여야 한다.

·관련법조 : [후견인 경질신고 등] 가족관계등록법 §81

■ 예 규 ■

■ 미성년자의 생모가 후견인으로 기록되어 있는 경우의 사무처리지침

(대법원 가족관계등록예규 제182호)

1. 미성년자의 이혼모와 재혼모는 개정전「민법」제909조제5항에 따라 친권을 상실하였으나, 민법의 개정에 의하여 1991. 1. 1.부터 그 친권이 부활되었다.

2. 1990. 12. 31.이전에 미성년자의 이혼모와 재혼모가 후견인으로 취임하여 미성년자의 가족관계등록부에 기록된 경우에도 1991. 1. 1.부터는 그 모가 친권을 행사하게 되므로 후견종료의 신고를 하여야 한다.

   그 기재례는 가족관계등록실무자료집(기재편) 참조

3. 이 경우의 후견종료신고 의무의 기산일은 1991. 1. 1.이다.

■ **차순위자가 후견인으로 기록되어 있는 경우의 가족관계 등록부 정정방법**

(대법원 가족관계등록예규 제185호)

선순위자가 있음에도 불구하고 차순위자가 후견개시신고를 하여 가족관계등록부에 후견인으로 기록된 경우에는 이해관계인은 「가족관계의 등록 등에 관한 법률」 제104조에 따라 가정법원의 허가를 받아 참칭후견인의 신고에 따른 가족관계등록부기록의 말소를 신청할 수 있다.

◨ 호적선례2-231 ◧

사망시 친권자인 생모가 친권상실선고나 법률행위대리권의 상실선고를 받은 경우 후견이 개시된다.

사망한 부와 이혼하여 현재 동거하지 않는 생모가 있다면 그 생모는 미성년자에 대한 친권을 행사하게 되어 후견개시사유가 발생하지 아니하나 그 친권자가 친권상실의 선고나 법률행위대리권의 상실선고를 받은 경우에는 후견이 개시되고, 그때의 후견인의 순위는 지정후견인이 없는 때에는 직계혈족, 삼촌이내의 방계혈족 순위로 후견인이 되고 같은 순위에 있어서는 최근친을 선순위로 하므로 미성년자의 백부보다는 형제자매가 선순위가 되며, 같은 순위자 중에서는 연장자가 선순위로 될 것이나 선순위자가 한국국적을 상실하고 미국국적을 취득하였다면 후견인이 될 수 없으므로 다음 연장자가 후견인이 된다.

▣ 호적선례3-326 ▣

친권행사자가 친권을 행사할 수 없는 경우의 후견인의 순위

친권행사자로 지정된 부(夫)가 사망하여 친권을 행사할 수 없는 경우에도 모(母)가 있을 때에는 후견이 개시되지 않는다. 다만, 모(母)가 행방불명 등으로 친권을 행사할 수 없는 경우에는 후견인이 될 사람이 친권자의 행방불명을 증명하는 서면(예컨대, 직권말소된 주민등록표등본 및 통반장 작성의 확인서 등)을 첨부하여 후견개시신고를 하여야 할 것이며, 그때 후견인이 될 사람은 미성년자의 직계혈족, 3촌 이내의 방계혈족 순이 되고(민법 제932조), 동순위의 직계혈족이 수인인 경우에는 그들 중 연장자가 선순위로 후견인이 되며(민법 제935조 제1항), 이때 직계혈족이라 함은 부(夫)계이거나 모(母)계이거나 관계없을 것이다.

◎ 부모가 모두 사망한 경우 후견인은 누가 되는지

【질의】 ➡ 형님 부부가 얼마 전 교통사고로 모두 사망하여 미성년자인 조카의 후견인이 필요합니다. 현재 가까운 친족으로 조부와 삼촌인 제가 있는데, 이 경우 누가 후견인이 되는지요?

【답변】 ➡ 후견제도(後見制度)는 친권에 의하여 보호받을 수 없는 미성년

자와 한정치산자, 금치산자 등을 보호함을 목적으로 합니다. 부모는 그의 자녀가 성년에 달하기 전에는 그를 보호하고 교양 할 권리와 의무가 있는바, 그러한 친권을 행사할 부모가 없을 때에는 그 부모를 대신하여 그를 보호하고 교양 할 사람이 필요하며, 또한 정신적 장애로 인하여 법원으로부터 행위능력을 박탈당한 금치산자 또는 한정치산자의 경우에도 그의 신체적 결함을 제거하고 정상적인 사람으로 회복하기 위하여 이를 요양하고 간호하는 일에 대한 책무를 져야 할 사람이 필요합니다.

미성년자의 후견인은 망인(부 또는 모)의 유언으로 지정되는 지정후견인(指定後見人)이 있고, 지정후견인이 없는 경우에는 법률의 규정에 의하여 당연히 후견인이 되는 법정후견인(法定後見人)이 있습니다(민법 제931조, 제932조).

법정후견인은 직계혈족, 3촌 이내의 방계혈족의 순위로 되며, 금치산자 또는 한정치산자의 경우에는 지정후견인은 있을 수 없고, 금치산자 또는 한정치산자가 기혼자인 경우에는 배우자가 법정후견인이 되고, 배우자도 금치산 또는 한정치산선고를 받은 경우에는 직계혈족, 3촌 이내의 방계혈족의 순위로 법정후견인이 됩니다. 그리고 직계혈족 또는 방계혈족이 수인인 경우에는 최근친(最近親)을 선순위로 하고 동순위자가 수인인 경우에는 연장자를 선순위로 합니다(민법 제935조).

그리고 위와 같은 혈족에 관하여 판례는 "미성년자에 대한 법정후견인의 취임은 지정후견인이 없음을 조건으로 후견개시사유의 발생과 동시에 당연히 이루어지는 것이고, 그 경우 법정후견인의 선임·해임 등에 관하여 적용되는 가사소송규칙 제65조 제1항에 따른 의견청취 등의 절차를 밟아야 하는 것도 아니며, 한편 법정후견인의 우선순위를 정한 민법 제932조, 제935조 제1항에서 말하는 직계혈족을 부계직계혈족에 한정하여 해석할 것도 아니다."라고 하였으므로(대법원 2000. 11. 28. 선고 2000므612 판결), 모계혈족도 포함되는 것입니다.

지정후견인도 법정후견인도 없는 경우에는 「민법」 제777조의 규정에 의한 피후견인의 친족 또는 이해관계인의 청구에 의하여 가정법원이 선임하는 선임후견인(選任後見人)이 있습니다(민법 제936조).

위 사안에서는 직계혈족이 방계혈족에 우선하므로 직계혈족인 조부가 방계혈족인 귀하보다 우선하여 후견인이 됩니다.

한편, 후견개시신고의 의무자는 후견인입니다. 따라서 조부는 취임일로부터 1월 이내에 후견개시신고를 하여야 하고, 후견인이 변경되거나 후견종료가 되었을 때에도 1월 이내에 신고를 하여야 합니다(가족관계의 등록 등에 관한 법률 제80조, 제83조). 후견에 관한 신고는 「가족관계의 등록 등에 관한 법률」 제20조에 의하여 사건본인의 등록기준지 또는 신고인의 주소지나 현재지(現在地)에서 하여야 합니다.

참고로 보호시설에 있는 미성년자 또는 고아의 후견에 관하여는 「보호시설에있는미성년자의후견직무에관한법률」이   적용됩니다.

[법률구조공단자료. 참고만 하세요]

◈ 성년후견인의 선임

제936조【성년후견인의 선임】

① 제929조에 따른 성년후견인은 가정법원이 직권으로 선임한다.

② 가정법원은 성년후견인이 사망, 결격, 그 밖의 사유로 없게 된 경우에도 직권으로 또는 피성년후견인, 친족, 이해관계인, 검사, 지방자치단체의 장의 청구에 의하여 성년후견인을 선임한다.

③ 가정법원은 성년후견인이 선임된 경우에도 필요하다고 인정하면 직권으로 또는 제2항의 청구권자나 성년후견인의 청구에 의하여 추가로 성년후견인을 선임할 수 있다.

④ 가정법원이 성년후견인을 선임할 때에는 피성년후견인의

의사를 존중하여야 하며, 그 밖에 피성년후견인의 건강, 생활
관계, 재산상황, 성년후견인이 될 사람의 직업과 경험, 피성
년후견인과의 이해관계의 유무(법인이 성년후견인이 될 때에
는 사업의 종류와 내용, 법인이나 그 대표자와 피성년후견인
사이의 이해관계의 유무를 말한다) 등의 사정도 고려하여야
한다.
[전문개정 2011.3.7]
[시행일 : 2013.7.1]

■ [요약] 936. 성년후견인의 선임

·제929조에 따른 성년후견인은 가정법원이 직권으로 선임한다.
·가정법원은 성년후견인이 사망, 결격, 그 밖의 사유로 없게 된 경우에도 직권으로 또는
피성년후견인, 친족, 이해관계인, 검사, 지방자치단체의 장의 청구에 의하여 성년후견인을
선임한다.
·가정법원은 성년후견인이 선임된 경우에도 필요하다고 인정하면 직권으로 또는 제2항의
청구권자나 성년후견인의 청구에 의하여 추가로 성년후견인을 선임할 수 있다.

▣ 핵심판례 ▣

■ [법원에 의한 후견인의 선임]

**가. 가사비송사건, 특히 미성년자등의 후견인을 해임하고 선임하
는 재판등의 심리에 있어 법원이 취하여야 할 조치**

가사비송사건, 특히 미성년자의 후견인을 해임하고 선임하
는 재판을 함에 있어서는 그 재판이 미성년자의 이익에
직결되는 것이므로 이를 심리하는 법원은 무엇이 미성년
자의 이익에 가장 도움이 되는가를 신중히 판단하여야 하

고 그와 같은 판단을 하기 위하여서는 사전에 직권에 의하여 충분한 증거조사를 함으로써 성인들간의 재산 기타 이해관계를 둘러싼 분쟁에서 미성년자가 불측의 피해를 입는 일이 없도록 법원의 후견적 임무를 다하여야 한다고 할 것이다.

나. 미성년자 후견인을 해임하는 심판을 함에 있어 후견인과 청구인을 신문하여 본다든가 사건본인들을 소환하여 신문하는 등의 방법으로 충분한 심증이 형성될 때까지 사실을 조사하는 등의 심리를 게을리 한 원심결정을 심리미진의 위법으로 파기한 사례

미성년자의 후견인을 해임하는 심판을 함에 있어 후견인과 청구인을 신문하여 본다든가 사건본인들(적어도 그 중 연령이 18세에 이르고 그 이름으로 작성된 진정서가 제출되어 있는 사건본인)을 소환하여 사실을 신문하는 등의 방법으로 충분한 심증이 형성될 때까지 사실을 조사하여야 하고, 그 사실에 기초하여 후견인을 해임할 것인가를 결정함에 있어서도 관계 당사자와 사건본인의 의견을 들어보고, 필요하다면 후견인이 해임되는 경우에 다음 순위로 후견인이 될 사람들의 의견도 들어보는 등의 심리를 충분히 하여 무엇이 미성년자인 사건본인의 이익에 가장 부합하는 것인가를 결정하였어야 옳았음에도 이를 게을리 한 원심결정을 심리미진의 위법으로 파기한 사례(1992. 3. 25. 제3부 판결 91스11 후견인해임)

【서식】 후견인선임청구서

후 견 인 선 임 청 구 서

청 구 인 ○ ○ ○ (000000 - 0000000)
　　　주민등록지 ○○시 ○○구 ○○동 ○○번지
　　　실제사는곳 ○○시 ○○구 ○○동 ○○번지
　　　등록기준지 ○○시 ○○구 ○○동 ○○번지
　　　　전화 02-1234-4567　　휴대폰 010-1234-5678
　　　　팩스 02-9876-5432　　이메일 : lawb@lawb.co.kr
사건본인(미성년자)　김 ○ ○　(000000 - 0000000)
　　　주민등록지 ○○시 ○○구 ○○동 ○○번지
　　　실제사는곳 ○○시 ○○구 ○○동 ○○번지
　　　등록기준지 ○○시 ○○구 ○○동 ○○번지
　　　　전화 02-1234-4567　　휴대폰 010-1234-5678
　　　　팩스 02-9876-5432　　이메일 : lawb@lawb.co.kr

청 구 취 지

　○○시 ○○구 ○○동 ○번지 ○○○을 사건본인의 후견인으로 선임한다.
라는 심판을 구합니다.

청 구 원 인

　청구인은 사건본인 ○○○의 ○○인 바, 사건본인은 그의 부모가 모두 사망하여 친권을 행사할 자가 없을 뿐만 아니라 지정후견인도 없으므로 현재 사건본인을 부양하고 있는 청구인이 후견인으로 선임받고자 이걸 청구에 이르렀습니다.

첨 부 서 류

　　　1. 가족관계증명서(사건본인 및 후견인)　　　　1통
　　　2. 주민등록등본(사건본인 및 후견인)　　　　　1통

20○○.　　○.　　○.

청 구 인　○ ○ ○　(날인 또는 서명)

○ ○ 가정법원(○ ○ 지방법원) 귀중

주
1. 소장에는 5,000원의 인지를 붙인다.
2. 송달료는 당사자수×3,020(우편료)×4회분을 송달료취급은행에 납부하고 영수증을 첨부한다.
3. 관할법원은 사건본인의 주소지 관할법원의 전속관할이다.
4. 날인은 인감이 아니어도 상관없다.

제937조【후견인의 결격사유】

다음 각호에 해당한 자는 후견인이 되지 못한다.

 1. 미성년자

 2. 피성년후견인, 피한정후견인, 피특정후견인, 피임의후견인

 3. 회생절차개시결정 또는 파산선고를 받은 자

 4. 자격정지 이상의 형의 선고를 받고 그 형기 중에 있는 자

 5. 법원에서 해임된 법정대리인

 6. 법원에서 해임된 성년후견인, 한정후견인, 특정후견인, 임의 후견인과 그 감독인

 7. 행방이 불명한 자

 8. 피후견인을 상대로 소송을 하였거나 하고 있는 자 또는 그 배우자와 직계혈족

■ [요약] 937. 후견인의 결격사유

·미성년자

·피성년후견인, 피한정후견인, 피특정후견인, 피임의후견인

·회생절차개시결정 또는 파산선고를 받은 자

·자격정지 이상의 형의 선고를 받고 그 형기 중에 있는 사람

·법원에서 해임된 법정대리인

·법원에서 해임된 성년후견인, 한정후견인, 특정후견인, 임의후견인과 그 감독인

·행방이 불분명한 사람

·피후견인을 상대로 소송을 하였거나 하고 있는 자 또는 그 배우자와 직계혈족

본조는 후견인이 될 수 없는 자를 규정한 것이다.

후견인은 상당한 능력이 있고 또한 충실하게 피후견인의 이익을 꾀할 수 있는 자라야 하기 때문에 본조는 그와 같은 요건을 현저하게 결여한 것이라고 인정되는 자를 열거한 것이다. 결격사유는 다음과 같다.

① 미성년자(혼인에 의하여 성년에 달한 것으로 보는 자(제826조의 2)는 제외된다). ② 피성년후견인, 피한정후견인, 피특정후견인, 피임의후견인. ③ 회생절차개시결정 또는 파산선고를 받은 자. ④ 자격정지 이상의 형의 선고를 받고 그 형기 중에 있는 사람. ⑤ 법원에서 해임된 법정대리인. ⑥ 행방이 불분명한 사람. ⑦ 피후견인을 상대로 소송을 하였거나 하고 있는 자 또는 그 배우자와 직계혈족.

◈ 후견인의 대리권

제938조 【후견인의 대리권 등】

① 후견인은 피후견인의 법정대리인이 된다.

② 가정법원은 성년후견인이 제1항에 따라 가지는 법정대리권의 범위를 정할 수 있다.

③ 가정법원은 성년후견인이 피성년후견인의 신상에 관하여 결정할 수 있는 권한의 범위를 정할 수 있다.

④ 제2항 및 제3항에 따른 법정대리인의 권한의 범위가 적절하지 아니하게 된 경우에 가정법원은 본인, 배우자, 4촌 이내의 친족, 성년후견인, 성년후견감독인, 검사 또는 지방자치단체의 장의 청구에 의하여 그 범위를 변경할 수 있다.

[전문개정 2011.3.7]

[시행일 : 2013.7.1]

■ [요약] 938. 피후견인의 대리권 등

·후견인은 피후견인의 법정대리인이 된다
·미성년자의 재산적 법률행위에 대한 동의권
·관련법조 : [근로계약과 대리금지] 근로기준법 §53, §54

후견인은 피후견인의 법정대리인이 된다(제938조).

후견인의 법정대리인으로서의 권한은 다음과 같다.

미성년자의 법정대리인은 친권자 또는 후견인이며 미성년자에 대하여 일반적인 보호감독의 권한을 갖는다. 재산에 관한 법률행위에 관해서는 법정대리인으로서 불완전한 본인의 능력을 보충하는 지위에 있게 된다.

(1) 동의권 : 의사능력있는 미성년자는 법정대리인의 동의를 얻음으로써 완전히 유효한 법률행위를 할 수 있다. 따라서 법정대리인은 동의권을 가진다. 재산의 처분과 영업에 관한 허락은 일종의 동의에 속한다. 동의는 원칙적으로 형식을 요하지 않는 단독적 의사표시이며 묵시의 동의도 유효하다.

동의의 의사표시는 미성년자에 대하여 하거나, 미성년자의 거래 상대방에게 대하여 하면 유효하다. 또 동의의 의사표시는 개개의 행위에 대하여 할 수도 있고, 개개의 행위를 예견하여 일괄적인 동의를 하여도 무방하다(통설). 동의는 미성년자가 법률행위를 한 후에는 취소할 수 없지만 아직 행위를 하지 않은 경우에는 취소할 수 있다(제7조). 다만 거래의 상대방에 대하여 동의를 준 경우에는 그 상대방에 대하여 취소의 의사표시를 하여야 한다.

부모가 공동으로 친권을 행사하는 경우에는 동의도 공동으로 하여야 하므로 일방이 반대하는 동의는 할 수가 없지만, 일방만이 친권을 행사하는 때에는 그 자만이 동의를 할 수 있다(제909조 2·3항).

후견인이 동의권이 있는 경우는 ① 미성년자의 약혼(제801조), ② 미성년자의 혼인(제808조), ③ 미성년자의 입양(제871조) 등에 관해서이다.

(2) 대리권 : 법정대리인은 미성년자를 대리하여 재산상의 법률행위를 할 수 있다(제920조, 제949조). 동의의 경우와 달리 미성년자가 의사능력자임을 요하지 않기 때문에 의사능력 없는 미성년자의 재산보호의 목적은 이 대리권에 의해 달성·완수된다. 부모가 공동으로 친권을 행사하는 경우에는 그 법정대리인도 공동대리로서의 제한을 받는다(제909조 2항).

미성년자 본인의 행위를 목적으로 하는 채무를 발생시키는 행위의 대리는 미성년자 자신의 동의가 있어야 한다(제920조 단서, 제949조 2항). 또 미성년자와 법정대리인의 이해상반행위에 대하여 법정대리권은 제한된다(제921조).

미성년자를 위한 근로계약은 비록 법정대리인이라 하더라도 대리하여 체결할 수 없고(근로기준법 제53조 1항), 미성년자를 대리하여 그 근로임금을 청구하는 것도 금지된다(근로기준법 제54조). 뿐만 아니라 혼인에 의해 미성년자가 성년자로 의제되거나(제826조의 2), 영업허가에 의하여 성년자와 동일한 능력을 갖게 되는 때(제8조 1항)에는 법정대리인의 동의가 필요없는 범위 내에서 대리권은 소멸한다.

후견인이 대리권을 가지는 경우는 ① 혼인적령미달자의 혼인에 대한 취소(제817조), ② 인지청구의 소(제803조), ③ 15세 미만의 피후견인의 입양과 파양에 대한 대락(제869조, 제889조 4호), ④ 미성년자가 양친이 된 입양의 취소(제885조), ⑤ 미성년자가 동의권자의 동의를 얻지 않고 양자가 되었을 때의 취소(제886조), ⑥ 상속인의 승인·포기(제1010조, 제1102조) 등이다.

(3) 취소권 : 법정대리인은 미성년자가 그 동의를 얻지 않고 한 법률행위를 취소할 수 있다(제5조 2항). 미성년자 자신이 취소할 수 있는 것은 말할 것도 없다(제140조). 취소는 상대방에 대한 의사표시로써 한다(제142조). 취소시기에 관해서는 특별한 제한이 없으므로 취소할 수 있는 행위에 대하여 소송이 제기되고 확정판결이 있은 후라도 무방하다.

■ 핵심판례 ■

■ [후견인의 대리권]

가. 미성년자의 재산에 관한 법정대리인의 법률행위와 미성년자를 위한 행위라는 추정

미성년자의 법정대리인의 법률행위는 미성년자를 위하여 한 행위로 추정되므로 후견인의 피후견인 재산에 관한 처분행위는 피후견인인 미성년자를 대리하여 한 행위로서 미성년자에 대하여 그 효과가 발생한다.

나. 개정 민법 시행에 따른 이혼한 모의 친권의 부활과 후견인의 임무 종료

1991. 1. 1.부터 개정된 민법이 시행되면서 이혼한 모의 친권제한에 관한 구 민법(1990. 1. 13. 법률 제4199호로 개정되기 전의 것) 제909조 제5항이 삭제되고, 부칙(1990. 1. 13.) 제9조가 규정됨으로써 이혼으로 인하여 모가 친권을 상실하고 후견이 개시된 경우라도 개정된 민법의 시행일부터는 모의 친권이 부활되어 모가 전혼인 중의 자에 대하여 친권자로 되고 후견인의 임무는 종료된다 (1994. 4. 29. 제3부 판결 94다1302 소유권이전등기).

◈ 후견인의 사임절차

제939조 【후견인의 사임】

후견인은 정당한 사유가 있는 경우에는 가정법원의 허가를 받아 사임할 수 있다. 이 경우 그 후견인은 사임청구와 동시에 가정법원에 새로운 후견인의 선임을 청구해야 한다.

[전문개정 2011.3.7]

[시행일 : 2013.7.1]

■ [요약] 939. 후견인의 사퇴

·후견인은 정당한 사유가 있는 때에는 가정법원의 허가를 받아 사임할 수 있다.
·정당한 사유 : 예컨대 후견인의 노령, 질병 또는 원거리거주등 때문에 피후견인의 보호에 대하여 배려를 할 수 없게 된 경우
·관련법조 : [허가의 절차] 가소 §2①라류사건 19호

1. 후견인은 정당한 사유가 있는 경우에는 가정법원의 허가를 얻어 사임할 수 있다.

후견인의 지위는 권리인 동시에 의무인 강제부담이기 때문에

임의로 그 지위를 사퇴할 수 없는 것이 원칙이나, 정당한 사유가 있는 경우에 한하여 사임이 인정된다. 후견인의 임의적 사퇴를 인정하게 되면 피후견인의 보호를 결여하게 되어 후견제도 본래의 취지에 어긋나게 된다.

2. 사임의 사유

(1) 사임의 사유에 관하여는 구법(제907조)은 남녀에 차별을 두었었다. 즉, 여자에 대해서는 자유로 사퇴할 수 있음을 인정하고 남자 후견인에게는 사퇴의 정당한 사유로 ① 피후견인의 주소 이외에서의 공무종사(원거리 거주), ② 선순위자의 후견인 결격사유의 소멸, ③ 10년 이상의 금치산후견을 예시하였으나, 현행 민법은 이것을 고쳐서 남녀의 차별없이 후견인은 정당한 사유, 예컨대 후견인의 노령, 중병 등, 즉 피후견인의 보호에 대하여 필요한 배려를 할 수 없게 된 경우가 있으면 가정법원의 허가를 얻어 사퇴할 수 있도록 함으로써 가정법원에 대하여 포괄적인 재량권을 주었다.

(2) 본조는 사퇴의 정당한 사유를 예시하지 않았으므로 무엇이 정당한 사유에 해당하는가는 구체적인 경우에 따라 고려되어야 할 것이다. 다만 구민법에서 열거한 전기의 사유가 일단의 기준이 될 것이다.

요컨대 정당한 사유란 자기의 생활을 희생하지 않고는 후견인의 임무를 집행하는 것이 곤란한 사정이다. 다만 친권자(주로 부모), 부 또는 처가 후견인인 경우와 일반후견의 경우는 사퇴의 정당한 사유에 대해서도 다소 표준이 구별되어야 할 것이다. 또한 본조는 여러 외국법과 같이 단순히 취임할 때의 후견인수거절만을 가리키는(독일민법 제1786조는 이를 명언

한다) 데 그치지 않고 재임중에도 적용된다.

3. 사임에는 가정법원의 허가를 얻어아 한다(가소 제2조 1항 라류사건 19호).

허가심판의 효력은 고지에 의하여 생기나(가소 제40조), 사퇴의 불허가심판에 대해서는 항고할 수 있다(가소 제43조). 사퇴의 불허가에도 불구하고 후견사무를 이행하지 않은 경우에는 해임사유(제940조)가 되는 것은 말할 나위도 없으나, 피후견인은 의무위반에 기인하여 손해배상을 청구할 수 있다(제956조, 제681조 참조).

◈ 후견인의 변경

제940조 【후견인의 변경】

① 가정법원은 피후견인의 복리를 위하여 후견인을 변경할 필요가 있다고 인정하면 직권으로 또는 피후견인, 친족, 후견감독인, 검사, 지방자치단체의 장의 청구에 의하여 후견인을 변경할 수 있다.

[전문개정 2011.3.7]

[시행일 : 2013.7.1]

■ [요약] 940. 후견인의 변경

·피후견인의 복리를 위하여 후견인을 변경할 필요가 있는 경우
·가정법원 직권으로 또는 피후견인, 친족, 후견감독인, 검사, 지방자치단체의 장의 청구에 의하여 후견인을 변경할 수 있다.

본조의 후견인 변경제도는 2005년 민법일부개정시에 현행후견

제도의 문제점을 해결하기 위하여 하나의 개선책으로 도입되었다.

(1) 후견인변경의 의의 및 취지

가정법원은 직권으로 또는 피후견인, 친족, 후견감독인, 검사, 지방자치단체의 장의 청구에 의하여 피후견인의 복리를 위하여 필요하다고 인정되는 경우에는 후견인을 변경할 수 있다(제940조). 이로써 피후견인의 복리에 무관심한 사람이 자동으로 후견인이 되는 결과 발생할 수 있는 문제점을 완화시키는 효과를 꾀하고 있다. 즉, 후견인변경제도의 목적은 피후견인의 복리 실현에 가장 적합한 사람으로 하여금 후견의 임무를 수행하게 하려는 데 있다. 예를 들어서 법정후견인에 비하여 후견인으로서 보다 적합한 사람이 있다면, 그를 후견인으로 정하여 후견의 업무를 수행하게 하는 것이 가능해진 것이다.

(2) 후견인변경의 사유

피후견인의 복리를 위하여 후견인을 변경할 필요가 있는 경우에 변경할 수 있다.

후견인의 변경이 필요한가의 여부는 피후견인의 복리라는 관점에서 결정되어야 한다. 후견인으로서 임무를 수행하는 데 적당하지 않은 사유가 있는 경우뿐만 아니라 후견인 이외의 제3자가 후견인으로서 보다 적합한 경우도 후견인의 변경 사유가 된다.

후견인의 변경 사유는 개정 전 제940조 규정의 후견인해임 사유보다 넓은 의미로 해석되므로 개정 전 제940조가 규정하고 있었던 현저한 비행, 부정행위, 기타 후견의 임무를 감당

할 수 없는 사유 등은 당연히 후견인의 변경 사유에 포함된다.

(3) **변경절차**

가정법원 직권으로 또는 피후견인, 친족, 후견감독인, 검사, 지방자치단체의 장의 청구에 의하여 후견인을 변경할 수 있다.

후견인변경청구권자에게는 개정전법의 해임청구권자와는 달리 피후견인의 친족 외에 검사가 포함되었으며, 가정법원에 의한 직권변경도 가능하게 되었다.

지정후견인이나 법정후견인이 후견개시신고를 하기 전에 후견인변경청구를 하는 것도 가능하다. 후견인변경청구가 있는 경우 가정법원은 사전처분으로 후견인의 직무집행을 정지시킬 수 있다(가사소송법 제62조).

(4) **후견인 변경신고**

후견인이 변경된 경우에는 그 재판을 청구한 사람 또는 그 재판으로 후견인으로 정하여진 사람이 그 내용을 신고하여야 한다(가족관계등록법 제81조 3항, 제79조 2항).

◆ 후견인 변경

【질의】 ➡ 부모님이 돌아가셔서 삼촌이 저의 후견인이 되었습니다. 그러나 삼촌이 저의 재산을 마음대로 처분하려고 합니다. 어떻게 해야 하는지요?

【답변】 ➡ 미성년자에 대해 친권자인 부모님이 안 계시거나 친권자가 법률행위의 대리권과 재산관리권을 행사할 수 없는 경우에는 후견이

개시됩니다(민법 제928조).

후견인은 부모님이 유언으로 지정한 사람이 없다면 직계혈족(조부모님)이나 3촌 이내의 방계혈족(형제자매, 백부·숙부 등)순으로 후견인이 됩니다(민법 제931조, 제932조).

이 때 미성년자, 금치산자, 한정치산자, 파산선고를 받은 자, 자격정지 이상의 형을 선고받고 형기 중에 있는 자, 법원에서 해임된 법정대리인 또는 친족회원, 행방이 불명한 자, 피후견인에 대하여 소송을 하였거나 하고 있는 자 또는 그 배우자와 직계혈족 등 일정한 결격사유가 있으면 후견인이 될 수 없습니다(민법 제937조).

또한, 후견인은 정당한 사유가 있으면 가정법원의 허가를 얻어 사퇴할 수 있습니다(민법 제939조, 가사소송법 제2조 제1항 라류 사건 제19호).

그리고 가정법원은 피후견인의 복리를 위하여 후견인을 변경할 필요가 있다고 인정되는 경우에는 피후견인의 친족이나 검사의 청구 또는 직권에 의하여 후견인을 변경할 수 있습니다.(민법 제940조, 가사소송법 제2조 제1항 라류 사건 제18호).

따라서 질문과 같이 삼촌이 마음대로 부동산을 처분하려 하는 경우라면 피후견인의 복리를 위하여 후견인을 변경할 필요가 있다고 볼 수 있으므로 가정법원에 후견인 변경청구를 하여 후견인을 삼촌에서 다른 사람으로 변경을 할 수 있을 것입니다.

그리고 법원에서 후견인 변경심판이 선고되면 그 재판서등본 및 확정증명서를 첨부하여 가족관계등록관서에 후견인경질신고를 하여 가족관계등록부를 정리할 수 있을 것입니다. [법률구조공단자료. 참고만 하세요]

【서식】 후견인경질신고서

<table>
<tr><td colspan="4" rowspan="2">후 견 인 경 질 신 고 서
(　 년 　 월 　 일)</td><td colspan="4">※ 아래의 작성방법을 읽고 기재하시되, 선택
항목을 해당번호에 "○"으로 표시하여 주
시기 바랍니다.</td></tr>
<tr></tr>
<tr><td rowspan="9">① 피후견인</td><td colspan="3">등록기준지</td><td></td><td>출생연월일</td><td></td></tr>
<tr><td colspan="3">주 소</td><td colspan="3"></td></tr>
<tr><td colspan="1">성 명</td><td>한글</td><td></td><td>한자</td><td>주민등록번호</td><td>–</td></tr>
<tr><td colspan="3">등록기준지</td><td></td><td>출생연월일</td><td></td></tr>
<tr><td colspan="3">주 소</td><td colspan="3"></td></tr>
<tr><td colspan="1">성 명</td><td>한글</td><td></td><td>한자</td><td>주민등록번호</td><td>–</td></tr>
<tr><td colspan="3">등록기준지</td><td></td><td>출생연월일</td><td></td></tr>
<tr><td colspan="3">주 소</td><td colspan="3"></td></tr>
<tr><td colspan="1">성 명</td><td>한글</td><td></td><td>한자</td><td>주민등록번호</td><td></td></tr>
<tr><td colspan="4">② 전임후견인 성명</td><td colspan="4"></td></tr>
<tr><td rowspan="4">③ 후견인
(임의후견인)
신고인</td><td colspan="3">등록기준지</td><td></td><td>출생연월일</td><td></td></tr>
<tr><td colspan="3" rowspan="2">주 소</td><td colspan="3"></td></tr>
<tr></tr>
<tr><td colspan="1">성 명</td><td>한글</td><td colspan="2">㉑(서명 또는 무인)</td><td>주민등록번호</td><td>–</td></tr>
<tr><td colspan="4">④ 경질일자 및 원인</td><td colspan="4">년 　 월 　 일</td></tr>
<tr><td colspan="4">⑤ 취임일자 및 원인</td><td colspan="4">년 　 월 　 일 　 □지정 　 □법정 　 □후견인변경재판</td></tr>
<tr><td colspan="4">⑥ 재 판 확 정 일 자</td><td colspan="4">년 　 월 　 일 　 법원명</td></tr>
<tr><td colspan="4">⑦ 기 타 사 항</td><td colspan="4"></td></tr>
</table>

작 성 방 법

①란 : 2명 이상의 피후견인에 대해 후견개시가 있는 경우에는 순서대로 적으시면 됩니다.
①란 및 ②란 : 법 제25조제2항에 따라 주민등록번호란에 주민등록번호를 기재한 때에는 출생연월일의 기재를 생략할 수 있습니다.
④란 : 경질일자 및 원인란에는 2008. 1. 17. 후견인 사망, 2008. 1. 17. 후견인 사퇴, 2009. 4. 1. 후견인 변경재판확정 등으로 기재합니다.
⑤란 : 취임일자 및 원인란에는 후임후견인의 취임일자 및 원인을 기재합니다.
후임후견인이 법정후견인인 경우에는 후견인경질사유 발생일이 취임일이고, 선정후견인인 경우에는 그 후견인선임심판일이 취임일입니다. 다만, 후견인변경재판에 의한 후견인인 경우에는 그 후견인변경의 재판확정일이 취임일입니다.
⑦란 : 기타사항은 가족관계등록부에 기록을 분명하게 하는데 특히 필요한 사항을 기재합니다.

첨 부 서 류

1. 재판서 등본 1부(가정법원이 재판에 의하여 후견인을 선정한 경우)
2. 당사자의 가족관계등록부의 기본증명서, 가족관계증명서 각 1통(전산정보처리조직에 의하여 그 내용을 확인할 수 있는 경우에는 첨부를 생략합니다).
3. 후견인의 사퇴에 대한 가정법원의 허가의 경우에는 그 재판서 등본, 후견인변경의 재판이 있는 경우에는 그 재판서 등본 및 확정증명서 각 1통.
4. 우편접수의 경우에는 신고인의 신분증명서 사본을 첨부하여야 합니다(신고인이 출석한 경우에는 출석한 신고인의 신분증명서에 의하여 신분을 확인하여야 하고 별도의 신분증명서 사본을 첨부할 필요가 없으나, 제출인이 출석한 경우에는 제출인의 신분증명서를 제시하여야 합니다).

제 2 절 후견인의 임무

1. 후견인은 피후견의 재산을 조사하여 그 목록을 작성하여야 한다.

2. 미성년후견인은 제913조부터 제915조까지에 규정한 사항에 관하여는 친권자와 동일한 권리와 의무가 있다. 다만, 다음 각 호의 어느 하나에 해당하는 경우에는 미성년후견감독인이 있으면 그의 동의를 받아야 한다.

1) 친권자가 정한 교육방법, 양육방법 또는 거소를 변경하는 경우

2) 미성년자를 감화기관이나 교정기관에 위탁하는 경우

3) 친권자가 허락한 영업을 취소하거나 제한하는 경우

3. 미성년자의 친권자가 법률행위의 대리권과 재산관리권에 한정하여 친권을 행사할 수 없는 경우에 미성년후견인의 임무는 미성년자의 재산에 관한 행위에 한정된다.

4. 미성년후견인은 미성년자를 갈음하여 미성년자의 자녀에 대한 친권을 행사한다.

5. 가정법원은 직권으로 여러 명의 성년후견인이 공동으로 또는 사무를 분장하여 그 권한을 행사하도록 정할 수 있다.

6. 후견인이 피후견인을 대리하여 다음 각 호의 어느 하나에 해당하는 행위를 하거나 미성년자의 다음 각 호의 어느 하나에 해당하는 행위에 동의를 할 때는 후견감독인이 있으면 그의 동의를 받아야 한다.

1) 영업에 관한 행위

2) 금전을 빌리는 행위

3) 의무만을 부담하는 행위

4.) 부동산 또는 중요한 재산에 관한 권리의 득실변경을 목적으로 하는 행위

5) 소송행위

6) 상속의 승인, 한정승인 또는 포기 및 상속재산의 분할에 관한 협의

7. 후견인이 피후견인에 대한 제3자의 권리를 양수(讓受)하는 경우에는 피후견인은 이를 취소할 수 있는데, 이러한 권리의 양수의 경우 후견감독인이 있으면 후견인은 후견감독인의 동의를 받아야 하고, 후견감독인의 동의가 없는 경우에는 피후견인 또는 후견감독인이 이를 취소할 수 있다.

◈ 후견인의 임무 : 재산조사 및 목록작성

제941조【재산조사와 목록작성】

① 후견인은 지체 없이 피후견인의 재산을 조사하여 2개월 내에 그 목록을 작성하여야 한다. 다만, 정당한 사유가 있는 경우에는 법원의 허가를 받아 그 기간을 연장할 수 있다.

② 후견감독인이 있는 경우 제1항에 따른 재산조사와 목록작성은 후견감독인의 참여가 없으면 효력이 없다.

■ [요약] 941. 재산의 조사와 그 목록작성

·후견인의 취임시의 재산조사와 목록작성의무
·가정법원의 재산조사와 목록작성에 관한 법정기간의 연장허가
·관련법조 : [허가절차] 가소 §2①라류사건 20호

（1）후견인은 취임후 지체없이 피후견인의 재산을 조사하여, 2월 내에 그 목록을 작성하여야 한다. 다만 정당한 사유가 있는 경우에는 가정법원의 허가를 얻어 그 기간을 연장할 수 있다.

본조는 후견인이 취임한 때의 의무를 규정한 것이다.

후견인은 취임한 후 지체없이 피후견인의 재산을 조사하여 2개월 이내에 그 목록을 작성하여야 한다. 후견인은 피후견인의 재산관리권을 가지고 그 재산상의 법률행위의 대리권을 가지며, 실제상 피후견인의 재산관리를 위임받은 것과 마찬가지의 지위에 있다. 따라서 본조는 피후견인의 재산보호를 위한 당연한 요청이다. 후견개시의 경우뿐만 아니라, 후견인경질의 경우에도 적용이 있는 것으로 해석하는 것이 타당하다. 후견인의 의무이행전에 후견이 종료하였을 때에는 새삼스럽게 본조를 적용할 필요가 없다.

（2） 「재산조사」는 후견인이 된 것을 안 때부터 지체없이 착수하여야 한다. 후견인에 관해서는 지정·법정 또는 선임의 어느 후견인이건 묻지 않는다. 조사는 피후견인의 재산의 종류·수량·가격·소재 등에 관하여 행하여진다.

（3） 조사에 의하여 명백히 된 재산은 서면에 이를 기록하여 목록을 작성하여야 한다. 재산목록의 작성은 재산의 조사에 착수한 후 2개월이내에 하여야 하나, 피후견인의 재산이 다액이거나 복잡하거나 하여 정당한 사유가 있는 경우에는 가정법원의 허가를 얻어 그 기간을 연장할 수 있다(본조 제1항 가소 제2조 제1항, 라류사건 20호).

◈ 후견인의 임무 : 후견인의 채권·채무의 제시

제942조【후견인의 채권, 채무의 제시】

① 후견인과 피후견인 사이에 채권, 채무의 관계가 있고 후견감독인이 있는 경우에는 후견인은 재산목록의 작성을 완료하기 전에 그 내용을 후견감독인에게 제시하여야 한다.

② 후견인이 피후견인에 대한 채권있음을 알고도 제1항에 따른 제시를 게을리 한 경우에는 그 채권을 포기한 것으로 본다.

[전문개정 2011.3.7]

[시행일 : 2013.7.1]

■ [요약] 942. 후견인에 의한 채권·채무의 제시

·후견인과 피후견인간의 채권·채무의 제시
·후견인이 피후견인에 대한 채권이 있음을 알고도 이 제시를 게을리한 때에는 그 채권을 포기한 것으로 본다.

(1) 목록작성의 공정을 기하기 위하여 후견인과 피후견인 사이에 채권·채무의 관계가 있는 때에는 후견인은 재산목록의 작성을 완료하기 전에 그 내용을 후견감독인에게 제시하여야 한다. 후견인이 피후견인에 대한 채권 있음을 알면서도 그 제시를 게을리 한 때에는 그 채권을 포기한 것으로 본다.

제 941조와 본조는 후견인이 취임당시에 하여야 할 의무에 대하여 규정한 것이다.

후견인이 피후견인의 재산목록을 작성할 때에 가장 적정을 기하기 어려운 것은 후견인과 피후견인 사이의 채권·채무관계의 조사이다. 후견인은 피후견인의 무능력을 이용하거나, 피후견인에 대한 자기의 채권은 과대하게, 채무는 과소하게 또는 이미 변제한 것을 아직 받지 않은 것처럼 계상하거나 피후견인의 자기(후견인)에 대한 채권의 증거를 인멸하여 채권을 면하는 등의 우려가 있을 것이다. 이러한 것을 방지하기 위하여 본조는 후견인에게 후견감독인에게 재산목록의 작성을 완료하기 전에 피후견인과의 사이에 채권·채무관계의 내용을 제시하는 의무를 과한 것이다.

여기서 말하는 채권과 채무는 그 종류를 불문하나, 재산목록의 작성을 완료하기 전에 성립한 것이라야 한다. 그리고 이 제시의 의무는 후견인이 취임당시에 할 의무이므로, 후견개시의 경우뿐만 아니라 후견인 경질의 경우에도 본조의 적용이 있다.

(2) 본조에 위반하여 후견인이 피후견인에 대하여 채권이 있음을 알고도 이의 제시를 게을리 한 때에는 그 채권을 포기한 것으로 본다. 따라서 이러한 경우 그 채권은 재산목록의 작성을 완료하기 전에 성립한 것이라야 하며, 또 후견인이 그 채권이 있음을 전혀 알지 못하였기 때문에 제시하지 않았을 때에는 본조의 제재가 없는 것은 물론이다. 재산목록의 작성을 완료하기 전에 성립한 채권·채무의 존재를 후견인이 재산목록의 작성을 완료한 후에 안 때에는 후견감독인에게 제시하여야 하는 것은 물론이다. 알게 된 후 곧 제시를 하지 않는 경우에는 위와 같은 제재가 과해지는 것으로 해석할 것이다.

(3) 후견인임무후 피후견인의 포괄적 재산취득의 경우에도 본조를 준용한다(제944조 참조).

◈ 후견인의 재산에 관한 권한행사의 제한

제943조【목록작성전의 권한】

후견인은 재산조사와 목록작성을 완료하기까지는 긴급필요한 경우가 아니면 그 재산에 관한 권한을 행사하지 못한다. 그러나 이로써 선의의 제3자에게 대항하지 못한다.

■ [요약] 943. 재산조사와 목록작성 전의 권한

·후견인은 목록작성을 완료하기까지는 긴급필요한 경우가 아니면 그 재산에 관한 권한을 행사하지 못한다
·긴급필요하지 않은 행위는 무권대리행위가 되는데 그 행위가 무효라고 하여 이로써 선의의 제3자에게 대항하지 못한다
·긴급필요한 경우 : 소멸시효의 중단, 채권자대위, 쓰러지려는 가옥의 수선, 채무자의 재산의 압류 등

(1) 후견인은 목록작성을 완료하기까지는 긴급필요한 경우가 아니면 그 재산에 관한 권한을 행사하지 못한다.

본조는 후견인이 취임당시로부터 재산목록의 작성을 끝낼 때까지 그 동안에 가지는 권한으로서 긴급필요한 경우에만 할 수 있는 것을 규정한 것이다.

본조에서 말하는「긴급필요한 경우」란 재산목록의 완성전에 이를 하지 않으면 피후견인의 신분 또는 재산에 관하여 후일에 이를 회복하기 어려운 불이익을 가져오는 경우를 말한다. 예컨대 소멸시효의 중단, 붕괴하려는 가옥의 수선, 채무자의 재산의 압류, 채권자대위 등이 이에 해당한다.

(2) 재산목록작성전에 후견인이 한 행위가 긴급필요한 것인

경우에는 그 행위의 효력이 피후견인에게 미치는 것은 말할 것도 없으나, 그 권리행사가 긴급필요한 것이 아닌 경우에는 그것은 무권대리행위가 되며, 피후견인이 능력회복 후에(미성년자가 성년자가 된 경우 등)에 추인을 하지 않는 한 무효이다. 그러나 이 권한상의 제재는 이것으로써(후견인이 아직 재산조사와 목록작성을 완료하지 않았기에, 긴급필요한 경우가 아닌 경우의 권리행사는 무효라는 것) 선의의 제3자에게 대항하지 못한다. 즉 선의의 제3자가 그 행위의 상대방인 때에 한하여 제3자의 보호를 위하여 피후견인에게도 그 행위의 효력이 미치는 것이다. 여기서 선의의 제3자란 후견인과 피후견인 이외의 자로서, 후견인이 아직 재산목록의 작성을 완료하지 않았기 때문에 후견인으로서의 당연한 권한에 위와 같은 제한이 있는 것을 알지 못하고(선의), 후견인이 피후견인을 대리하여 한 법률행위의 상대방이 된 자를 말한다.

◈ 후견인 취임 후 피후견인이 포괄적 재산을 취득한 경우 재산목록작성 등의 의무

제944조【피후견인이 취득한 포괄적 재산의 조사등】
전3조의 규정은 후견인의 취임후에 피후견인이 포괄적 재산을 취득한 경우에 준용한다.

■ [요약] 944. 후견인의 취임 후의 의무

·후견인의 취임후에도 피후견인이 포괄적 재산을 취득한 경우 - 예컨대 상속, 포괄적유증 - 에는 후견인은 그 재산목록을 작성하는 등 취임당시와 동일한 의무를 가진다.
·관련법조 : [포괄적 재산취득] §1005, §1078

(1) 후견인 취임 당시의 사무에 관한 규정은 후견인이 취임한 후에 피후견인이 포괄재산을 취득한 경우(상속·포괄적 수증 등)에 준용된다.

본조는 후견인 재임중의 의무로서, 피후견인이 포괄적 재산을 취득한 경우에 후견인의 취임당시의 의무를 규정한 전3조(제941조, 제942조, 제943조)를 준용할 것을 밝힌 규정이다.

전3조의 규정은 모두 후견인이 취임당시에 할 의무이며, 후견인 취임후의 재산변동에 관해서는 재산조사와 목록의 작성, 채권·채무의 제시 등의 의무는 지지 않는다. 다만 후견인은 후견감독인 또는 가정법원의 일반적 감독을 받게 되어 있다(제953조, 제954조). 그러나 피후견인이 포괄적 재산을 취득한 경우에 그 내용은 매우 복잡하고, 피후견인의 종래의 재산상태에 큰 변동을 미치므로, 이에 대해서는 특별히 그 내용을 명확히 할 필요가 있다. 그래서 피후견인이 포괄적 재산을 취득한 경우에 한하여 후견계속중인 경우에도 후견인은 이에 관하여 후견인 취임당시와 마찬가지의 의무를 지도록 하였다.

포괄적 재산의 취득이란, 피후견인이 상속, 포괄적 유증을 받거나(포괄적 수증) 또는 영업을 양도받거나 하는 것처럼 수개의 권리의무의 집합을 일괄하여 그대로 승계하는 것을 말하며 개개의 권리의 취득 또는 의무의 부담은 아니다. 포괄적 재산의 취득이라고 하지만 그 속에는 채무, 특히 후견인과 피후견인 사이에 채무관계도 있을 수 있는 것이다.

(2) 피후견인이 포괄적 재산을 취득하였을 때에는, 후견인은 이를 안 때부터 지체없이 그 내용을 조사하여 2개월 이내에 그 목록을 작성하여야 한다(제941조 제1항 본문). 다만 그

기간은 정당한 사유가 있는 때 가정법원의 허가를 얻어 연장할 수 있다. 재산의 조사와 목록의 작성은 후견감독인의 참여가 없으면 무효이다(제941조 제2항 참조).

(3) 피후견인이 취득한 포괄적 재산 중에 후견인의 피후견인에 대한 채권 또는 채무가 있는 때에는 재산목록의 작성을 완료하기 전에 그 내용을 후견감독인에게 제시하여야 한다. 만약 채권이 있음을 알고도 제시를 게을리한 때에는 그 채권은 포기한 것으로 본다(제942조 참조).

(4) 재산조사와 목록작성을 완료하기 전까지는 피후견인이 취득한 포괄적 재산에 관하여 긴급필요한 경우에 한하여 그 재산에 관한 권한을 행사할 수 있다. 다만 이로써(긴급필요한 경우가 아니기에 그 재산에 관한 권한행사가 무효라는 것) 선의의 제3자에게 대항할 수는 없다(제943조 참조).

◈ 미성년자의 신분에 관한 후견인의 권리의무

제945조【미성년자의 신분에 관한 후견인의 권리의무】
미성년후견인은 제913조부터 제915조까지에 규정한 사항에 관하여는 친권자와 동일한 권리와 의무가 있다. 다만, 다음 각 호의 어느 하나에 해당하는 경우에는 미성년후견감독인이 있으면 그의 동의를 받아야 한다.

1. 친권자가 정한 교육방법, 양육방법 또는 거소를 변경하는 경우
2. 미성년자를 감화기관이나 교정기관에 위탁하는 경우
3. 친권자가 허락한 영업을 취소하거나 제한하는 경우

[전문개정 2011.3.7]
[시행일 : 2013.7.1]

■ [요약] 945. 미성년자 후견인의 임무

·보호, 교양의 권리의무(§913 준용)
·거소지정권(§914 준용)
·영업허락권(§8)
·친권의 대행(§945)

미성년자의 후견인은 친권자와 동일한 권리의무를 갖는다. 따라서 후견인은 미성년자를 보호·교양하고(제913조), 거소를 지정하며(제914조), 필요한 범위 내에서 징계권을 행사한다거나(제915조), 영업을 허가하는 등의 권리의무를 갖는다.

그리고 후견인은 그 직무를 수행하기 위해서 의사능력이 없는 피후견인을 부당하게 억류한 자에 대하여는 인도청구권이 있으며, 후견인이 피후견인을 보호·교양하기 위한 비용은 부모 또는 그 밖의 부양의무자의 부담이다.

후견인이 피후견인을 보호·교양하기 위한 비용은 후견인이 부담해야 하는 것이 아니고 부모 또는 그 밖의 부양의무자가 부담해야 한다. 그러나 후견인 자신이 친족으로서 부양의무를 지는 경우(제974조 이하)가 있을 수 있다. 후견에 대해서는 제681조가 일반적으로 준용되므로, 후견인은 피후견인의 신상에 관하여 후견임무를 수행함에 있어서도 선량한 관리자의 주의를 하여야 한다.

제946조 【재산관리에 한정된 후견】

미성년자의 친권자가 법률행위의 대리권과 재산관리권에 한정하여 친권을 행사할 수 없는 경우에 미성년후견인의 임무는 미성년자의 재산에 관한 행위에 한정된다.

[전문개정 2011.3.7]

[시행일 : 2013.7.1]

■ [요약] 946. 재산관리에 한한 후견인

·후견인이 친권자와 병립하여 친권자가 자의 신분에 대한 친권만을 가지고 법률행위의 대리권과 재산관리권을 가지지 않는 경우에는 후견인은 재산에 관한 권한, 즉 피후견인의 재산관리, 재산행위의 대리 및 동의의 권한만을 가진다.
·이러한 후견인도 보호, 교양권을 행사하는 자가 없어지면 당연히 보호, 교양권도 취득한다고 보아야 한다 .

친권자가 법률행위의 대리권과 재산관리권을 상실했거나 사퇴한 경우에는 후견인은 재산에 관한 권한 즉, 피후견인의 재산관리·재산행위의 대리 및 동의의 권한만 가지고 자의 신분상에 관한 친권은 계속하여 친권자가 행사한다.

즉 피후견인의 재산관리, 재산행위의 대리 및 동의의 권한만을 가진다. 이러한 후견인도 보호·교양권을 행사하는 자가 없어지면 당연히 보호·교양권도 취득한다고 보아야 한다. 재산관리에 관한 행위란 피후견인인 미성년자의 재산상의 법률행위에 관한 법정대리인의 동의권과 재산의 관리권을 중심으로 하여 이에 따른 제한 또는 감독을 위하여 정해진 모든 임무를 포함한다.

✤ 피성년후견인의 복리와 의사존중 및 신상결정 등

제947조【피성년후견인의 복리와 의사존중】

성년후견인은 피성년후견인의 재산관리와 신상보호를 할 때 여러 사정을 고려하여 그의 복리에 부합하는 방법으로 사무를 처리하여야 한다. 이 경우 성년후견인은 피성년후견인의 복리에 반하지 아니하면 피성년후견인의 의사를 존중하여야 한다.

[전문개정 2011.3.7]

[시행일 : 2013.7.1]

제947조의2【피성년후견인의 신상결정 등】

① 피성년후견인은 자신의 신상에 관하여 그의 상태가 허락하는 범위에서 단독으로 결정한다.

② 성년후견인이 피성년후견인을 치료 등의 목적으로 정신병원이나 그 밖의 다른 장소에 격리하려는 경우에는 가정법원의 허가를 받아야 한다.

③ 피성년후견인의 신체를 침해하는 의료행위에 대하여 피성년후견인이 동의할 수 없는 경우에는 성년후견인이 그를 대신하여 동의할 수 있다.

④ 제3항의 경우 피성년후견인이 의료행위의 직접적인 결과로 사망하거나 상당한 장애를 입을 위험이 있을 때에는 가정법원의 허가를 받아야 한다. 다만, 허가절차로 의료행위가 지체되어 피성년후견인의 생명에 위험을 초래하거나 심신상의 중대한 장애를 초래할 때에는 사후에 허가를 청구할 수 있다.

⑤ 성년후견인이 피성년후견인을 대리하여 피성년후견인이 거주하고 있는 건물 또는 그 대지에 대하여 매도, 임대, 전세권 설정, 저당권 설정, 임대차의 해지, 전세권의 소멸, 그 밖에 이에 준하는 행위를 하는 경우에는 가정법원의 허가를 받아야 한다.

[본조신설 2011.3.7]

[시행일 : 2013.7.1]

■ [요약] 947. 피성년후견인의 복리와 의사존중

·성년후견인은 피성년후견인의 재산관리와 신상보호를 할 때 여러 사정을 고려하여 그의 복리에 부합하는 방법으로 사무를 처리하여야 한다.

·이 경우 성년후견인은 피성년후견인의 복리에 반하지 아니하면 피성년후견인의 의사를 존중하여야 한다.

■ [요약] 947의2. 피성년후견인의 신상결정 등

·피성년후견인은 자신의 신상에 관하여 그의 상태가 허락하는 범위에서 단독으로 결정한다.

·성년후견인이 피성년후견인을 치료 등의 목적으로 정신병원이나 그 밖의 다른 장소에 격리하려는 경우에는 가정법원의 허가를 받아야 한다.

·피성년후견인의 신체를 침해하는 의료행위에 대하여 피성년후견인이 동의할 수 없는 경우에는 성년후견인이 그를 대신하여 동의할 수 있다.

·제3항의 경우 피성년후견인이 의료행위의 직접적인 결과로 사망하거나 상당한 장애를 입을 위험이 있을 때에는 가정법원의 허가를 받아야 한다. 다만, 허가절차로 의료행위가 지체되어 피성년후견인의 생명에 위험을 초래하거나 심신상의 중대한 장애를 초래할 때에는 사후에 허가를 청구할 수 있다.

·성년후견인이 피성년후견인을 대리하여 피성년후견인이 거주하고 있는 건물 또는 그 대지에 대하여 매도, 임대, 전세권 설정, 저당권 설정, 임대차의 해지, 전세권의 소멸, 그 밖에 이에 준하는 행위를 하는 경우에는 가정법원의 허가를 받아야 한다.

2011.3.7. 민법개정으로 후견을 받는 사람의 복리, 치료행위,

주거의 자유 등에 관한 신상보호규정이 도입되었다. 이로서 피후견의 복리에 대한 후견인의 폭넓은 조력이 가능하도록 하되, 피후견인의 신상에 관한 결정권은 본인에게 있다는 원칙과 후견인의 임무수행에 있어서 피후견인의 의사 존중 의무를 명시하는 등 피후견의 복리를 실질적으로 보장할 수 있도록 하였다.

◈ 미성년자의 친권의 대행

제948조【미성년자의 친권의 대행】
① 미성년후견인은 미성년자를 갈음하여 미성년자의 자녀에 대한 친권을 행사한다.
② 제1항의 친권행사에는 미성년후견인의 임무에 관한 규정을 준용한다.
[전문개정 2011.3.7]
[시행일 : 2013.7.1]

■ [요약] 948. 미성년자의 친권의 대행

·미성년후견인은 미성년자를 갈음하여 미성년자의 자녀에 대한 친권을 행사한다
·그 관계는 친권자가 자에 가름하여 친권을 행사하는 경우와 마찬가지이다
·다만 이 경우에는 미성년후견인의 임무에 관한 규정을 준용한다.

후견인은 피후견인인 미성년자에게 자가 있는 경우에는 미성년자에 가름하여 그 자에 대한 친권을 행사한다. 그 관계는 친권자가 미성년자인 자에 가름하여 친권을 행사하는 경우와 마찬가지이다.

후견인이 피후견인에 가름하여 그 자에 대한 친권을 행사함에는 미성년자의 후견인의 임무에 관한 규정을 준용한다. 대행을 개시할 때에 대행되는 친권에 따르는 자(즉 피후견인의 자)의 재산을 조사하여 채권·채무를 제시하여야 한다(제914조, 제942조). 신상보호에 있어서는 후견인의 취임 전에 피후견인의 친권자가 친권을 대행할 때에 정한 교양방법 또는 거소를 변경하는 경우와 미성년자를 감화기관이나 교정기관에 위탁하는 경우, 또 피후견인의 친권자가 친권을 대행할 때에 허락한 영업을 취소 또는 제한하는 경우에는 미성년후견감독인의 동의를 얻어야 한다(제945조 단서). 그 자의 재산상의 행위의 대리와 동의에 대하여 후견감독인의 동의를 얻어야 할 경우가 있으며(제950조), 그 자에 대한 제3자의 권리를 양수하는 것도 역시 후견감독인의 동의를 얻어야 한다(제951조). 그리고 후견감독인은 언제든지 후견인에게 그의 임무 수행에 관한 보고와 재산목록의 제출을 요구할 수 있고 피후견인의 재산상황을 조사할 수 있다(제953조). 또 후견인은 그 대행사무에 대해서 보수를 받을 수 있다(제955조).

◈ 후견인의 임무 : 재산관리권과 대리권

제949조 【재산관리권과 대리권】
① 후견인은 피후견인의 재산을 관리하고 그 재산에 관한 법률행위에 대하여 피후견인을 대리한다.
② 제920조 단서의 규정은 전항의 법률행위에 준용한다.

■ [요약] 949. 재산관리권 및 재산적 법률행위의 대리권

·후견인은 피후견인의 재산을 관리하고 그 재산에 관한 법률행위에 대하여 피후견인을 대리한다
·피후견인의 행위를 목적으로 하는 채무를 부담할 경우에는 피후견인의 동의를 얻어야 한다
·미성년자의 근로계약에 대하여도 친권자의 경우와 같이 계약을 체결할 수 없다(근로기준법 §53①)
·관련법조 : [영업대리] 상 §8

본조는 후견인의 재임중의 임무로서 피후견인의 재산상의 임무에 관하여 규정한다.

후견인은 피후견인의 재산을 관리하고, 그 재산에 관한 법률행위에 대하여 피후견인을 대리한다. 그리고 미성년후견에 있어서는 미성년자의 특정한 행위에 대하여 동의권을 갖는다(제5조, 제6조, 제8조).

이와 같은 후견인은 그 재직중 친권자와 마찬가지로 광범위한 권한을 가지나, 친권의 경우보다도 많은 제한이 가해진다. 우선 친권자와 같은 제한으로서는 피후견인의 행위를 목적으로 하는 채무를 부담할 경우에는 피후견인의 동의를 얻어야 한다(제949조 2항에 의한 제920조 단서의 준용). 본인의 동의능력은 의사능력이 있으면 된다. 동의없이 한 행위는 무권대리행위이며, 본인의 추인이 있을 때까지 본인에 대하여 효력이 미치지 않는다.

피후견인의 재산에 관한 법률행위나 소송행위를 대리할 때에 후견인은 피후견인의 명의로 하여야 한다(대판 1965. 7. 6. 65다919). 920, 집 13권 2집 15면.

제950조【후견감독인의 동의를 얻어야 하는 행위】

① 후견인이 피후견인을 대리하여 다음 각 호의 어느 하나에 해당하는 행위를 하거나 미성년자의 다음 각 호의 어느 하나에 해당하는 행위에 동의를 할 때는 후견감독인이 있으면 그의 동의를 받아야 한다.

1. 영업에 관한 행위

2. 금전을 빌리는 행위

3. 의무만을 부담하는 행위

4. 부동산 또는 중요한 재산에 관한 권리의 득실변경을 목적으로 하는 행위

5. 소송행위

6. 상속의 승인, 한정승인 또는 포기 및 상속재산의 분할에 관한 협의

② 후견감독인의 동의가 필요한 행위에 대하여 후견감독인이 피후견인의 이익이 침해될 우려가 있음에도 동의를 하지 아니하는 경우에는 가정법원은 후견인의 청구에 의하여 후견감독인의 동의를 갈음하는 허가를 할 수 있다.

③ 후견감독인의 동의가 필요한 법률행위를 후견인이 후견감독인의 동의 없이 하였을 때에는 피후견인 또는 후견감독인이 그 행위를 취소할 수 있다.

[전문개정 2011.3.7]

[시행일 : 2013.7.1]

■ [요약] 950. 대리권과 동의권의 제한

·다음의 행위를 대리하거나 동의함에는 후견감독인의 동의를 얻어야 한다.
①영업에 관한 행위 ②금전을 빌리는 행위 ③의무만을 부담하는 행위 ④부동산 또는 중요한 재산에 관한 권리의 득실변경을 목적으로 하는 행위 ⑤소송행위 ⑥상속의 승인, 한정승인, 또는 포기 및 상속재산의 분할에 관한 협의
·위의 제한에 위반한 때에는 피후견인 또는 후견감독인이 이를 취소할 수 있다
·관련법조 : [영업과 동의] 상 §6, §8, [차재, 보증] 어음 §30, §32, §77③, 수표 §25 ~ §27, [소송행위] 민소 §52①

후견인은 일정한 경우에 후견감독인의 동의를 얻지 않으면 대리행위를 할 수 없다. 이에 위반한 법률행위는 취소할 수 있다.

후견인이 「일정한 중요한 행위」에 대하여 동의를 하는 경우에는 후견감독인의 동의를 얻어야 하며, 이에 위반한 때에 피후견인 또는 후견감독인이 그 행위를 취소할 수 있다.

「일정한 중요한 행위」는 다음과 같다.

①영업에 관한 행위

②금전을 빌리는 행위

③의무만을 부담하는 행위

④부동산 또는 중요한 재산에 관한 권리의 득실변경을 목적으로 하는 행위

⑤소송행위 : 민사소송의 원고로서 소송을 하는 것을 말한다. 가사소송의 제기도 포함된다고 보아야 한다. 심급마다 동의를 얻을 필요는 없다. 피고로서 응소하는 것, 증인·감정인으로서 법원에 출석하여 진술하는 것, 형사소송행위나 비송사건의 신청은 여기서 말하는 소송행위에 포함되지 않는다.

후견감독인의 동의를 필요로 하는 경우에는 후견인이 이를 얻지 않고 대리행위를 하였을 때에는 피후견인 또는 후견감독인이 취소할 수 있으며, 행위의 상대방이 동의를 얻은 것으로 믿은데 과실이 없고 더욱이 그렇게 믿는데 정당한 이유가 있으면 제126조의 표현대리가 성립한다고 보아야 한다. 이와 관련하여 판례도 " 민법 제126조 소정의 권한을 넘는 표현대리 규정은 거래의 안전을 도모하여 거래상대방의 이익을 보호하려는 데에 그 취지가 있으므로 법정대리라고 하여 임의대리와는 달리 그 적용이 없다고 할 수 없고, 따라서 한정치산자의 후견인이 친족회의 동의를 얻지 않고 피후견인의 부동산을 처분하는 행위를 한 경우에도 상대방이 친족회의 동의가 있다고 믿은 데에 정당한 사유가 있는 때에는 본인인 한정치산자에게 그 효력이 미친다(대판 1997. 6. 27, 97다3828)"고 한다.

▣ 핵심판례 ▣

■ [법정대리권과 동의권의 제한]

1. 가. 사실상 의사능력 상실 상태에 있는 사람에 대하여 소송을 제기하는 경우 특별대리인 선임신청의 가부

사실상 의사능력을 상실한 상태에 있어 소송능력이 없는 사람에 대하여 소송을 제기하는 경우에도 특별대리인을 선임할 수 있다.

나. 민사소송법 제58조에 의하여 선임된 특별대리인의 대리권 범위

민사소송법 제58조에 의하여 선임된 특별대리인은 당해 소송에 있어서는 법정대리인으로서의 권한을 보유한다 할 것이므로 특별대리인은 당해 소송행위를 할 권한뿐만 아니라 당해 소송에 있어서 공격방어의 방법으로서 필요한 때에는 사법상의 실체적 권리도 이를 행사할 수 있다 할 것이나, 무권리자의 부동산처분행위에 대한 추인과 같은 행위는 부동산에 관한 권리의 소멸변경을 초래하는 것이어서 민법 제950조에 의한 특별수권이 없는 한 이를 할 수 없다(1993. 7. 27. 제2부 판결 93다8986 소유권이전등기말소).

2. 한정치산자의 후견인이 친족회의 동의 없이 소를 제기한 후 소송행위를 한 경우, 후견인이 한 제소 등 일련의 소송행위가 무효인지 여부(적극)

한정치산자의 후견인이 한정치산자의 이름으로 소송을 제기하는 등의 소송행위를 함에는 친족회의 동의를 얻어야 하며 친족회의 동의를 얻지 아니한 채 제소하여 사실심의 변론종결시까지 그 동의가 보정되지 아니하였다면 그 제소 등 일련의 소송행위는 그에 필요한 수권이 흠결된 법정대리인에 의한 것으로서 절차적 안정이 요구되는 소송행위의 성격상 민법 제950조 제2항의 규정에도 불구하고 무효이다(대판 2001. 7. 27. 2001다5937).

3. 가. 친족회의의 동의 없는 후견인의 행위에 대한 취소권이 채권자대위권의 목적이 될 수 있는지 여부(소극)

후견인이 민법 제950조 제1항 각호의 행위를 하면서 친족회의 동의를 얻지 아니한 경우, 제2항의 규정에 의하여 피후견인 또는 친족회가 그 후견인의 행위를 취소할 수 있는 권리(취소권)는 행사상의 일신전속권이므로 채권자대위권의 목적이 될 수 없다.

나. 명의신탁의 대내적 효력 및 명의수탁자 사망시의 효과

명의신탁관계를 성립시키기 위한 신탁계약의 기본은 신탁자와 수탁자 사이의 내부관계에 있어서 그 목적물의 소유권은 언제나 신탁자가 보유하는 것이므로 그 목적물이 소유권과 관련되어 발생된 권리도 그들 내부관계에 있어서는 신탁자에게 귀속되는 것이므로, 신탁자가 그 신탁계약을 해지하면 수탁자는 그 권리를 신탁자에게 이전하여 줄 의무가 있고, 명의수탁자가 사망하면 그 명의신탁관계는 그 재산상속인과의 사이에 존속하게 된다(대법원 1996. 5. 31. 선고 94다35985 판결).

4. 가. 민법 제126조의 표현대리 규정이 법정대리에도 적용되는지 여부(적극)

민법 제126조 소정의 권한을 넘는 표현대리 규정은 거래의 안전을 도모하여 거래상대방의 이익을 보호하려는 데에 그 취지가 있으므로 법정대리라고 하여 임의대리와는 달리 그 적용이 없다고 할 수 없고, 따라서 한정치산자의 후견인이 친족회의 동의를 얻지 않고 피후견인의 부동산을 처분하는 행위를 한 경우에도 상대방이 친족회의 동의가 있다고 믿은 데에 정당한 사유가 있는 때에는 본인인 한정치산자에게 그 효력이 미친다.

나. 한정치산자의 후견인이 친족회의 동의 없이 그 피후견인인 한정치산자의 부동산을 처분한 경우에 발생하는 취소권의 행사에서 제척기간의 기산일인 '추인할 수 있는 날'의 의미

한정치산자의 후견인이 친족회의 동의 없이 피후견인인 한정치산자의 부동산을 처분한 경우에 발생하는 취소권은 민법 제146조에 의하여 추인할 수 있는 날로부터 3년 내에, 법률행위를 한 날로부터 10년 내에 행사하여야 하지만, 여기에서 '추인할 수 있는 날'이라 함은 취소의 원인이 종료한 후를 의미하므로, 피후견인이 스스로 법률행위를 취소함에 있어서는 한정치산선고가 취소되어 피후견인이 능력자로 복귀한 날로부터 3년 내에 그 취소권을 행사하여야 한다.

다. 민법 제126조 소정의 권한을 넘는 표현대리에 있어서 정당한 이유의 유무에 관한 판단기준시기 및 매수행위 당시 친족회의 동의에 관하여 전혀 확인하지 아니하여 후견인을 상대로 거래하는 매수인으로서 주의의무를 다하지 못한 과실이 있다고 본 사례

거래상대방이 후견인으로서 상당기간 피후견인의 재산을 관리하여 왔다고 할지라도 후견인을 상대로 중요한 재산적 가치를 가지는 한정치산자의 부동산을 매수하는 자로서는 친족회의 동의가 있었는지 여부를 확인하였어야 할 것인데도 막연히 부동산 중개업자를 통하여 거래상대방이 후견인으로 선임된 후 1년 이상 부동산의 관리를 전담하여 온 사실만을 확인하였을 뿐 친족회의 동의에 관하여는 전혀 확인하지 아니하였다면, 매수인은 후견인을 상대로 거래하는 자로서 마땅히 해야 할 주의를 다하지 못한 과실이 있다고 하지 않을 수 없으며, 또한 권한을 넘은 표현대리에 있어서 정당한 이유의 유무는 대리행위 당시를 기

준으로 하여 판정하여야 하고 매매계약 성립 이후의 사정
은 고려할 것이 아니므로, 피후견인이 위 매매로 인한 소
유권이전등기를 경료하기에 앞서 그 거래에 관한 친족회
원의 선임 및 친족회의 소집에 관한 법원의 심판을 받았
고 그에 따라 작성된 친족회 의사록을 후견인으로부터 교
부받았다고 할지라도 이로써 후견인이 매매 당시 친족회
의 동의를 받았다고 믿을 만한 정당한 이유가 된다고 볼
수 없다고 한 사례.

**라. 한정치산자가 한 '쌍방이 원만히 합의하였으므로 고소를
취소한다'는 내용의 고소취소장을 검찰 및 법원에 제출한 것
이 취소할 수 있는 행위의 추인에 해당하는지 여부(소극)**

한정치산자가 '횡령혐의로 고소한 바 있으나 쌍방 원만히
합의하였을 뿐만 아니라 피고소인이 범행에 대하여 깊이
반성하고 있으므로 고소 취소한다'는 내용의 고소취소장을
작성하여 제출할 때에도 아직 한정치산선고를 취소받기
전이므로 여전히 한정치산자로서 독립하여 추인할 수 있
는 행위능력을 가지고 있지 못하였을 뿐더러, 고소 취소는
어디까지나 수사기관 또는 법원에 대하여 고소를 철회하
는 의사표시에 지나지 아니하고 또 고소취소장에 기재된
문면의 내용상으로도 고소인이 매수인에 대하여 가지는
매매의 취소권을 포기한 것으로 보기 어렵다.

마. 가정법원이 소집하지 아니한 친족회 결의의 효력(무효)

민법 제966조에 의하면, 친족회는 본인 기타 이해관계인
등의 청구에 의하여 가정법원이 이를 소집하도록 규정되
어 있으므로, 가정법원이 소집하지 아니한 친족회의 결의

는 중대한 절차상의 하자가 있어 부존재 내지는 무효이다.

바. 동시이행의 항변권을 비쌍무계약에 확장하기 위한 요건

원래 쌍무계약에서 인정되는 동시이행의 항변권을 비쌍무
계약에 확장함에 있어서는 양 채무가 동일한 법률요건으
로부터 생겨서 공평의 관점에서 보아 견련적으로 이행시
킴이 마땅한 경우라야 한다(대법원 1997. 6. 27. 선고 97다3828 판결).

◈ 후견인이 친족회의 동의 없이 한 소송행위의 효력

【질의】 ➡ 甲은 그의 남편 乙이 정신질환이 있어 한정치산선
고를 받았으므로 乙의 후견인이 되었습니다. 그런데 乙이
교통사고를 당하여 가해차량이 가입된 자동차종합보험회사
를 상대로 손해배상청구의 소를 제기하였으며, 제1심 재판
에서 일부승소 하였습니다. 그런데 보험회사에서는 항소를
하였고, 甲이 乙의 후견인으로서 소송을 하면서 친족회의
동의를 받은 사실이 없으므로 제1심 판결은 그 효력이 없
다고 주장하고 있습니다. 보험회사의 주장이 타당한지요?

【답변】 ➡ 「민법」 제950조는 "① 후견인이 피후견인에 갈음하여 다음
각 호의 행위를 하거나 미성년자 또는 한정치산자의 다음 각 호의
행위에 동의를 함에는 친족회의 동의를 얻어야 한다. 1. 영업을 하는
일 2. 차재(借財) 또는 보증을 하는 일 3. 부동산 또는 중요한 재산에
관한 권리의 득실변경을 목적으로 하는 행위를 하는 일 4. 소송행위
를 하는 일 ② 전항의 규정에 위반한 행위는 피후견인 또는 친족회
가 이를 취소할 수 있다."라고 규정하고 있습니다.

그런데 한정치산자의 후견인이 친족회의 동의 없이 소를 제기한 후
소송행위를 한 경우, 후견인이 한 제소 등 일련의 소송행위의 효력에
관하여 판례는 "한정치산자의 후견인이 한정치산자의 이름으로 소송

을 제기하는 등의 소송행위를 함에는 친족회의 동의를 얻어야 하며, 친족회의 동의를 얻지 아니한 채 제소하여 사실심의 변론종결시까지 그 동의가 보정되지 아니하였다면 그 제소 등 일련의 소송행위는 그에 필요한 수권이 흠결된 법정대리인에 의한 것으로서 절차적 안정이 요구되는 소송행위의 성격상 민법 제950조 제2항의 규정에도 불구하고 무효이다. 그러나 한정치산자의 법정대리인의 소송행위에 필요한 친족회의 동의는 보정되면 행위시에 소급하여 그의 효력이 생기고 그 보정은 상고심에서도 할 수 있다."라고 하였습니다(대법원 2001. 7. 27. 선고 2001다5937 판결).

따라서 위 사안에서 甲이 친족회의 동의 없이 乙의 교통사고로 인한 손해배상청구의 소를 제기하여 제1심에서 승소하였지만, 친족회의 동의가 없었으므로 甲의 그러한 소송행위는 무효가 될 것이지만, 항소심에서 친족회의 동의를 얻어 그 동의서를 제출한다면 제1심에서의 소송행위도 유효한 것이 될 것입니다. [법률구조공단자료. 참고만 하세요]

◈ 후견감독인의 동의를 받아야 하는 후견인의 행위 : 피후견인에 대한 권리양수

제951조【피후견인의 재산 등의 양수에 대한 취소】
① 후견인이 피후견인에 대한 제3자의 권리를 양수하는 경우에는 피후견인은 이를 취소할 수 있다.
② 제1항에 따른 권리의 양수의 경우 후견감독인이 있으면 후견인은 후견감독인의 동의를 받아야 하고, 후견감독인의 동의가 없는 경우에는 피후견인 또는 후견감독인이 이를 취소할 수 있다.
[전문개정 2011.3.7]

[시행일 : 2013.7.1]

■ [요약] 951. 피후견인에 대한 제3자의 권리양수의 제한

·후견인이 피후견인에 대한 제3자의 권리를 양수함에 있어서는 후견감독인의 동의를 얻어야 한다.
·이에 위반한 행위는 피후견인 또는 후견감독인이 취소할 수 있다.
·이러한 행위는 피후견인과 후견인의 이익을 충돌시킬 염려가 있기 때문이다.
·이 경우에도 최고권에 관한 규정의 준용이 있다(§952에 의한 §15의 준용).

후견인이 피후견인에 대한 제3자의 권리를 양수함에는 후견감독인의 동의를 얻어야 한다. 이러한 행위는 후견인과 피후견인 사이에 이익을 충돌시킬 염려가 있기 때문이다. 그리고 피후견인 또는 후견감독인의 동의를 얻지 않고 한 후견인의 행위는 취소할 수 있는 것으로 하고 있으나(제950조 3항, 제951조 2항). 동의권자의 동의가 없었다는 것을 과실없이 알 수 없었던 상대방은 제126조의 규정에 의하여 보호된다고 해석할 것이다.

여기서「양수」는 유상·무상을 묻지 않으며 권리의 양도(양수)를 목적으로 하는 법률행위에 의한 권리의 취득을 말한다. 따라서 상속, 유증, 저당권 실행 등에 의한 권리의 취득은 포함되지 않는다.

후견인 또는 제3자는 후견감독인과 피후견인(능력자가 된 후의)에 대하여 1개월 이상의 기간내에 양도행위를 추인할 것인가의 여부를 최고할 수 있으며, 기간내에 확답이 없으면 추인한 것으로 본다(제952조에 의한 제15조의 준용).

제952조【상대방의 추인여부최고】

제950조 및 제951조의 경우에는 제15조를 준용한다.

[전문개정 2011.3.7]

[시행일 : 2013.7.1]

■ [요약] 952. 상대방의 추인여부의 최고

·후견인이 §950, §951의 행위를 한 경우에는 그 상대방의 추인여부의 최고에는 최고권
(§15)에 관한 규정이 준용된다.

◆ 후견감독인의 후견사무의 감독

제953조【후견감독인의 후견사무의 감독】

후견감독인은 언제든지 후견인에게 그의 임무수행에 관한 보
고와 재산목록의 제출을 요구할 수 있고 피후견인의 재산상
황을 조사할 수 있다.

[전문개정 2011.3.7]

[시행일 : 2013.7.1]

■ [요약] 953. 후견감독내용

·재산조사와 목록작성에 대한 참여
·후견인과 피후견인간의 채권, 채무의 제소
·법정대리권행사에 대한 동의 내지 취소
·피후견인의 권리양수에 대한 동의 내지 취소
·후견사무에 대한 보고 및 재산목록 제출요구
·후견사무종료시의 관리계산에 대한 참여
·미성년자의 보호, 교양방법 등에 관한 동의

본조는 후견사무의 감독에 관한 규정이다.

후견인은 후견감독인과 가정법원의 일반적 감독하에 있다. 즉 후견감독인은 언제든지 후견인에 대하여 그 임무수행에 관한 보고와 재산목록의 제출을 요구할 수 있고 피후견인의 재산상황을 조사할 수 있다.

 여기서 말하는 후견의 임무는 피후견인의 신분상에 관한 사무 뿐만 아니라 재산상의 사무도 포함되므로, 이러한 사무일반에 대한 보고를 요구할 수도 있고, 또 특정한 사무에 관한 보고도 요구할 수 있으며, 보고는 정기적이 아니고 필요에 따라 할 수도 있다. 그리고 여기서 말하는 재산목록은 후견인이 취임당시에 작성한 재산목록과 피후견인이 포괄적 재산을 취득한 경우에 작성되는 재산목록을 포함한다.

◈ 가정법원의 후견사무에 관한 처분

제954조【가정법원의 후견사무에 관한 처분】
가정법원은 직권으로 또는 피후견인, 후견감독인, 제777조에 따른 친족, 그 밖의 이해관계인, 검사, 지방자치단체의 장의 청구에 의하여 피후견인의 재산상황을 조사하고, 후견인에게 재산관리 등 후견임무수행에 관하여 필요한 처분을 명할 수 있다.
[전문개정 2011.3.7]
[시행일 : 2013.7.1]

■ [요약] 954. 가정법원의 후견감독내용

·선임후견인의 사퇴허가
·후견인의 사퇴허가
·후견인의 해임
·재산조사와 목록작성에 관한 법정기간의 연장허가
·피후견인의 감금 또는 감금치료에 대한 사전 내지 사후허가
·후견임무수행에 관한 필요한 처분명령
·후견인에 대한 보수수여
·후견사무종료시의 관리계산을 위한 법정허가의 연장허가
·관련법조 : [처분절차] 가소 §2① 라류사건 22호

가정법원은 직권으로 또는 일정한 자의 청구에 의하여 피후견인의 재산상황을 조사하고 후견인에게 재산관리 등 후견임무수행에 관하여 필요한 처분을 명할 수 있다. 필요한 처분이란 재 산관리에 관한 처분, 즉 재산보전의 처분, 환가처분, 채권의 집행등 뿐만 아니라 신분상에 관한 사무(피후견인의 양육, 교양 또는 요양, 감호 등)도 포함하며, 후견사무 전반에 걸쳐 후견사무의 적정한 처리를 실현시키기 위한 것이다.
또한 가정법원은 피후견인의 복리를 위하여 후견인을 변경할 필요가 있다고 인정하면 직권으로 또는 피후견인, 친족, 후견감독인, 검사, 지방자치단체의 장의 청구에 의하여 후견인을 변경할 수 있다(제940조).

◆ 후견인의 보수

제955조 【후견인에 대한 보수】
법원은 후견인의 청구에 의하여 피후견인의 재산상태 기타

사정을 참작하여 피후견인의 재산 중에서 상당한 보수를 후
견인에게 수여할 수 있다.

■ [요약] 955. 보수청구권

·가정법원은 후견인의 청구에 의하여 피후견인의 재산상태 기타 사정을 참작하여 피후견인
의 재산 중에서 상당한 보수를 후견인에게 수여할 수 있다
·구민법은 친족회가 후견인에 대한 보수를 지급할 수 있고, 또 후견인이 피후견인의 배우
자, 직계혈족, 호주인 때에는 보수를 받을 수 없게 하였으나, 현행민법은 보수지급은 가정
법원이 결정하도록 하고 또 보수지급에 관해서는 구민법과 같은 예외를 두지 않았다
·관련법조 : [보수수여절차] 가소 §2① 라류사건 18호

본조는 후견인에 대한 보수에 관한 규정이다. 후견인의 임
무수행은 원칙적으로 무보수이며 예외로서 보수를 수여할 수
있다고 규정한다.

후견인의 보수는 청구에 의하여 가정법원이 모든 사정을
참작하여 수여할 수 있다. 후견인에게 보수를 수여할 것인가
의 여부는 피후견인의 재산상태 기타 신분, 지위, 후견인의
사무의 난이 등을 참작하여 가정법원이 결정한다.

보수의 액수는 상당한 액수이다. 구체적으로 어느 정도의
액수가 상당한가는 가정법원이 결정하는 것이다. 보수의 지출
자는 피후견인이며, 보수는 피후견인의 재산중에서 지출되나
이 재산중에는 부양의무자로부터 지급되는 부양재산도 포함
된다고 본다.

◈ 후견인에 위임과 친권에 관한 규정 등의 준용

제956조 【위임과 친권의 규정의 준용】

제681조 및 제918조의 규정은 후견인에게 이를 준용한다.

■ [요약] 956. 후견인의 재산관리

·후견인은 재임중 선량한 관리자의 주의를 가지고 피후견인의 재산을 관리하여야 한다(681 준용).
·제3자가 후견인의 관리에 반대하는 의사를 표시하여 피후견인에게 수여한 재산에 대해서는 후견인은 관리권을 가지지 못한다(918 준용).

후견인은 후견이 종료하면, 가족관계등록법이 정하는 바에 따라서 1월 이내에 후견종료의 신고를 하여야 한다. 다만, 미성년자의 성년 도달로 인하여 후견이 종료된 경우에는 그러하지 아니하다(가족관계등록법 제83조). 그리고 후견인과 피후견인 사이의 이해상반행위에 대해서는 특별대리인의 선임을 가정법원에 청구하여야 한다.

이에 반하여 친권자 보다도 무거운 제한이 가해지고 있는 경우로서는 후견인은 선량한 관리자의 주의의무를 가지고 피후견인의 재산을 관리하여야 한다(제956조에 의한 제681조의 준용). 이 점에서 자기재산과 동일한 주의의무를 지는 친권자와 다르다(제922조).

그리고 친권의 효력에 관한 제918조(제3자가 무상으로 자에게 수여한 재산의 관리)가 준용된다. 제3자가 무상으로 피후견인에게 재산을 수여하고 후견인의 관리에 반대하는 의사를 표시한 때에는 그 재산은 후견인의 관리에 속하지 않는다. 이 경우에 관리인을 지정하지 않았을 때에는 가정법원이 선임하는 관리인이 관리한다.

제 3 절   후견의 종료

후견의 종료에는 절대적 후견종료와 상대적 후견종료의 2종류가 있다. 후견의 절대적 종료란, 후견 그 자체가 종료하여 이후 후견을 필요로 하지 않는 경우이고, 후견의 상대적 종료라 함은 후견자체는 종료하지 아니하고 당해 후견인이 그 지위를 상실하므로 다른 후견인에 의하여 계승되는 경우를 말한다.

절대적 종료원인으로서는 피후견인이 무능력자로서의 보호를 필요로 하지 않게 된 경우와 피후견인에 본격적으로 친권을 행사할 수 있는 자가 생긴 경우이다.

이를 보다 구체적으로 말하면, 전자에는 피후견의 사망·실종선고, 미성년자의 성년도달, 혼인 등이 포함되고, 후자에는 친권 또는 관리권 상실선고의 취소(제926조), 사퇴한 관리권의 회복(제927조), 행방불명이었던 친권자의 출현, 성년후견, 한정후견 종료의 심판(제11조, 제14조), 후견에 복종하던 피후견인이 타인의 양자가 되어 양친의 친권에 복종하게 된 때, 기아였던 피후견인인 미성년자의 모가 판명된 경우 등이 있다.

상대적 종료는 후견인의 사망·실종선고·사임(제939조)·변경(제940조)·결격사유의 발생(제937조) 한 때 등에 일어난다.

후견종료의 사유는 이를 다른 일방에게 통지하거나 또는 다른 일방이 이것을 안 때가 아니면 그 종료로써 다른 일방에게 대항할 수 없다(제959조에 의한 제692조의 준용).

종료원인 가운데에서 중요한 것은 후견인의 변경이다.

민법은 「가정법원은 피후견인의 복리를 위하여 후견인을 변경할 필요가 있다고 인정하면 직권으로 또는 피후견인, 친족, 후견감독인, 검사, 지방자치단체의 장의 청구에 의하여 후견인을 변경할 수 있다」고 규정하고 있다(제940조).

◈ 후견종료 후의 후견인의 임무 : 관리의 계산의무

제957조【후견사무의 종료와 관리의 계산】
① 후견인의 임무가 종료된 때에는 후견인 또는 그 상속인은 1개월내에 피후견인의 재산에 관한 계산을 하여야 한다. 다만, 정당한 사유가 있는 경우에는 법원의 허가를 받아 그 기간을 연장할 수 있다.
② 제1항의 계산은 후견감독인이 있는 경우에는 그가 참여하지 아니하면 효력이 없다.

■ [요약] 957. 관리계산

·후견종료후의 가장 중요한 절차
·후견인 또는 그 상속인은 임무가 종료하였을 때부터 1월내에 관리의 계산을 하여야 한다
·그러나 정당한 사유가 있는 때에는 가정법원의 허가를 얻어 그 기간을 연장할 수 있다
·그리고 이 계산은 부정이 행하여지지 않고 정확할 것을 필요로 하므로 후견감독인의 참여가 없으면 효력이 없다
·관련법조 : [후견종료신고] 가족관계등록법 §83, [허가절차] 가소 §2① 라류사건 19호

후견종료 후의 가장 중요한 절차로서 후견인 또는 그 상속인은 임무가 종료하였을 때부터 1월 내에 관리의 계산을 하여야 한다. 그러나 정당한 사유가 있는 때에는 가정법원의 허

가를 얻어 그 기간을 연장할 수 있다(제957조 1항).

후견이 종료하면 그것이 절대적이건 상대적이건 묻지 않고, 후견인은 관리계산을 하고 재산을 피후견인에게 인도하여야 한다. 이 경우 친권의 종료의 경우와는 달리 후견인에게는 많은 의무와 감독적 규정이 설정되어 있다. 즉 후견이 종료한 때에는 후견인 또는 그 상속인은 후견감독인의 참여하에서 원칙적으로 1개월 이내에 피상속인의 재산에 관한 관리의 계산을 하여야 한다.

그러나 이 관리계산의 보고를 누구에게 하여야 할 것인가에 대하여 민법은 규정한 바 없으나, 그 성질상 상대적 종료의 경우에는 후임의 후견인에게, 절대적 종료의 경우 중에서, 친권으로 이행하였을 때에는 친권자에게, 피후견인이 성년에 달하였을 때에는 그 본인에게, 사망한 경우에는 그 상속인에게 각각 보고하여야 한다고 해석하는 것이 타당하다.

관리계산을 완료하고 이를 보고하는 기간은 후견종료의 날로부터 1월 내이다. 다만 계산내용이 복잡하거나 또는 후견인에게 부득이한 사정이 있어서 이 기간을 연장하는 것이 상당하다고 인정되는 사유가 있는 때에는 가정법원의 허가를 얻어 그 기간을 연장할 수 있다.

관리의 계산은 부정이 행하여지지 않고 정확할 것을 필요로 하므로, 후견감독인의 참여가 없으면 효력이 없다(제957조 2항).

【서식】 후견종료신고서

<table>
<tr><td colspan="2" rowspan="2">후 견 종 료 신 고 서
(　　년　　월　　일)</td><td colspan="6">※ 아래의 작성방법을 읽고 기재하시되, 선택항목을 해당번호에 "○"으로 표시하여 주시기 바랍니다.</td></tr>
<tr><td colspan="6"></td></tr>
<tr><td rowspan="3">① 피후견인</td><td>등록기준지</td><td colspan="6"></td></tr>
<tr><td>주 소</td><td colspan="6"></td></tr>
<tr><td>성 명</td><td>한글</td><td></td><td>한자</td><td></td><td>주민등록번호</td><td>　　　　－</td></tr>
<tr><td rowspan="3">② 후견인</td><td>등록기준지</td><td colspan="6"></td></tr>
<tr><td>주 소</td><td colspan="6"></td></tr>
<tr><td>성 명</td><td>한글</td><td></td><td>한자</td><td></td><td>주민등록번호</td><td>　　　　－</td></tr>
<tr><td colspan="2">③종료일자 및 원인</td><td colspan="6">년　　　월　　　일</td></tr>
<tr><td colspan="2">④ 재판확정일자</td><td colspan="4">일　　　년　　　　월</td><td>법원명</td><td></td></tr>
<tr><td colspan="2">⑤ 기 타 사 항</td><td colspan="6"></td></tr>
<tr><td rowspan="3">⑥신고인</td><td>성 명</td><td colspan="3">⑩(서명 또는 무인)</td><td>주민등록번호</td><td colspan="2"></td></tr>
<tr><td>자 격</td><td colspan="6">□후견인　　□법정대리인　　□기타(의 자격 :　　　　　　　　)</td></tr>
<tr><td>주 소</td><td colspan="6"></td></tr>
</table>

작성방법

③란 : 종료일자 및 원인은 "2008. 1. 1. 피후견인사망", "2008. 1. 13. 금치산선고 취소"등으로 기재합니다.

④란 : 재판확정일자는 후견의 종료원인이 된 재판으로서 금치산선고 또는 한정치산선고의 취소심판 등의 재판이 확정된 일자를 기재합니다.

⑦란 : 기타사항은 가족관계등록부에 기록을 분명하게 하는데 특히 필요한 사항을 기재합니다..

첨부서류

1. 후견종료의 원인이 재판에 의하여 발생한 경우 그 재판서의 등본과 확정증명서 각 1부.
2. 당사자의 가족관계등록부의 기본증명서 1통(전산정보처리조직에 의하여 그 내용을 확인할 수 있는 경우에는 첨부를 생략합니다).
3. 우편접수의 경우에는 신고인의 신분증명서 사본을 첨부하여야 합니다(신고인이 출석한 경우에는 출석한 신고인의 신분증명서에 의하여 신분을 확인하여야 하고 별도의 신분증명서 사본을 첨부할 필요가 없으나, 제출인이 출석한 경우에는 제출인의 신분증명서를 제시하여야 합니다).

◈ 후견종료 후의 후견인의 임무 : 계산종료시의 이자지급 의무 등

제958조【이자의 부가와 금전소비에 대한 책임】

① 후견인이 피후견인에게 지급할 금액이나 피후견인이 후견인에게 지급할 금액에는 계산종료의 날로부터 이자를 부가하여야 한다.

② 후견인이 자기를 위하여 피후견인의 금전을 소비한 때에는 그 소비한 날로부터 이자를 부가하고 피후견인에게 손해가 있으면 이를 배상하여야 한다.

■ [요약] 958. 이자의 부가와 금전소비에 대한 책임

·후견인이 피후견인에게 지급할 금액이나 피후견인이 후견인에게 지급할 금액에는 계산종료의 날로부터 이자를 부가하여야 한다.

·또 후견인이 자기를 위하여 피후견인의 금전을 소비한 때에는 그 소비한 날로부터 이자를 부가하고, 피후견인에게 손해가 있으면 이를 배상하여야 한다.

가정법원도 감독권의 작용으로서 그 계산서의 제출을 요구할 수 있다(제954조 참조).

후견인이 피후견인에게 지급할 금액이나 피후견인이 후견인에게 지급할 금액에는 계산종료의 날로부터 이자를 부가하여야 한다. 그리고 후견인이 자기를 위하여 피후견인의 금전을 소비한 때에는 그 소비한 날로부터 이자를 부가하고 피후견인에게 손해가 있으면 이를 배상하여야 한다.

즉, 후견인의 금전소비는 피후견인의 후견사무집행을 위하여 금전을 소비할 수 있는데 그친다. 이에 반하여 후견사무집

행의 범위 밖에서 자기를 위하여 후견인이 피후견인의 금전
을 소비하는 것은 불법행위이다.

◈ 후견인종료시의 긴급처리

제959조【위임규정의 준용】
제691조, 제692조의 규정은 후견의 종료에 이를 준용한다.

■ [요약] 959. 후견종료와 긴급처리

·후견종료의 경우에는 급박한 사정이 있는 때에는 후견인, 그 상속인이나 법정대리인은 피
후견인, 그 상속인이나 법정대리인이 스스로 그 사무를 처리할 수 있을 때까지 그 사무의
처리를 계속하여야 한다. 이러한 경우에는 후견의 존속과 동일한 효력이 있다(§691 준용).
·후견종료의 사유는 이를 다른 일방에게 통지하거나 또는 다른 일방이 이것을 안 때가 아
니면 그 종료로써 다른 일방에게 대항할 수 없다(§692 준용).

후견종료 대항요건에도 위임의 규정이 준용된다.

후견종료의 사유는 이를 다른 일방에게 통지하거나 또는
다른 일방이 이것을 안 때가 아니면 그 종료로서 다른 일방
에게 대항할 수 없다(제959조에 의한 제692조의 준용). 사망
(실종선고 포함) 등에 의한 후견종료에 있어서는 그 상속인
또는 법정대리인에게 통지하여야 한다.

후견의 임무종료후에 피후견인, 그 상속인이나 법정대리인
이 그 사무를 처리할 수 있을 때까지는 후견인, 그 상속인이
나 법정대리인은「급박한 사정이 있는 때」에는 그 업무의
처리를 계속하여야 한다.

이러한 경우에는 후견의 존속과 동일한 효력이 있다(제691
조 준용). 사무처리는 급박한 사정이 있는 때에 한하며, 그

범위를 넘어서는 안된다.

제2편. 친족

제1장 친 권

　친권(right and duties of the parents ; elterliches Gesalt ; puissance paternelle)은 부 또는 모가 자를 보호·양육하고 그 재산을 관리하는 것을 내용으로 하는 권리의무의 총칭이다(제909조~제927조). 연혁적으로는 가부(家父)의 절대적 지배권력의 제도에서 발달한 것이지만 오늘날은 부모로서의 의무를 다하는 권리로 이해된다. 민법은 친권에 복종하는 자를 미성년자와 양자에 한정하고 있다(제909조 1항·5항). 친권의 내용은 다음과 같다.

　(1) 자의 보호·교양(제913조)·거소지정(제914조)·징계(제915조)·영업허가(제8조 1항) 등의 자의 신분에 관한 권리의무를 가지며, (2) 자의 특유재산을 관리할 수 있다(제916조). 다만 친권자와 자의 이해가 상반되는 경우(제921조) 및 자에 대한 무상증여자가 친권자의 관리권을 배제한 경우(제918조)에는 그 재산에 관하여 관리권을 갖지 못한다. 또한 재산행위라도 그 자의 행위를 목적으로 하는 채무를 부담할 경우에는 자 자신의 동의가 필요하다(제920조). 자가 성년이 되면 친권자는 그 친권을 잃으나 친권자는 정당한 사유가 있을 때에는 법원의 허가를 얻어 그 법률행위의 대리권과 재산관리권을 사퇴할 수 있다(제927조 1항).

　친권남용 따위의 중대한 사유가 있을 때에는 법원은 자의 친족 또는 검사의 청구에 의하여 친권상실의 선고를 할 수 있으며(제924조), 또 관리가 소홀했을 때에는 관리권의 상실을 선고할 수 있다(제925조).

제1절 총 칙

친권을 행사하는 자를 친권자라고 한다.

(1) 미성년자의 친권은 부모가 공동으로 행사하나, 부모의 의견이 일치되지 않을 때에는 당사자의 청구에 의하여 가정법원이 정한다(제909조 1항·2항). 부모의 일방이 친권을 행사할 수 없을 때에는 다른 일방이 행사한다(제910조, 제911조).

(2) 혼인외의 자가 인지된 경우와 부모가 이혼한 경우에는 부모가 협의로 친권을 행사할 자를 정하고, 협의할 수 없거나 협의가 이루어지지 않으면 당사자의 청구에 의하여 가정법원이 결정한다(제909조 4항). 추정된 부로부터 인지되지 않은 혼인외의 자는 생모가 친권을 행사한다. 왜냐하면 모자관계는 사실자체로 결정되기 때문이다.

(3) 양자는 양부모의 친권에 복종한다(제909조 5항), 오늘날 세계 여러 나라의 양자법은 양자가 친가로부터 단절하는 완전양자화의 추세에 있다.

❖ 미성년자의 친권자 및 친권행사방법

제909조 【친권자】

① 부모는 미성년자인 자의 친권자가 된다. 양자의 경우에는 양부모가 친권자가 된다. <개정 2005. 3. 31>

② 친권은 부모가 혼인중인 때에는 부모가 공동으로 이를 행사한다. 그러나 부모의 의견이 일치하지 아니하는 경우에는 당사자의 청구에 의하여 가정법원이 이를 정한다.

③ 부모의 일방이 친권을 행사할 수 없을 때에는 다른 일방이 이를 행사한다.

④ 혼인외의 자가 인지된 경우와 부모가 이혼하는 경우에는 부모의 협의로 친권자를 정하여야 하고, 협의할 수 없거나 협의가 이루어지지 아니하는 경우에는 가정법원은 직권으로 또는 당사자의 청구에 따라 친권자를 지정하여야 한다. 다만, 부모의 협의가 자의 복리에 반하는 경우에는 가정법원은 보정을 명하거나 직권으로 친권자를 정한다. <개정 2005. 3. 31, 2007. 12. 21>

⑤ 가정법원은 혼인의 취소, 재판상 이혼 또는 인지청구의 소의 경우에는 직권으로 친권자를 정한다. <개정 2005. 3. 31>

⑥ 가정법원은 자의 복리를 위하여 필요하다고 인정되는

경우에는 자의 4촌 이내의 친족의 청구에 의하여 정하여진 친권자를 다른 일방으로 변경할 수 있다. <신설 2005. 3. 31>

■ [요약] 909. 친권자

·친권이라 함은 부모가 미성년의 자에 대하여 가지는 신분상, 재산상의 보호와 감독을 내용으로 하는 권리의무를 말한다.
·친권공동행사의 원칙 : 본조 2항, 3항
·혼인외의 출생자의 친권자 : 본조 4항
·가정법원의 직권에 의한 친권자 지정 : 본조 5항
·자의 복리를 위한 가정법원의 친권자 지정 : 본조 6항
·관련법조 : [후견의 특례] 입양특례법 §12

1. 친권에 따르는 자

친권에 따르는 자는 미성년자인 자(子), 즉 친생자와 양자이다(제909조 1항).

미성년자가 혼인하면 성년에 달한 것으로 보므로(제826조의 2), 친권에 따르지 않는다.

2. 친권자

(1) 친생자의 친권자

혼인 중의 출생자의 친생부모는 미성년자인 자의 친권자가 된다. 친족은 부모가 혼인 중인 때에는 부부가 공동으로 이를 행사하고, 부모의 의견이 일치하지 아니하는 경우에는 당사자의 청구에 의하여 가정법원이 이를 정한다(제909조 1항·2항).

(2) 양자의 친권자

양자의 경우에는 양부모가 친권자가 된다(제909조 1항).

양자는 양부모가 혼인중에는 양부모의 공동친권에 따른다. 양부모의 일방이 사실상 또는 법률상 친권을 행사할 수 없는 경우에는 다른 일방의 친권에 따른다. 양친의 일방이 법률상·사실상 친권을 행사할 수 없는 경우나 양친의 일방이 사망한 경우에 다른 일방이 단독친권자가 된다.

그리고 양부모가 이혼하는 경우, 혼인이 무효가 되거나 취소되는 경우에 양자의 친권자를 정하는 방법도 혼인중의 출생자의 경우와 같다.

양부모(친생부모가 공동친권자가 된 후)의 일방이 사망한 때에는 다른 일방이 단독친권자가 된다(제909조 3항). 양자와 양친이 파양을 하면 친생친이 단독친권자가 된다.

(3) 혼인 외의 출생자의 친권자

① 인지되지 않은 혼인 외의 자에 대해서는 모가 단독친권자가 된다.

② 혼인 외의 자가 인지된 경우에는 부모의 협의로 친권자를 정하여야 하고, 협의할 수 없거나 협의가 이루어지지 아니하는 경우에는 가정법원은 직권으로 또는 당사자의 청구에 따라 친권자를 지정하여야 한다(제909

조 4항).

혼인 외의 자가 인지되는 경우에는 친권자를 정하는 방법은 2007년 개정민법에 의해서 새롭게 규정된 것이다. 우선, 임의인지의 경우, 즉 부가 스스로 인지하는 경우에는 부모의 협의로 친권자를 정하여야 한다. 이 경우 단독친권으로 하든 공동친권으로 하든 자유로이 정할 수 있다고 보아야 할 것이다. 그러나 부모가 협의를 할 수 없거나(예컨대 의사능력이 없는 경우) 협의가 이루어지지 않은 경우에는 당사자는 가정법원에 그 지정을 청구하거나 가정법원이 직권으로 친권자를 지정하여야 한다.

제2절 친권의 행사방법

1. 친권공동행사의 원칙

부모가 혼인중인 때에는 공동으로 친권을 행사해야 하며, 어느 일방이 단독으로 친권을 행사해서는 안 된다. 부모의 의견이 일치하지 않는 경우에는 당사자의 청구에 의하여 가정법원이 결정한다(제909조 2항). 부모의 일방이 친권을 행사할 수 없을 때에는 다른 일방이 단독으로 친권을 행사한다(제909조 3항).

"부모의 일방이 친권을 행사할 수 없을 때"란 사실상 행사할 수 없는 경우(예 : 부모의 심신상실, 장기부재

등)와 법률상 행사할 수 없는 경우 모두를 포함하는 의미로 이해된다. 법률상 친권을 행사할 수 없는 경우로는 친권상실선고를 받은 경우(제924조), 친권행사금지가처분결정을 받은 경우를 포함한다.

◉ 등기선례1-47 ◉

부모의 의견이 일치하지 아니하는 경우의 친권행사

미성년의 자에 대한 친권은 부모가 공동으로 행사하여야 하나 부모의 의견이 일치하지 아니하는 경우에는 부가 행사할 수 있으므로(민법 제909조 제1항), 미성년자 소유 부동산의 처분에 따른 이전등기에 관하여 부모의 의견이 불일치하는 경우 부는 단독 친권행사로서 소유권이전등기에 필요한 매도증서와 위임장을 작성할 수 있으며, 이때 그 매도증서나 위임장에는 부모의 의견이 일치하지 아니하여 단독으로 친권행사를 한다는 취지를 기재함으로써 족하다.

◉ 호적선례2-223 ◉

사망시 미성년자에 대한 친권은 생모가 생존해 있으면 생모가 행사한다.

부가 사망한 경우 미성년자에 대한 친권은 그의 생모(이혼,

친가복적, 재혼여부를 불문함)가 행사하게 된다.
[92.2.20.법정 제342호]

▣ 호적선례1-226 ▣

생모의 부의 양자로 입양된 미성년자에 대한 친권행사

일본인 부모 사이에서 출생한 미성년자가, 그 부모가 이혼하고 친권자인 생모가 한국인 남자와 재혼한 후, 그 한국인 남자의 양자로 입적된 경우에는, 한국인 양부와 생모가 그 미성년자에 대한 친권을 공동으로 행사한다.
[86. 1. 8 법정 제12호 외무부장관 대 법원행정처장 질의회답]

▣ 호적선례2-224 ▣

양자의 친생부모도 친권을 행사할 수 있는지 여부

미성년자인 양자에 대하여는 친생부모는 친권자가 되지 못하고 양부모가 공동하여 친권자로 되고 양부모의 일방이 친권을 행사할 수 없을 때에는 다른 일방이 친권을 행사하며, 양부모가 모두 친권을 행사할 수 없을 때에는 후견이 개시된다.
[88.8.24.법정 제1004호]

◼ 호적선례1-94 ◼

외국인 여자의 미성년인 혼인외의 자를 한국인 부가 인지한 경우에는 그 자의 국적에 관계없이 친자관계가 발생하고 친권행사도 가능하다.

일본인 여자의 미성년인 혼인외의 자를 한국인 부가 인지한 경우에는 그 자는 한국 국적을 취득하게 되지만 그 후 6월이 경과하도록 일본 국적을 상실하지 않는다면 한국 국적을 상실하게 된다. 그러나 인지된 자가 한국 국적을 상실한 경우라도 이미 발생한 인지의 효력에는 변함이 없고 법률상의 친자관계가 발생하였음에는 이론이 있을 수 없으므로, 친자관계에서 발생하는 효력인 친권도 한국인 부가 당연히 행사할 수 있는 것이라고 할 것이다.

[81. 4. 4 법정 제207호 법무부장관 대 법원행정처장 질의회답]

◼ 호적선례2-230 ◼

친권행사자가 사망한 경우의 법정대리인

친권행사자로 지정된 자가 사망한 경우에 다른 부 또는 모가 있는 때에는 후견이 개시되지 않고 생존한 부모 일방이 친권자가 된다.

[91.5.8. 법정 제828호]

❖ 3개월 이내에 이혼신고하지 않은 협의이혼의사확인의 효력

【질의】 ➡ 저는 혼인한지 10년 만에 남편 甲과 합의이혼을 하기로 하고 법원에 출석하여 '협의이혼의사확인서등본'을 교부받았습니다. 그러나 쌍방 모두 이혼신고를 하지 않은 채 3개월이 지났는데, 이 경우 위 협의이혼의사확인의 효력과 자녀에 대한 친권행사관계는 어떻게 되는지요?

【답변】 ➡ 「가족관계의 등록 등에 관한 법률」 제75조는 "①협의상 이혼을 하고자 하는 사람은 등록기준지 또는 주소지를 관할하는 가정법원의 확인을 받아 신고하여야 한다. 다만, 국내에 거주하지 아니하는 경우에 그 확인은 서울가정법원의 관할로 한다. ②제1항의 신고는 협의상 이혼을 하고자 하는 사람이 가정법원으로부터 확인서등본을 교부 또는 송달받은 날부터 3개월 이내에 그 등본을 첨부하여 행하여야 한다. ③제2항의 기간이 경과한 때에는 그 가정법원의 확인은 효력을 상실한다. ④가정법원의 확인의 절차와 신고에 관하여 필요한 사항은 대법원규칙으로 정한다."라고 규정하고 있습니다.

그러므로 귀하가 받은 협의이혼의사확인등본은 3개월이 경과하여 그 효력을 잃었다 할 것이고, 만약 계속 이혼할 의사가 있다면 법원의 협의이혼의사확인을 다시 받아야 할 것입니다(대법원 1983. 7. 12. 선고 83므11 판결).

그리고 자녀에 대한 친권행사에 관하여 「가족관계의 등록 등에 관한 규칙」 제74조 제2항은 "가정법원은 이혼의사의 확인을 함에 있어서는 부부 사이에 미성년자인 자녀가 있는지 여부와 그 자녀에 대한 친권자지정의 협의나 가정법원에의 지정 청구 여부를 확인하여야 한다."라고 규정하고 있으므로, 미성년인 자녀가 있을 경우에는 미리 甲과 협의하여 친권자를 정해두는 것이 좋습니다.

친권행사자에 관한 협의를 할 수 없거나 이루어지지 않는 경우에 가정법원은 직권으로 또는 당사자의 청구에 따라 가정법원에 그 지정을 청구하도록 하고 있습니다(민법 제909조 제4항). [법률구조공단자료. 참고만 하세요]

◎ 이혼 당시 지정했던 친권자와 양육권자를 변경할 수 있는지

【질의】 ➡ 저는 이혼할 때 경제적인 여유가 없어 남편을 친권자 및 양육자로 지정해 주었는데, 남편이 자녀를 너무나 학대하여 더 이상 두고 볼 수 없어 남편으로 되어 있는 친권자와 양육자를 저로 변경하고자 합니다. 이러한 변경이 가능한지요?

【답변】 ➡ 미성년자녀의 양육 및 친권에 관하여 「민법」 제837조는 "① 당사자는 그 자의 양육에 관한 사항을 협의에 의하여 정한다. ② 제1항의 협의는 다음의 사항을 포함하여야 한다. 1. 양육자의 결정 2. 양육비용의 부담 3. 면접교섭권의 행사 여부 및 그 방법 ③ 제1항에 따른 협의가 자(子)의 복리에 반하는 경우에는 가정법원은 보정을 명하거나 직권으로 그 자(子)의 의사(意思)·연령과 부모의 재산상황, 그 밖의 사정을 참작하여 양육에 필요한 사항을 정한다. ④ 양육에 관한 사항의 협의가 이루어지지 아니하거나 협의할 수 없는 때에는 가정법원은 직권으로 또는 당사자의 청구에 따라 이에 관하여 결정한다. 이 경우 가정법원은 제3항의 사정을 참작하여야 한다. ⑤ 가정법원은 자(子)의 복리를 위하여 필요하다고 인정하는 경우에는 부·모·자(子) 및 검사의 청구 또는 직권으로 자(子)의 양육에 관한 사항을 변경하거나 다른 적당한 처분을 할 수 있다. ⑥ 제3항부터 제5항까지의 규정은 양육에 관한 사항 외에는 부모의 권리의무에 변경을 가져오지 아니한다."라고 규정하고 있습니다.

그리고 민법 제909조 제6항은 "가정법원은 자의 복리를 위하여 필요하다고 인정되는 경우에는 자의 4촌 이내의 친족의 청구에 의하여 정하여진 친권자를 다른 일방으로 변경할 수 있다."라고 규정하고 있습니다.

그러므로 당사자의 협의나 심판 등에 의하여 친권자 및 양육권자가 지정된 경우에도 상당한 이유가 있는 경우에는 관할가정법원에 친권자 및 양육자변경심판을 청구하는 방법으로 친권자와 양육권자를 변경할 수 있을 것입니다. [법률구조공단자료. 참고만 하세요]

2. 부모가 이혼하였을 때의 친권행사

(1) 부모가 협의이혼한 경우에는 부모의 협의로 친권자를 정하여야 하고, 협의할 수 없거나 협의가 이루어지지 아니하는 경우에는 가정법원은 직권으로 또는 당사자의 청구에 따라 친권자를 지정하여야 한다. 다만, 부모의 협의가 자의 복리에 반하는 경우에는 가정법원은 보정을 명하거나 직권으로 친권자를 정한다(제909조 4항).

제909조 4항은 협의이혼시 친권자 지정을 의무화하고 있는데, 이는 협의나 법원의 심판에 의하여 친권자를 정하도록 의무화함으로써 친권자가 정해지지 않은 상태에서 이혼이 성립되는 것을 허용하지 않겠다는 취지로 해석된다. 2005년 민법개정 전에는 "부모가 이혼한 경우에는 부모의 협의로 친권을 행사할 자를 정하고 협의할 수 없거나 협의가 이루어지지 아니하는 경우에는 당사자의 청구에 의하여 가정법원이 이를 정한다(구 민법 제909조 4항)."고 규정되어 있다. 따라서 당시에는 부모가 이혼할 때 친권자

에 대해서 협의할 의무도, 협의가 되지 않은 경우에도 가정법원에 지정을 청구해야 할 의무도 없었다. 즉, 친권자를 정하지 않은 상태에서 이혼하는 것이 얼마든지 가능하였는데, 이는 결국 자녀를 친권의 공백상태에 방치하는 결과를 가져왔다. 2007년 민법개정으로 인하여 부모가 협의할 수 없거나 협의가 이루어지지 아니하는 경우 가정법원이 직권으로 친권자를 지정할 수 있도록 하였다.

(2) 재판상 이혼의 경우에는 가정법원이 직권으로 친권자를 지정한다(제909조 5항).

(3) 이혼 후 단독친권자로 되어 있던 부모의 일방이 사망한 때에는 생존하고 있는 다른 일방이 자동으로 친권자가 된다(대판 1994. 4. 29, 94다1302).

◼ 호적선례3-322 ◼

협의이혼시 친권행사자 지정신고 등

미성년자의 부모가 이혼한 경우에는 부모의 협의로 친권을 행사할 자를 지정하여 이혼신고와 동시에 친권행사자 지정신고를 할 수도 있고, 이혼신고시에 협의가 이루어지지 않았다 하더라도 차후에 별도로 친권자지정신고를 다시 협의하여 할 수도 있을 뿐만 아니라 이미 지정되어 있는 친권자라 하더라도 후에 당사자가 협의하여 다른 자로 변경신고할 수도 있는 것이며, 친권자지정신고는 당사자간에 협의가 이루어지지 아니하는 경우에만 당사자의 청구에 의하여 가정법원의 심판을 받아 신고하는 것이지 모든 경우에 반드시 가정법원의 심판을 받아서 신고하여야 하는 것은 아니다.

[1993. 1. 12. 법정 제60호]

3. 혼인이 취소된 경우의 친권자 지정

혼인이 취소된 경우에도 재판상의 이혼의 경우와 마찬가지로 가정법원이 직권으로 친권자를 정한다(제909조 5항). 혼인이 무효가 된 경우에 대하여는 민법에 규정이 없으나, 가사소송법 제25조에 의하여 이혼의 경우와 동일하게 다루어진다.

제3절 친권자의 변경

가정법원은 자의 복리를 위하여 필요하다고 인정되는 경우에는 자의 4촌 이내의 친족의 청구에 의하여 정하여진 친권자를 다른 일방으로 변경할 수 있다(제909조 6항).

1. 의 의

친권자의 변경이란 제909조 제4항과 제5항에 의하여 일단 정해진 친권자를 조정 또는 심판에 의하여 다른 일방이 변경하는 것을 말한다. 부모의 협의나 가정법원의 심판에 의하여 친권자가 정해졌지만, 그 후 자의 복리에 비추어 볼 때 부적당하다고 인정되는 경우에는, 가정법원은 4촌 이내의 친족의 청구에 의하여 친권자를 다른 일방으로 변경할 수 있다(제909조 5항). 종전의 법규정과는 달리 당사자의 협의에 의한 친권자변경을 인정하지 않는다.

2. 청구권자

친권자의 변경을 청구할 수 있는 자는 4촌 이내의 친족이다. 친권자가 되려는 부 또는 모, 현재의 친권자, 그 밖의 자의 4촌 이내의 친족은 자의 복리를 위하여 필요하다고 인정될 때에는 가정법원에 친권자의 변경을 청구할 수 있다(제909조 6항, 가사소송법 제2조 1항 마류사건).

▣ 예 규 ▣

■ 가정법원으로부터 친권·후견 등에 관한 기록촉탁이 있는 경우의 처리

(제정 2007.12.10 가족관계등록예규 제86호)

관할 법원이 「가사소송법」 제9조 및 「가사소송규칙」 제5조 또는 「가정보호심판규칙」 제46조에 따라 친권 또는 후견에 관한 사항(상실·회복·일시정지·대행자선임 등)의 가족관계등록부에 기록을 촉탁한 경우에는 그 촉탁서를 「가족관계의 등록 등에 관한 규칙」 제40조의 신고서류로 보아 접수하여 처리하고 해당 무능력자의 가족관계등록부의 일반등록사항란에 기록하여야한다.

부 칙

이 예규는 2008년 1월 1일부터 시행한다.

◾ 호적선례 200512-2 ◾

부모의 이혼으로 부모 중 일방이 친권자로 지정된 미성년자가 양자(양자)로 입적되어 양친의 친권(친권)에 따르다가 파양(파양)된 경우에, 미성년자가 입양되기 이전의 친권이 부활하는지 여부(적극)

부모의 이혼으로 일방이 친권자로 지정된 미성년자가 양자(양자)로 입적되어 양친의 친권(친권)에 따르다가 파양(파양)된 경우에는, 미성년자가 입양되기 이전의 친권자의 친권이 부활하게 된다. 따라서 미성년자가 파양으로 양가(양가)에서 제적되어 생가로 복적(부적)할 경우, 파양자의 생가호적을 관장하는 시(구)·읍·면의 장은 파양신고에 의한 파양사유를 기재할 때, 미성년자가 입양으로 인하여 제적되기 이전에 기재되었던 친권에 관한 사항도 이기하여야 할 것이다.

[2005. 12. 20. 호적과 - 2719 서울북부지방법원장 대 법원행정처장 질의회답]

◾ 호적선례1-218 ◾

부 사망후 외국인과 혼인하였으나 아직 혼인제적되지 않은

모의 미성년인 자에 대한 친권행사 가부

미성년자의 부 사망후 그의 모가 외국인과 혼인하였으나 아
직 외국국적을 취득하지 아니하여 원래의 혼가에서 제적되지
않은 경우에도 모는 미성년자에 대한 친권을 행사할 수 없다.
[84. 6. 1 법정 제182호 서울가정법원장 대 법원행정처장 질의회답]
질의내용 : 미성년자의 부 사망후 그의 모가 외국인과 재혼하
였으나 아직도 우리나라의 국적을 상실하지 아니하여 그 호
적에서 혼인에 의한 제적이 되지 아니한 경우에 모가 미성년
자에 대하여 계속하여 친권을 행사할 수 있는지의 여부에 관
한 질의가 있으니, 아래와 같은 의견중 어느 설이 타당한지
알려 주시기 바랍니다.

갑설.-친권을 행사할 수 없다.

(이유) 미성년자의 부 사망후 모가 재혼하였을 경우에는 민법
제909조 제5항에 따라 그 모는 미성년자의 친권자가 될 수
없으므로 친권을 행사할 수 없다.

을설-친권을 행사할 수 있다.

(이유) 외국인과 재혼하였다 할지라도 국적법상 국적상실이
없는 동안에는 국내법상의 혼인으로 인한 제적과는 달리 호
적상의 제적기재가 되지 아니하기 때문에 계속하여 친권을
행사할 수 있다.

▣ 핵심판례 ▣

■ [친권자]

구 관습상 사실상 재혼한 모의 친권상실 여부

구 관습상 모가 사실상 재혼하여도 동일 호적 내에 있는 미성년의 자녀에 대한 친권을 상실하지 아니한다(1993. 12. 14. 제2부판결 93다43361 소유권이전등기말소).

【서식】친권자(지정, 변경)신고서

<table>
<tr><td colspan="2" rowspan="2">친권자(□지정□변경)신고서
(　　년　　　월　　　　일)</td><td colspan="5">※ 뒷면의 작성방법을 읽고 기재하시되, 선택항목을 해당번호에 "○"으로 표시하여 주시기 바랍니다.</td></tr>
<tr></tr>
<tr><td rowspan="9">①
미성년 자녀</td><td>등록기준지</td><td colspan="2"></td><td>출생연월일</td><td></td></tr>
<tr><td>주 소</td><td colspan="4"></td></tr>
<tr><td>성 명</td><td>한글</td><td>한자</td><td>주민등록번호</td><td>–</td></tr>
<tr><td>등록기준지</td><td colspan="2"></td><td>출생연월일</td><td></td></tr>
<tr><td>주 소</td><td colspan="4"></td></tr>
<tr><td>성 명</td><td>한글</td><td>한자</td><td>주민등록번호</td><td>–</td></tr>
<tr><td>등록기준지</td><td colspan="2"></td><td>출생연월일</td><td></td></tr>
<tr><td>주 소</td><td colspan="4"></td></tr>
<tr><td>성 명</td><td>한글</td><td>한자</td><td>주민등록번호</td><td>–</td></tr>
<tr><td rowspan="3">②
부</td><td>등록기준지</td><td colspan="2"></td><td>출생연월일</td><td></td></tr>
<tr><td>주 소</td><td colspan="4"></td></tr>
<tr><td>성 명</td><td>한글</td><td>한자</td><td>주민등록번호</td><td>–</td></tr>
<tr><td rowspan="3">③
모</td><td>등록기준지</td><td colspan="2"></td><td>출생연월일</td><td></td></tr>
<tr><td>주 소</td><td colspan="4"></td></tr>
<tr><td>성 명</td><td>한글</td><td>한자</td><td>주민등록번호</td><td>–</td></tr>
<tr><td rowspan="8">④ 친권자</td><td>성명</td><td colspan="2"></td><td>미성년자와의관계</td><td>□부□모□부모</td></tr>
<tr><td>미성년자 성명</td><td colspan="4"></td></tr>
<tr><td>□지정일자</td><td colspan="2">년　월　일</td><td>□지정원인</td><td>□ 협의
□ (　　　　)법원의 결정</td></tr>
<tr><td>□변경일자</td><td colspan="2">년　월　일</td><td>□변경원인</td><td>(　　　　)법원의 결정</td></tr>
<tr><td>성명</td><td colspan="2"></td><td>미성년자와의 관계</td><td>□부 □모 □부모</td></tr>
<tr><td>미성년자의 성명</td><td colspan="4"></td></tr>
<tr><td>□지정일자</td><td colspan="2">년　월　일</td><td>□지정원인</td><td>□ 협의
□ (　　　　)법원의 결정</td></tr>
<tr><td>□변경일자</td><td colspan="2">년　월　일</td><td>□변경원인</td><td>(　　　　)법원의 결정</td></tr>
<tr><td colspan="2">⑤ 기타사항</td><td colspan="4"></td></tr>
<tr><td rowspan="4">⑥
신고인</td><td>성 명</td><td>㉑(서명 또는무인)</td><td>주민등록번호　　–</td><td>자격</td><td>□부 □모</td></tr>
<tr><td>주 소</td><td colspan="2">전화·이메일</td><td colspan="2"></td></tr>
<tr><td>성 명</td><td>㉑(서명 또는무인)</td><td>주민등록번호　　–</td><td>자격</td><td>□부 □모</td></tr>
<tr><td>주 소</td><td>전화</td><td>이메일</td><td colspan="2"></td></tr>
</table>

①란 : 2명 이상의 미성년자에 대해 친권자가 동일하게 지정(변경)된 경우에는 순서대로
　　　기재합니다.
　　　　・법 제25조제2항에 따라 주민등록번호란에 주민등록번호를 기재한 때에는 출생연월
　　　　　일의 기재를 생략할 수 있습니다.
④란 : 새롭게 친권자로 지정·변경된 자를 의미하며, 지정일자는 협의의 경우에는 협의성
　　　립일, 재판의 경우에는 결정 확정된 일자를 기재합니다. 친권자변경에 관한 사항
　　　은 재판에 의한 경우에만 기재합니다.
⑤란 : 친권자변경신고의 경우에 종전의 친권자를 기재합니다.

첨 부 서 류

1. 법원이 친권자를 지정·변경한 경우
　・재판서등본 및 확정증명서 각 1부
　・조정 : 조정조서등본 및 송달증명서 각 1부
2. 부모의 협의에 의하여 친권자를 지정한 경우
　・부모 중 한쪽이 신고한 경우 : 협의사실을 증명하는 서류 1부.
　・부모가 함께 신고할 경우 : 협의사실 증명하는 서류를 첨부할 필요가 없습니다.
3. 당사자의 가족관계등록부의 기본증명서, 가족관계증명서 각 1통(전산정보처리조직에 의
　　하여 그 내용을 확인할 수 있는 경우에는 첨부를 생략합니다).
4. 재판에 의한 친권자 지정(변경을 포함한다)신고를 우편으로 하는 경우에는 신고인의 신
　　분증명서 사본(신고인이 출석한 경우에는 출석한 신고인의 신분증명서에 의하여 신분
　　을 확인하여야 하고 별도의 신분증명서 사본을 첨부할 필요가 없으나, 제출인이 출석한
　　경우에는 제출인의 신분증명서를 제시하여야 합니다).
5. 협의에 의한 친권자 지정신고의 경우
　- 신고인들이 모두 출석한 경우 : 출석한 신고인의 신분증명서에 의하여 신분을 확인하고
　　별도의 신분증명서 사본을 첨부할 필요는 없습니다.
　- 신고인들 중 한쪽이 출석하여 불출석한 신고인의 신분증명서를 제시한 경우 : 출석 및
　　불출석한 신고인의 신분증명서에 의하여 양쪽의 신분을 확인합니다(이때에는 접수담당
　　자가 불출석한 신고인의 신분증명서 사본을 신고서류에 첨부하여야 합니다).
　- 신고인들중 한쪽이 출석하여 불출석한 신고인의 인감증명서를 제시한 경우 : 출석한 신
　　고인의 신분증명서 및 불출석한 신고인의 인감증명서에 의하여 각각의 신분을 확인하
　　여야 하며(이때에는 불출석한 신고인이 신고서에 날인한 인영이 인감증명서의 인영과
　　반드시 동일하여야 합니다).
　- 신고인들이 불출석하고 제출인이 출석하여 신고인들의 신분증명서를 제시한 경우 : 제출
　　인의 신분증명서 및 불출석한 신고인들의 신분증명서에 의하여 각각의 신분을 확인하
　　여야 합니다(이때에는 접수담당자가 신고인들의 신분증명서 사본을 신고서류에 첨부).
　- 신고인들이 불출석하고 제출인이 출석하여 신고인들의 인감증명서가 첨부된 경우 : 제
　　출인의 신분증명서 및 불출석한 신고인들의 인감증명서에 의하여 각각의 신분을 확인
　　하여야 합니다(이때에는 신고서에 날인된 인영이 인감증명서의 인영과 반드시 동일하
　　여야 합니다).
　- 우편으로 신고서에 날인하여 제출하는 경우 : 신고서에 날인을 하고 인감증명서를 첨부
　　하여야 합니다(이때에는 신고서에 날인된 인영이 인감증명서의 인영과 반드시 동일하
　　여야 합니다).
　- 우편으로 신고서에 서명하여 제출하는 경우 : 신고서에 서명을 하고 서명에 대한 공증
　　서를 반드시 첨부하여야 합니다.

친권의 효력 : 자의 친권의 대행

제910조【자의 친권의 대행】

친권자는 그 친권에 따르는 자에 갈음하여 그 자에 대한 친권을 행사한다. <개정 2005. 3. 31.>

■ [요약] 910. 친권대행

·친권자는 그 친권에 따르는 자에 가름하여 그 자(혼인외의 출생자)에 대한 권한을 행사한다.
·대행의 형식은 친권에 따르는 자의 이름으로 하여야 할 것이다.

종전에는 친권에 '복종하는'이라고 규정되어 있었으나 2005년 개정민법은 친권에 '따르는'이라고 표현을 바꾸어 친권이 더 이상에 부모의 자녀에 대한 지배권이 아니며, 자녀의 복리실현을 위하여 부모에게 안정된 부모의 의무인 동시에 권리라는 점을 분명히 하고 있다.

친권은 자의 신상 및 재산상의 보호를 목적으로 하는 것이기 때문에 미성년자로 하여금 그 임무에 임하게 하는 것은 불합리하다. 그리하여 본조에서 「친권자는 그 친권에 따르는 자(미성년자인 자)에 가름하여 그 자[미성년인 자(子)가 낳은 혼인 외의 출생자]에 대한 친권을 행사한다」고 하여 제1차적으로 친권적 친권대행을 규정하고 이러한 친권자가 없는 경우에는 2차적으로 미성년자의 후견인이 친권을 행사한다고 하여(제948조 1항) 후견적 친권대행을 규정하고 있다.

구법하에서는 미성년자인 자가 혼인을 하더라도 친권에 복종하여야 함에는 변함이 없었기 때문에 친권을 행사할 수 없는 경우가 적지 않게 발생하였음으로 친권대행이 널리 문제가 되었으나 현행민법하에서는 미성년인 자라도 일단 혼인을 하면 성년으로 볼 수 있기 때문에(제826조의2)친권대행의 문제는 미성년인 자가 혼인외의 출생자를 가지게 된 경우에 한하여 일어나게 된다.

모의 친권을 모의친권자인 친부모가 대행하고 있는 경우에, 모가 사망한 때에는 조부모가 계속하여 친권을 대행하는 것이 아니라 후견이 개시된다. 조부모가 행사한 친권은 모에 대한 친권이 아니고, 모의 친권자체를 행사한 것이기 때문이다. 친권을 대행시키고 있는 미성년인 자가 스스로 친권자로서 그 자의 대리행위를 한 경우에는 무권대리가 되고(따라서 표현대리의 문제가 일어나는 경우도 있다), 친권대행자가 친권을 남용하거나 현저한 비행이 있을 때 또는 부적당한 관리로 인하여 자의 재산을 위태롭게 한 때에는 친권상실신고에 준하여(제924조, 제925조) 대행권의 상실을 청구할 수 있다고 해석하여야 할 것이다.

친권이 대행되는 미성년자인 자에게 현저한 비행이 있더라도 친권상실선고는 받지 않는다. 미성년자인 어버이의 비행으로 대행친권이 소멸하는 것은 불합리하기 때문이다. 친권의 사퇴도 대행자에 대해서는 허용된다. 그러나 미성년친권자가 친권을 사퇴하는 것은 허용되지 않는다고 보아야 한다.

◆ 친권의 효력 : 법정대리권

제911조【미성년자인 자의 법정대리인】

친권을 행사하는 부 또는 모는 미성년자인 자의 법정대리인이 된다.

■ [요약] 911. 미성년자인 자의 법정대리인

·친권자인 부 또는 모는 미성년자인 자의 법정대리인이 된다
·친권자는 자의 재산관리와 자의 재산상의 법률행위를 대리한다.
·그러나 신분상의 행위에 대해서는 법률이 특별히 인정한 예외를 제외하고는 친권자라 하더라도 이를 대리할 수 없다.

본조는 신분상의 행위의 대리에 관하여 규정한 것이다.

신분상의 행위에 대해서는 법률이 특별히 인정한 예외를 제외하고는 친권자라 하더라도 이를 대리할 수 없다. 신분행위는 타인이 대신할 수 없는 것이 원칙이기 때문이다.

법률이 특히 대리를 인정하고 있는 경우는 다음과 같다. ① 모인 친권자가 친생부인의 소의 피고가 되는 경우(제847조), ② 인지청구의 소(제863조), ③ 15세 미만인 자의 입양을 대락하는 경우(제869조), ④ 미성년자가 양친이 되는 입양을 취소하는 경우(제855조), ⑤ 친권의 승인·포기(제1090조, 제1020조), ⑥ 혼인연령위반에 대한 취소(제817조) 등이다.

그밖에 친권자는 가사소송법에 의하여 법정대리인의 자격으로 ① 혼인무효 및 이혼무효의 소(가사소송법 제23조), ② 인지에 대한 이의의 소, ③ 인지무효의 소, ④ 입양무효의 소

를 제기할 수 있다.

 이 밖에 가사소송법의 규정에 의하여 친권자로서보다도 부모로서 동의권을 가지는 경우가 있다.

◨ 호적선례4-61 ◨

재혼한 여자가 전혼중의 출생자인 15세 미만의 미성년자들에 대한 친권행사자로 지정된 경우 생모(재혼한 여자)의 입양승낙(친권자가 아닌 부의 승낙없이)에 의하여 위 출생자들을 재혼한 여자의 남편의 양자로 입양할 수 있는지 여부

이혼한 생모가 재혼한 뒤 재혼한 부부가 생모의 전혼중의 출생자인 15세 미만의 미성년자들을 입양함에 있어, 전혼 해소 시 당사자(전혼의 부부)가 협의하여 그 출생자들에 대한 친권행사자로 위 생모(전혼의 부)를 정하였다면, 위 생모가 위 출생자(미성년자)들에 대한 법정대리인의 신분을 갖게 되므로, 양자가 될 자인 위 출생자들에 갈음하여 입양의 승낙을 한다면 친권을 행사할 권한이 없는 부(부){전혼의 부(부)}의 승낙 및 동의가 없더라도 재혼한 여자의 남편의 양자로 입양할 수 있을 것이다.
또한, 입양은 혼인중의 출생자와 같은 신분을 취득하게 하고자 하는 창설적 신분행위이므로 혼인중의 출생자에 대해서는 이러한 신분관계를 창설할 필요가 없어 위 생모는 전혼중에 출생한 위 출생자들을 입양할 수는 없고, 친생자관계가 없는 재혼한 여자의 남편이 민법 제874조 제1항[부부공동입양]의 규정에도 불구하고 단독으로 입양할 수 있다.

[1998. 6. 30. 법정 3202-233]

◐ 미성년자가 낳은 자에 대한 친권자는 누가 되는지

【질의】 ➡ 저희 딸은 18세의 미성년자인데 부(父)를 알 수 없는 아이를 분만하였습니다. 딸의 장래를 위하여 분만한 아이를 다른 집에 양자로 보내려고 하였으나 딸의 반대가 심하여 보내지 못하고 있습니다. 제가 딸의 반대에도 불구하고 딸이 낳은 아이를 양자로 보낼 수 있는지요?

【답변】 ➡ 「민법」 제869조는 "양자가 될 자가 15세 미만인 때에는 법정대리인이 그에 갈음하여 입양의 승낙을 한다. 다만, 후견인이 입양을 승낙하는 경우에는 가정법원의 허가를 받아야 한다."라고 규정하고 있고(이른바 대락권-代諾權), 미성년자의 법정대리인은 친권을 행사하는 부모 또는 후견인이라고 규정하고 있으므로(민법 제911조, 제938조), 위 사안의 경우 원칙적으로 현재 입양보낼 아이의 법정대리인은 그 자와 친모관계에 있는 귀하의 딸이라 할 수 있습니다.

그러나 한편으로 귀하의 딸은 미성년자이므로 귀하의 친권에 복속하는 관계에 있는 바, 「민법」은 이러한 경우 친권자는 그 친권에 따르는 자(子)에 갈음하여 그 자의 자(子)에 대한 친권을 행사할 수 있도록 하고 있으므로(민법 제909조 제1항, 제910조),

귀하는 미성년자인 귀하의 딸에 갈음하여 그 자(子), 즉 귀하의 손자에 대한 친권을 행사할 수 있으며 15세 미만의 자를 양자로 보내는 경우의 대낙권(代諾權)도 귀하가 딸에 갈음하여 행사할 수 있습니다. [법률구조공단자료. 참고만 하세요]

◎ 친권자인 부(父) 사망 시 재혼한 모(母)가 친권자로 되는지

【질의】➡ 甲은 乙女와 협의이혼을 하면서 미성년자인 아들 丙의 친권을 甲으로 하기로 협의하였는데, 甲이 갑자기 교통사고로 사망하였으며 그 손해배상금을 교통사고의 가해차량이 가입한 보험회사로부터 수령하여야 하는바, 미성년자 丙은 조부모가 양육하고 있고 乙은 재혼하였으므로 이러한 경우 위 손해배상금은 누가 수령하여야 하는지요?

【답변】➡ 위 사안의 경우 甲의 사망으로 아들 丙은 甲의 피해자에 대한 손해배상청구권을 단독으로 상속받게 되었습니다.

그러나 丙은 미성년자로서 법률행위 무능력자이므로 손해배상금의 적법한 수령은 丙의 법정대리인이 하여야 합니다.

미성년자의 법정대리인은 친권자·후견인 순으로 결정되고(민법 제911조, 제928조), 그 일순위권자인 친권자는 미성년자의 부모가 됩니다(민법 제909조). 따라서 일견 미성년자 丙의 모(母)인 乙이 친권자로서 丙의 법정대리인이 된다고도 할 수 있으나 乙과 甲이 이혼하면서 甲을 단독친권자로 협의결정한 이상 乙의 친권은 소멸하고 나아가 단독친권자였던 甲이 사망하였으므로 친권자가 없는 상태가 되어 후견이 개시되는 것이 아니냐 하는 문제가 제기될 수 있습니다.

이에 관하여 비록 하급심이긴 하나 판례는 "협의이혼시 부모의 일방이 친권을 행사할 자로 지정된 경우, 다른 일방이 가졌던 친권은 그 행사가 정지될 뿐이고 친권자로 지정되었던 일방이 친권을 행사할 수 없게 되면 정지되었던 타방의 친권행사가 당연히 부활된다."(서울지법 1994. 5. 10. 선고 93가합81276 판결)라고 하였고, 가족관계등록예규 역시 "친권행사자로 지정된 자가 사망·실종선고·대리권과 관리권의 상실(사퇴)로 인하여 친권을 행사할 수 없는 경우에도 다른 부 또는 모가 있는 때에는 후견이 개시되지 않으므로 후견개시신고를 할 수 없다."라고 하고 있으며(2007. 12. 10. 대법원 가족관계등록예규 제177호), 또한 구 「호적법」 시행 당시 호적선례도 "미성년자

의 부(父)가 사망한 때에는 그에 대한 친권은 그의 생모(이혼, 친가복적, 재혼여부를 불문함)가 행사하게 되는 것이다."라고 하고 있습니다(호적선례 3-323).

따라서 위 사안의 경우 甲의 손해배상금(위자료 포함) 및 丙의 위자료는 乙이 친권상실 또는 재산관리권의 상실사유가 없다면 미성년자 丙의 법정대리인으로서 乙이 수령하여야 할 것이고, 다만 甲의 부모의 고유의 위자료는 보험금과는 별개의 것이므로 甲의 부모가 수령하여야 할 것입니다. [법률구조공단자료. 참고만 하세요]

◈ 친권행사의 기준 : 자의 복리를 위한 친권행사

제912조 【친권행사의 기준】

친권을 행사함에 있어서는 자의 복리를 우선적으로 고려하여야 한다. [본조신설 2005. 3. 31]

■ [요약] 912. 친권행사의 기준

·친권은 더 이상 부모의 자녀에 대한 지배권이 아니며, 자녀의 복리실현을 위해 부모에게 인정된 부모의 의무이자 권리라는 점을 천명

본조는 현재 친자법의 중심이념을 명문으로 선언한 것이다.

2005년 개정민법은 "친권을 행사함에 있어서는 자의 복리를 우선적으로 고려하여야 한다"는 규정을 신설하여, 친권이 더 이상 부모의 자녀에 대한 지배권이 아니며, 자녀의 복리실현을 위하여 부모에게 인정된 부모의 의무인 동시에 권리라는 점을 분명히 밝히고 있다.

따라서 부모는 자의 복리에 적합하도록 친권을 행사할 의

무를 부담하며, 위와 같은 의무에 위반하는 때에는 아동보호
의 의무를 지고 있는 국가가 개입하여, 경우에 따라서는 친권
을 상실시킴으로써 자녀를 보호하고 있다.

■ 호적선례5-126 ■

**갑남과 이혼한 을녀가 병남과 재혼하여 병남이 을녀의 전
혼중 자(자)인 정을 입양하였고, 다시 을녀가 병남과 이혼
하면서 자신이 미성년자 정의 친권행사자로 되었으나 그
후 을녀가 사망한 경우 누가 법정대리인이 되는지 여부**

친권행자자로 지정된 친모가 사망한 경우에는 대법원 호적예
규 제449-1호 의 규정에 의하여 친부가 미성년자인 자(자)에
대하여 친권행사자로 될 것이나, 그 자가 타인의 양자인 경우
에는 친부의 친권이 소멸되었다고 볼 것이므로, 사례에서는
양친자관계가 해소되지 않는 한 양부인 병남이 정에 대한 친
권자가 될 것이다.

[2003. 1. 17. 호적 3202 - 18]

제4절 친권의 효력

친권은 자의 복리를 위하여 부모에게 인정된 특수한 법적
지위이며,, 총괄적인 지위이지만 그 내용은 자의 신분에 관한
것과 재산관리에 관한 것으로 나눌수 있다. 입법론적으로 부

모(경우에 따라서 제3자, 후견인), 각각의 입장에 따라 신분과 재산관리를 분리시킬 수 있고, 특히 부모가 부부가 아닌 때에는 그 쪽이 실제적인 것이나, 현행법은 친권이란 총괄적인 지위를 인정하는 입장을 고집하고 있다.

◈ 친권의 효력 : 자의 보호 · 교양의 권리 · 의무

제913조 【보호·교양의 권리의무】

친권자는 자를 보호하고 교양할 권리의무가 있다.

■ [요약] 913. 보호 · 교양의 권리 · 의무

·친권의 근본취지를 표시
·보호는 주로 신체에 대한 보호이고, 교양은 정신의 발달을 꾀하는 것으로 해석되나, 요컨대 자의 정신, 육체 모두 건전한 인간으로 육성하는 것이다.
·관련법조 : [후견인의 미성년자에 대한 보호·교양권리의무] 보호시설에 있는 고아의 후견직무에 관한 법률 §2, §3, [보호, 교양] 헌 §31②, 교육법 §96, §164

본조는「친권자는 자를 보호하고 교양할 권리·의무가 있다」고 규정한다. 즉 친권자의 보호·교양의 권리·의무를 규정한 것이다.

보호는 주로 신체에 대한 보호이고, 교양이란 주로 정신의 발달을 꾀하는 것을 의미하지만, 육체적 성장과 정신적 향상은 서로 불가분의 관계에 있으므로 보호와 교양을 관념적으로 준별할 필요는 없다.

본조에 관해서는 다음과 같은 점이 문제가 된다.

첫째, 보호·교양권은 친권의 내용을 이루고 있는 개개의 권리의 하나인가 하는 문제이다. 거소지정권·징계권·재산관리권·친권대행권 등을 총괄적으로 보호·교양이라고 하는 것인가 그렇지 않으면 보호·교양은 이러한 개개의 권리와 병존하는 특수적·개별적인 친권의 효력의 하나에 불과한 것인가 하는 것이다.

앞의 견해에 따르는 것이 무난할 것이다. 근대적 의미에서의 친권의 특질은 권력적·지배적인 것으로서 발생·발전해 온 친권의 성격을 배제하고 부모의 자연적 후견으로서 오직 부와 모와 자 사이의 보호·교양관계로서 이해되는 것이고, 본조가 특히 「권리·의무가 있다」고 명정하고 있는 것도 그것을 명확히 하려고 한 것에 지나지 않기 때문이다. 따라서 거소지정권이라고 하더라도 그것은 자의 보호·교양을 위함이며, 동시에 거소를 지정하는 것은 친권자의 권리임과 동시에 의무라고 해석하여야 한다.

둘째, 본조에서 말하는 자의 보호의 내용범위와 이혼이나 혼인의 취소 또는 인지의 경우에 부모의 협의 또는 조정에 의하여 정해진 자의 보호와의 관계이다.

셋째, 친권자의 보호·교양의 권리의무와 보호·교양에 필요한 비용의 부담과의 관계이다. 양자는 관념상으로나 실제상으로나 구별되어야 한다. 전자는 친권의 작용이고, 후자는 부모가 당연히 부담하여야 할 미성년인 자에 대한 생활보호 의무에 근거를 둔 것이기 때문이다.

보호할 자와 보호의 비용을 부담할 자와는 반드시 일치하지 않아도 무방하다. 부모는 혼인중에 별거한 경우는 물론이고, 이혼이나 인지를 한 경우에 부모의 일방이 단독친권자 또는 보호권자가 되었다 하더라도 그에 관계없이 부모 쌍방은 각자 자기의 자력에 따라 보호·교양에 필요한 비용을 부담하여야 한다. 이혼의 경우가 문제되는 일이 많다. 특히 자의 부모가 이혼하고 모가 자를 양육하고 있을 때에 부가 친권자로서 모에 대하여 자의 인도청구를 할 수 있는데, 이 경우에는 제반사정을 비추어 자의 복리를 특히 고려하여야 한다.

■ 핵심판례 ■

■ **책임능력 있는 미성년자에 대한 감독의무자의 손해배상책임의 요건 및 입증책임**

미성년자가 책임능력이 있어 그 스스로 불법행위책임을 지는 경우에도 그 손해가 당해 미성년자의 감독의무자의 의무위반과 상당인과관계가 있으면 감독의무자는 일반불법행위자로서 손해배상책임이 있고 이 경우에 그러한 감독의무위반사실 및 손해발생과의 상당인과관계의 존재는 이를 주장하는 자가 입증하여야 한다(대법원 1994. 2. 8. 선고 93다13605 판결).

◈ 친권의 효력 : 거소지정권

제914조 【거소지정권】

자는 친권자의 지정한 장소에 거주하여야 한다.

■ [요약] 914. 거소지정권

·친권자가 미성년자인 자를 충분히 보호, 양육할 수 있도록 자는 친권자가 지정한 장소에 거주하여야 한다
·관련법조 : [거주, 이전의 자유] 헌 §14

친권자가 미성년의 자를 적절하게 보호·교양하기 위해서는 자에게 적당한 거소를 지정·제공하여야 한다.

친권자는 자에게 의사능력이 있는 경우에 한하여 거소지정권을 행사할 수 있다. 그러나 자 친권자의 거소지정에 복종하지 않는 경우에 이를 강제할 방법은 없다. 그리고 주소는 생활의 본거로서 객관적으로 정하여져야 할 곳이기 때문에 변식능력있는 미성년자에게 있어서는 친권자가 지정한 거소가 반드시 미성년자의 주소가 된다고 할 수 없다.

즉 자가 친권자의 거소지정에 복종하지 않는 경우에 의사능력이 있는 자에 대해서는 강제집행을 할 수 없으나, 친권자는 일반의 사회관념상 인정되는 방법과 정도를 실력으로써 강제적으로 자를 지정한 장소에 데려갈 수 있으며, 또 징계권에 의하여 적당한 강제수단을 쓸 수 있다고 본다. 다만 유아에 대해서는 친권자의 거소지정에 복종하도록 명한 재판에 의하여 강제집행하는 것은 무방할 것이다(가사소송법 제42조).

◈ 친권의 효력 : 징계권

제915조 【징계권】

친권자는 그 자를 보호 또는 교양하기 위하여 필요한 징계
를 할 수 있고, 법원의 허가를 얻어 감화 또는 교정기관에
위탁할 수 있다.

■ [요약] 915. 징계권

·친권자는 자를 징계할 수 있다.
·징계의 방법 : ① 필요한 징계를 친권자 자신이 하는 것이고, ② 가정법원의 허가를 얻어 감화 또는 교정기관에 위탁하는 것이다.
·관련법조 : [신체의 자유] 헌 §12, [감화, 교정기관 위탁] 소년 §4, §30, [교정 및 교사 징계권] 교육 §76

본조는 징계에 관하여 규정한 것이다.

친권자는 자를 보호 또는 교양하기 위해 필요한 범위내에서 스스로 그 자를 징계할 수 있으나, 그것은 어디까지나 자의 보호 또는 교양이란 목적을 달성하는데 필요한 최소한도의 것이어야 하므로 그 한도를 초과하면 친권의 남용으로서 친권상실의 원인이 된다(제924조).

뿐만 아니라 경우에 따라서는 자에 대하여 불법행위로 인한 손해배상의 책임을 지게되며, 또 형법상의 폭행·상해·체포·감금 등의 범죄를 구성하게 되기도 한다. 부가 친권자인 경우에 모는 징계권이 없다고 해석되나 모에게도 자의 교육상 필요한 징계는 적법하다고 보아야 할 것이다.

가정법원이 감화 또는 교정기관에 위탁을 허가하는 때에는 친권자에 대하여 미성년자의 교육과 감호에 필요하다고 인정되는 사항을 지시할 수 있다. 그리고 가정법원이 필요하다고 인정할 때에는 위의 허가 또는 기타 지시를 취소하거나 변경

할 수 있다(가사소송규칙 제66조).

▣ 핵심판례 ▣

1. 징계권의 행사로 볼 수 없는 사례

　4세인 아들이 대소변을 가리지 못한다고 닭장에 가두고 전신을 구타한 것은 친권자의 징계권 행사에 해당한다고 볼 수 없다(대판 1969. 2. 4. 68도1793).

2. 친권자가 자에게 야구방망이로 때릴 듯한 태도를 취하면서 "죽여 버린다."고 말한 경우, 협박죄를 구성하는지 여부(적극)

　친권자는 자를 보호하고 교양할 권리의무가 있고(민법 제913조) 그 자를 보호 또는 교양하기 위하여 필요한 징계를 할 수 있기는 하지만(민법 제915조) 인격의 건전한 육성을 위하여 필요한 범위 안에서 상당한 방법으로 행사되어야만 할 것인데, 스스로의 감정을 이기지 못하고 야구방망이로 때릴 듯이 피해자에게 "죽여 버린다."고 말하여 협박하는 것은 그 자체로 피해자의 인격 성장에 장해를 가져올 우려가 커서 이를 교양권의 행사라고 보기도 어렵다

(대법원 2002. 2. 8. 선고 2001도6468 판결).

◈ 친권의 효력 : 자의 특유재산의 관리

　제916조 【자의 특유재산과 그 관리】

자가 자기의 명의로 취득한 재산은 그 특유재산으로 하고
법정대리인인 친권자가 이를 관리한다.

■ [요약] 916. 재산관리

·법정대리인인 친권자는 자가 자기명의로 취득한 특유재산을 관리한다.
·재산관리는 자기의 재산에 관한 행위와 동일한 주의로서 하여야 한다.

미성년자가 자기의 명의로 취득한 특유재산은 친권자가 관리한다(제916조).

자의 특유재산이란 미성년자가 상속이나 유증으로 취득하였거나 친권자나 그 이외의 사람으로부터 증여된 것과 미성년자가 자기의 노동으로 얻은 재산을 말한다.

친권자의 재산관리란 넓은 의미에서 사실상의 관리행위를 한다거나, 대리인으로써 법률행위를 한다거나 또는 자가 자기 스스로 법률행위를 하는 것에 동의를 준다거나 하는 따위를 말한다. 자의 재산을 처분하는 행위도 포함된다. 그러나 자의 임금은 대리하여 받을 수 없다고 해석된다(근로기준법 제54조).

관리권을 행사할 수 없는 재산에는 ① 영업이 허락된 경우의 그 영업에 관한 재산, ② 범위를 정하여 처분을 허락한 재산, ③ 무상으로 자에게 재산을 수여한 제3자가 친권자의 관리에 반대하는 의사표시를 하고 수여한 재산, ④ 친권자가 관리권을 사퇴한 경우 따위가 있다.

관리권의 행사가 적당하지 않을 때에는 관리의 부적당으로

관리권의 상실, 친권의 남용으로서 친권상실의 제재규정이 있
다. 자의 재산으로부터 수취한 과실은 자의 양육, 재산관리의
비용과 상계된다. 재산관리에 관한 주의의무는 자기의 재산에
관한 행위와 동일한 주의로써 한다.

이 주의의무는 선량한 관리자의 주의의무보다 낮다.

◈ 제3자에 의한 친권자의 재산관리권의 배제

제918조 【제3자가 무상으로 자에게 수여한 재산의 관리】

① 무상으로 자에게 재산을 수여한 제3자가 친권자의 관리
   에 반대하는 의사를 표시한 때에는 친권자는 그 재산을
   관리하지 못한다.

② 전항의 경우에 제3자가 그 재산관리인을 지정하지 아니
   한 때에는 법원은 재산의 수여를 받은 자 또는 제777조
   의 규정에 의한 친족의 청구에 의하여 관리인을 선임한
   다.

③ 제3자의 지정한 관리인의 권한이 소멸하거나 관리인을
   개임할 필요있는 경우에 제3자가 다시 관리인을 지정하
   지 아니한 때에도 전항과 같다.

④ 제24조 제1항, 제2항, 제4항, 제25조 전단 및 제26조
   제1항, 제2항의 규정은 전2항의 경우에 준용한다.

■ [요약] 918. 제3자에 의한 관리권의 배제

·제3자가 무상으로 자에게 재산을 수여하고 친권자의 관리에 반대하는 의사를 표시한 때에는 친권자는 그 재산을 관리하지 못한다.
·제3자가 친권자의 관리권을 배제하면서 관리인을 지정하지 않거나 제3자가 지정한 관리인의 권한이 소멸하였거나 또는 관리인을 개임할 필요가 있는 경우에, 제3자가 다시 관리인을 지정하지 않을 때에는 재산의 수여를 받은 자 또는 §777의 규정에 의한 친족의 청구에 의하여 가정법원이 관리인을 선임한다.
·가정법원이 선임한 관리인의 직무권한, 담보제공의무 및 보수청구권에 관해서는 부재자의 재산관리인의 규정이 준용된다(§24①②④, §25 전단, §26①②).

본조는 제3자에 의한 관리권의 배제에 관하여 규정한 것이다.

즉 「무상으로 자에게 재산을 수여한 제3자가 친권자의 관리에 반대하는 의사를 표시한 때에는 친권자는 그 재산을 관리하지 못한다」. 관리금지의 의사표시는 증여행위에서 하지 않으면 안된다. 다만 구두에 의한 증여인 경우에는 구두에 의하여 금지하여도 무방하다.

관리권의 배제는 대리권과 동의권도 배제한다는 의미이므로, 관리권이 배제된 친권자는 자를 대리하여 당해 재산을 관리처분 한다거나 자의 처분에 대한 동의 등의 행위도 할 수 없게 된다.

친권자의 관리권을 배제하면서 관리인을 지정하지 않거나 제3자가 지정한 관리인의 권한이 소멸하거나 개임할 필요가 있는 경우에 제3자가 다시 관리인을 지정하지 아니한 때에는 재산의 수여를 받은 자 또는 제777조의 「친족의 범위」의 규정에 의한 친족의 청구에 의하여 가정법원이 관리인을 선임한다. 그리고 무상으로 자에게 재산을 수여한 제3자는 친권자인 부 또는 모의 관리권을 배제한 경우에도 그 재산으로부터의 이익과 그 재산의 관리와 자의 양육비와의 상계를 금지한다는 의사를 표시할 수 있고, 이 때에는 그 재산에 대한 수익과 관리·양육비를 정확하게 계산하여야 한다.

가정법원이 선임한 관리인의 직무권한, 담보제공의무 및 보수청구권에 관해서는 부재자의 재산관리인의 규정, 즉 재산목록작성(제24조 1항), 재산보존에 필요한 처분(제2항), 비용지급(제4항), 관리행위의 범위(제25조 전단), 관리인의 담보제공(제26조 1항), 관리인의 보수(제2항) 등이 준용된다.

【서식】 재산관리인선임청구서

자의 재산관리인 선임청구서

청구인(사건본인의 조부)

    ○ ○ ○ (000000 - 0000000)

    주민등록지 ○○시 ○○구 ○○동 ○○번지
    실제사는곳 ○○시 ○○구 ○○동 ○○번지
    등록기준지 ○○시 ○○구 ○○동 ○○번지
     전화 02-1234-4567   휴대폰 010-1234-5678
     팩스 02-9876-5432   이메일 : lawb@lawb.co.kr

사건본인(피고인)

    ○ ○ ○ (000000 - 0000000)

    주민등록지 ○○시 ○○구 ○○동 ○○번지
    실제사는곳 ○○시 ○○구 ○○동 ○○번지
    등록기준지 ○○시 ○○구 ○○동 ○○번지
     전화 02-1234-4567   휴대폰 010-1234-5678
     팩스 02-9876-5432   이메일 : lawb@lawb.co.kr

청 구 취 지

○○시 ○○구 ○○동 ○○번지 ○○○을 미성년자 ○○○ 소유의 ○○시 ○○구 ○○동 ○○번지 대지 200㎡ 위 지상 주택 1동 연건 90㎡ 재산관리인으로 선임한다.

라는 판결을 구함.

청 구 원 인

1. 청구인은 사건본인의 조부입니다.
2. 사건본인은 ○○년 ○월 ○일 ○○시 ○○구 ○○동 ○○번지 ○○○로부터 무상으로 ○○시 ○○구 ○○동 ○○번지 대지 200㎡ 위 지상주택 1동 연건 90㎡를 증여받았으나 위 ○○○는 그 재산을 위 사건본인 ○○○의 친권자인 ○○○에게 관리시키지 않았기 때문에 그 관리인의 선임을 구하기 위하여 본건 청구를 하는 바입니다.

첨 부 서 류

1. 가족관계증명서	2통
2. 주민등록등본	1통
3. 토지등기부등본	1통
4. 건물등기부등본	1통
5. 납부서	1통

20○○.   ○.   ○.

위 청구인　○ ○ ○　(날인 또는 서명)

○ ○ 가정법원 귀중

【서식】 자의 재산관리인선임청구서(미성년자에게 재산을 증여하고
       친권자재산관리를 배제하면서 재산관리인지정을 하지 아니
       한 경우)

자의 재산관리인 선임청구서

청구인(사건본인의 숙부) 김 ○ ○ (000000 - 0000000)
   주민등록지 ○○시 ○○구 ○○동 ○○번지
   실제사는곳 ○○시 ○○구 ○○동 ○○번지
   등록기준지 ○○시 ○○구 ○○동 ○○번지
    전화 02-1234-4567   휴대폰 010-1234-5678
    팩스 02-9876-5432   이메일 : lawb@lawb.co.kr
사건본인(미성년자) 김 ○ ○(金 ○ ○) (000000 - 0000000)
   주민등록지 ○○시 ○○구 ○○동 ○○번지
   실제사는곳 ○○시 ○○구 ○○동 ○○번지
   등록기준지 ○○시 ○○구 ○○동 ○○번지
    전화 02-1234-4567   휴대폰 010-1234-5678
    팩스 02-9876-5432   이메일 : lawb@lawb.co.kr

청 구 취 지

  서울 특별시 ○○구 ○동 81번지 김○○을 미성년자 김○○ 소유의 서울특별시 ○○구 ○동 19번지 대지 180㎡의 관리인으로 선임한다.
  라는 판결을 구함.

청 구 원 인

  사건본인은 서울특별시 ○○구 ○동 88번지 김○○로부터 무상으로 서울특별시 ○○구 ○동 19번지 대지 80평을 증여받았는데, 위 김○○는 그 재산을 위 사건본인 김○○의 친권자 김○○에게 관리시키지 않을 의사표시를 하였음에도 불구하고 그 재산관리인을 지정하지 않았기 때문에 그 관리인의 선임을 구하기 위하여 이 청구를 하는 바입니다.

첨 부 서 류

  1. 가족관계증명서   1통
  2. 주민등록등본   1통
  3. 토지등기부등본   1통
  4. 납부서   1통

20○○. ○. ○.

위 청구인 ○ ○ ○ (날인 또는 서명)

○ ○ 가정법원 귀중

제919조 【위임에 관한 규정의 준용】

제691조, 제692조의 규정은 전3조의 재산관리에 준용한다.

■ [요약] 919. 재산관리권의 종료

·재산관리의 권한이 종료하였을 때에는 위임종료시의 처리의무(§691)와 위임종료시의 대항
요건(§692)의 규정이 준용된다.

본조는 관리권이 종료하였을 때의 처리의무와 관리권종료
의 대항요건은 위임종료시의 처리의무(제691조)와 대항요건
(제692조)의 규정이 준용되는 것으로 규정하고 있다.

친권자의 재산관리권은 자가 성년에 달하거나, 친권자가 친
권 또는 관리권을 상실한 경우(제924조, 제925조) 및 재산관
리권을 사퇴한 경우에(제927조) 소멸한다.

재산관리종료시의 처분의무 및 관리종료의 대항요건에 대
해서는 위임에 관한 규정이 준용된다(제919조에 의한 제691
조, 제692조의 준용). 즉 재산관리의 임무가 종료한 경우에
급박한 사정이 있는 때에는 친권자, 또는 재산관리인, 이들의
상속인이나 법정대리인은 자, 그 상속인 또는 법정대리인이
재산관리사무를 처리할 수 있을 때까지 그 사무의 처리를 계
속하여야 한다(제691조 준용). 재산관리의 임무가 종료한 경
우에 그 종료의 사유가 친권자 또는 관리인 편에 있건 자편
에 있건 불문하면 이를 상대방에게 통지하거나 상대방이 이

를 안 때가 아니면 이로써 상대방에게 대항하지 못한다(제
692조).

　법정대리인인 친권자의 권한이 소멸한 때에는 그 자의 재
산에 대한 관리의 결산을 명백히 하여 자의 현존재산이 얼마
인가를 확정하여 보고하여야 한다. 그때 그 자의 재산으로부
터 수취한 과실은 그 자의 양육·재산관리의 비용과 상계한 것
으로 본다(제924조).

◈ 친권의 효력 : 자에 대한 대리권의 동의권

　제920조 【자의 재산에 관한 친권자의 대리권】

　법정대리인인 친권자는 자의 재산에 관한 법률행위에 대하
여 그 자를 대리한다. 그러나 그 자의 행위를 목적으로 하
는 채무를 부담할 경우에는 본인의 동의를 얻어야 한다.

■ [요약] 920. 자에 대한 대리권과 동의권

·친권자는 미성년인 자의 재산에 관한 법률행위에 대하여 그 자를 대리한다.
·친권자의 대리행위가 자의 행위를 목적으로 하는 채무를 부담할 경우에는 자 자신의 동의
를 얻어야 한다.
·친권자는 미성년자인 자를 대리하여 근로계약을 대리할 수 없다
·관련법조 : [대리권이 제한되는 경우] 근로기준법 §67, §68

　본조는 친권자의 자에 대한 대리권과 동의권에 관하여 규
정한다.

　친권자는 자의 재산에 관한 법률행위에 대하여 그 자를 대
리한다. 친권상실선고를 받은 부모(제924조)나 재산관리권이

없는 친권자는 대리권을 갖지 못한다(제925조, 제927조). 친권자를 후견인과 함께 법정대리인이라고 부르는 것은 이 때문이다. 그리고 친권자는 자를 대리할 뿐만 아니라 자가 의사능력을 가진 경우에는 이에 동의하는 권한도 가지고 있다.

본조의 문언에 의하면 일견 친권자의 재산관리권과 대리권이 서로 대립하는 권리인 것처럼 볼 수 있으나, 양자는 서로 대립하는 권리가 아니라 대리권은 관리권에서 파생하는 권리라고 해석하여야 한다. 따라서 관리권이 없는 친권자는 대리권도 가질 수 없게 된다.

(1) 친권자가 갖는 대리권은 자의 소유재산에 관한 법률행위에 한하지 않고 널리 자의 재산에 영향을 미치는 재산상의 법률행위에 미친다.

그러므로 자를 대신하여 제3자에게 재산을 증여하거나, 재산상의 소송행위, 교환, 대차에 관해서도 대리권을 가질 뿐만 아니라, 상속의 포기·승인에도 대리권이 미친다.

본조는 「재산에 관한 법률행위」라고 하고 있으므로 친권자의 법정대리는 재산행위에 한하며, 원칙적으로 신분행위에는 미치지 아니한다.

(2) 민법은 친권자의 대리권에 하나의 제한을 두어, 자의 행위를 목적으로 하는 채무를 부담할 경우, 예컨대 자가 노무자가 되는 근로계약이나 자가 위임인이 되는 위임계약 등을 친권자가 자의 대리인으로서 체결하는 경우는 자의 동의를 얻어야 한다고 하고 있다.

그러나 이 규정은 근로기준법이 친권자에 대하여 자의 근로계약의 대리체결을 금지하였기 때문에(근로기준법 제67조 1항) 적용의 여지가 거의 없다. 그리고 친권에 있어서의 최대한의 폐해는 대리권의 남용이다.

친권자가 자기를 위하여 자의 이름으로 막대한 채무를 부담한 것과 같은 경우에는 자는 심한 손해를 입게 된다. 그리하여 판례는 친권자의 대리행위가 친권남용이 될 경우에는 그 효과는 자에게 미치지 아니한다고 판시했다(대판 1964. 6. 8. 64다177).

▣ 핵심판례 ▣

■ [자의 재산에 관한 친권자의 대리권]

1. 친권자의 대리행위의 방식

친권을 행사하는 부친은 미성년자인 아들의 법정대리인이 되며, 그 법정대리인은 미성년자의 승낙을 받을 필요 없이 법정대리인의 이름으로 법률행위를 할수 있음은 물론 미성년자 본인 이름으로 법률행위를 한 경우에도 법정대리인이 그 행위를 한 이상 미성년자에게 대하여 법률행위의 효과가 발생한다(대판 1962. 9. 20. 62다333).

2. 친권자 본인이 부상을 입어 가해자측과 합의를 하는 경우 미성년자인 자녀의 고유의 위자료에 대해서도 합의를 할수 있는지 여부

친권자 본인이 부상을 입어 손해배상에 관하여 가해자측

과 합의를 하는 경우 특별한 사정이 없는 한 미성년자인 자녀들의 고유의 위자료에 관하여도 그 친권자가 법정대리인으로서 함께 합의하였다고 본다 (대판 1975. 6. 24. 74다1929).

3. 친권자가 자의 유일한 재산을 제3자에게 증여한 경우 그 행위의 효력여부

법정대리인인 친권자가 자의 유일한 재산을 그 사실을 아는 제3자에게 증여한 행위는 친권의 남용으로서 그 효과는 자에게 미치지 않는다(대판 1997. 1. 24. 96다43928).

4. 가. 법률의 규정에 의하여 권리의무가 승계되는 경우 소송상 지위의 승계 여부

법인의 권리의무가 법률의 규정에 의하여 새로 설립된 법인에게 승계되는 경우에는 특단의 사유가 없는 한 계속중인 소송에 있어서 그 법인의 법률상의 지위도 새로 설립된 법인에게 승계된다.

나. 소송수계신청에 대한 재판의 요부

소송수계신청의 적법 여부는 법원의 직권조사사항으로서 조사결과 수계가 이유 없다고 인정한 경우에는 이를 기각하여야하나 이유 있을 때에는 별도의 재판을 할 필요 없이 그대로 소송절차를 진행할 수 있는 것이다.

다. 재판에서 소송수계인을 권리승계참여인으로 표시한 위법이 있는 경우 사건에 미치는 영향

전 당사자인 정읍군의 권리의무를 승계한 정주시가 소송수계신청한 후 법원이 정주시를 당사자로 취급하여 소송을 진행한 이상 판결에 전당사자를 표시한 후 정주시를 권리승계참가인으로 표시하였다고 하여도 이는 당사자 표시를 잘못한 데 불과하고, 종전 당사자의 2회 불출석으로 항소가 취하되는 것은 아니다.

라. 성년인 자를 위하여 모가 법정대리한 행위의 효력

피고의 모가 1935. 5. 2.생인 피고의 법정대리인의 자격으로 피고 소유의 본건 토지를 소외회사에 매도한 1956. 11. 9.에는 피고가 이미 성년이었으므로 위 매매계약은 무권대리행위에 불과하고, 그 효력이 당연히 피고에게 미친다고 할 수 없다(1984. 6. 12. 제3부 판결 83다카1409 원인무효에 인한 소유권이전등기말소등).

5. 모와 미성년자인 딸이 함께 있는 자리에서 주민등록등본을 첨부하여 도피 중이던 부의 채무를 연대하여 지급하기로 하는 지불각서를 작성·교부해 준 경우, 모가 딸의 위 의사표시에 대하여 법정대리인으로서 묵시적으로 동의한 것으로 볼 수 있는지 여부

모와 미성년자인 딸이 함께 있는 자리에서 주민등록등본을 첨부하여 도피 중이던 부의 채무를 연대하여 지급하기로 하는 지불각서를 작성·교부해 준 경우, 모가 딸의 위 의사표시에 대하여 법정대리인으로서 묵시적으로 동의한 것으로 본다(대판 2000. 4. 11. 2000다3095).

6. 가. 법정대리인인 친권자가 자의 유일한 재산을 그 사실을 아는 제3자에게 증여한 행위가 친권의 남용으로서 무효인지 여부(적극)

친권자인 모가 미성년자인 자의 법정대리인으로서 자의 유일한 재산을 아무런 대가도 받지 않고 증여하였고 상대방이 그 사실을 알고 있었던 경우, 그 증여행위는 친권의 남용에 의한 것이므로 그 효과는 자에게 미치지 않는다.

나. 위 '가'항의 경우, 친권의 상실 여부(소극) 및 그 후 친권자가 법정대리인으로서 증여에 기하여 이루어진 소유권이전등기의 말소를 구하는 것이 금반언의 원칙에 반하는지 여부(소극)

위 '가'항의 경우, 친권자의 법정대리권의 남용으로 인한 법률행위의 효과가 미성년인 자에게 미치지 아니한다고 하여 그 친권자의 친권이 상실되어야 하는 것은 아니며, 친권자가 자의 법정대리인으로서 소송대리인을 선임하여 그 증여에 기하여 이루어진 소유권이전등기의 말소를 구하는 소를 제기하였다고 하여 이를 금반언의 원칙에 어긋난 것으로 볼 수도 없다(대법원 1997. 1. 24. 선고 96다43928 판결).

◈ 공동친권자의 일방이 공동명의로 한 행위의 효력

제920조의2 【공동친권자의 일방이 공동명의로 한 행위의 효력】

부모가 공동으로 친권을 행사하는 경우 부모의 일방이 공동명의로 자를 대리하거나 자의 법률행위에 동의한 때에는 다른 일방의 의사에 반하는 때에도 그 효력이 있다. 그러나 상대방이 악의인 때에는 그러하지 아니한다.

■ [요약] 920조의 2.

·부모의 일방이 공동명의로 자를 대리하거나 자의 법률행위에 동의한 때에는 다른 일방의
의사에 반하는 때에도 그 효력이 있지만 상대방이 악의인 때에는 효력이 생기지 않는다.

1990년 민법 개정으로 공동친권자의 일방이 공동명의로 한 행위의 효력에 관하여 본조를 신설하였다. 이 제도는 표현적 공동대리 또는 표현적 공동동의로서 그 요건은 ① 친권자의 일방이 공동명의를 사용하였을 것, ② 공동명의를 사용하는 것에 대하여 다른 일방이 동의가 없었을 것, ③ 상대방이 선의일 것을 요한다. 따라서 친권자의 일방이 다른 일방의 동의없이 공동명의로 자를 대리하거나 자의 법률행위에 동의한 때에는 다른 일방의 의사에 반하더라도 상대방이 선의인 한 그대로 효력이 발생한다.

◈ 친권자와 자(子) 사이 또는 수인의 자 사이의 이해상반 행위에 대한 친권의 제한

제921조 【친권자와 그 자간 또는 수인의 자간의 이해상반행위】

① 법정대리인인 친권자와 그 자사이에 이해상반되는 행위를 함에는 친권자는 법원에 그 자의 특별대리인의 선임을 청구하여야 한다.

② 법정대리인인 친권자가 그 친권에 따르는 수인의 자 사이에 이해상반되는 행위를 함에는 법원에 그 자 일방의 특별대리인의 선임을 청구하여야 한다. <개정 2005. 3.

■ [요약] 921. 친권의 제한

·이해상반행위의 경우에는 친권자의 법정대리권을 제한하고 친권자가 특별대리인의 선임을 가정법원에 청구하여 이 특별대리인과 친권자와의 사이에 거래를 하여야 한다.
·이해상반행위란 : ① 친권자를 위해서는 이익이 되고 미성년자를 위해서는 불이익한 행위
② 친권에 따르는 자의 일방을 위해서는 이익이 되고 다른 일방을 위해서는 불이익한 행위
·관련법조 : [특별대리인선임청구] 가소 §2①라-11, 가소규§68

1. 본조의 취지

친권에 따르는 자와 친권자 자신 또는 그 친권에 복종하는 다른 자와의 이익이 충돌하는 경우에는 친권자에게 공정한 친권의 행사를 기대할 수 없다.

친권자가 자기 또는 다른 자의 이익을 위하여 자의 이익을 희생시킬 우려가 있기 때문이다. 그리하여 민법은 이해상반행위에 대하여 이러한 경우에는 친권자의 법정대리권을 제한하고, 친권자가 특별대리인의 선임을 가정법원에 청구하여(가사소송법 제2조 1항 라목사건 11호), 그 특별대리인과 친권자와의 사이에 거래를 하도록 하고 있다.

특별대리인을 선임하지 아니하고, 친권자 스스로 이해상반의 자를 대리하여 행한 행위는 무권대리이며, 본인의 추인이 없는 이상 본인에 대한 효력은 발생하지 않는다.

이해상반행위란 「친권자를 위해서 이익이 되고, 미성년자를 위해서 불이익한 행위」 또는 「친권에 복종하는 자

의 일방을 위해서 이익이 되고 다른 일방을 위해서 불이익한 행위」를 말하며, 이해는 상반하더라도 부모에게 불이익하고 자에게만 이익인 경우는 포함하지 않는다(예컨대 친권자인 부모가 자에게 재산을 증여하는 것과 같은 경우, 이점에서 본조는 제124조 보다도 적용범위가 좁다).

제3자와의 계약이건, 단독행위이건 불문하며(이 의미에서 본조는 제124조보다도 적용범위가 넓다), 또 재산상의 이익에 관한 것이건, 신분상의 이익에 관한 것이건 묻지 않는다.

2. 이해상반행위

(1) 의 의

이해상반행위란 행위의 객관적 성질상 친권자와 자(子) 사이 또는 친권에 복종하는 수인의 자 사이에 이해의 대립이 생길 우려가 있는 행위를 가리키는 것으로서, 친권자의 의도나 그 행위의 결과 실제로 이해의 대립이 생겼는지의 여부를 묻지 않는다(대판 1996. 11. 22. 96다10270).

법정대리인인 친권자와 그 자(子) 사이의 이행상반의 유무는 전적으로 그 행위 자체를 객관적으로 관찰하여 판단하여야 할 것이지 그 행위의 동기나 연유를 고려하여 판단할 것은 아니다(대판 2002. 1. 11. 2001다65960).

(2) 이해상반행위를 판단하는 기준

1) 학설의 태도

가. 형식적 판단설

이해상반행위의 성립여부는 그 행위자체 또는 행위의 외형만으로 결정하여야 하는 것이고, 당해 행위를 하기에 이른 친권자의 의도 또는 그 행위의 실질을 고려해서는 안 된다는 견해이다. 행위의 동기 등은 외형상 나타나지 않는 것이 대부분이므로 실질적 판단설에 따르게 되면 거래의 상대방의 이익을 해하게 됨을 근거로 한다.

나. 실질적 판단설

이해상반행위의 성립여부는 행위의 형식 여하를 불문하고 친권자의 의도 또는 행위의 실질적 효과 등을 고려하여 실질적으로 판단해야 한다는 견해이다. 형식적 판단설에 따르면 친권자가 그 외형만을 이해상반하지 않는 것으로 꾸미기만 하면 특별대리인의 선임을 피할 수 있어 미성년자인 자의 이익을 해하게 됨을 근거로 한다.

다. 실질관계 고려한 형식적 판단설(절충설)

일단 형식적 판단에 의할 것이지만, 형식적으로는 이해상반행위에 해당하지 않더라도 그 행위의 실질관계를 객관적으로 고려할 때 그로 인하여 비교적 용이하게 이해상반성이 예측되면 이해상반행위로 보지만, 형식적으로 이해상반행위에 해당하더라도 실질적으로 명백히 이해상반성이 없다면 이해상반행위로 되지 않는다는 견해이다. 행위가 실질적으로 자의 재산에 의한 변제나, 담보설정과 마찬가지의 결과가 되거나 사후에 구상관계가 발생하는 경우 등 용이하게 이해상반성이 예측되면 이해상반행위로 인정한다.

2) 판례의 태도

친권자인 모가 자신이 연대보증한 차용금 채무의 담보로 자신과 자의 공유인 토지 중 자신의 공유지분에 관하여는 공유지분권자로서, 자의 공유지분에 관하여는 그 법정대리인의 자격으로 각각 근저당권설정계약을 체결한 경우, 위 채권의 만족을 얻기 위하여 채권자가 위 토지 중 자의 공유지분에 관한 저당권의 실행을 선택한 때에는, 그 경매대금이 변제에 충당되는 한도에 있어서 모의 책임이 경감되고, 또한 채권자가 모에 대한 연대보증책임의 추구를 선택하여 변제를 받은 때에는, 모는 채권자를 대위하여 위 토지 중 자의 공유지분에 대한 저당권을 실행할 수 있는 것으로 되는바, 위와 같이 친권자인 모와 자 사이에 이해의 충돌이 발생할 수 있는 것이, 친권자인 모가 한 행위 자체의 외형상 객관적으로 당연히 예상되는 것이어서, 모가 자를 대리하여 위 토지 중 자의 공유지분에 관하여 위 근저당권설정계약을 체결한 행위는 이해상반행위로서 무효라고 보아야 한다(대법원 2002. 1. 11. 선고 2001다65960 판결).

이와 관련하여 판례는 기본적으로 형식적 판단설에

입각하고 있다고 평가된다(김형배, 1589쪽). 그러나 '외형상 객관적으로 당연히 예상되는 등'의 판시를 이유로 실질관계 객관전 고려설의 입장이라거나, 이에 영향을 받은 판례라고 보는 견해도 있다.

(3) 이해상반행위에 해당하는지 여부가 문제되는 경우

1) 이행상반행위로 인정된 사례

가. 수인의 미성년자인 자(子)를 대리하여 상속재산분할의 협의를 하는 행위(대판 1993. 4. 13. 92다54524)

"공동상속인인 친권자와 미성년인 수인의 자 사이에 상속재산분할협의를 하게 되는 경우에는 미성년자 각자마다 특별대리인을 선임하여 각 특별대리인이 각 미성년자인 자를 대리하여 상속재산분할의 협의를 하여야 한다. 만약 친권자가 수인의 미성년자의 법정대리인으로서 상속재산분할협의를 한 것이라면, 이는 민법 제921조에 위반된 것으로서 이러한 대리행위에 의하여 성립된 상속재산분할협의는 피대리자(미성년자인 자) 전원에 의한 추인이 없는 한 무효이다."

나. 자(子)의 재산관리에 관한 포괄적 위임을 받은 부(父)가 자신의 채무지급을 위하여 자와 공동으로 어음을 발행하는 행위(대판 1971. 2. 23. 70다2916)

다. 친권자가 자기의 영업자금을 마련하기 위하여 미성년자인 자(子)를 대리하여 그 소유 부동산을 담보로 제공, 저당권을 설정하는 행위(대판 1971. 7. 27.
71다1113)

**라. 친권자인 모가 자신이 연대보증한 채무의 담보로 자
신과 자(子)의 공유인 토지 중 자의 공유지분에 관
하여 법정대리인의 자격으로 근저당권 설정계약을
체결한 행위**

친권자인 모가 자신이 연대보증한 차용금 채무의 담
보로 자신과 자의 공유인 토지 중 자신의 공유지분에
관하여는 공유지분권자로서, 자의 공유지분에 관하여
는 그 법정대리인의 자격으로 각각 근저당권설정계약
을 체결한 경우, 위 채권의 만족을 얻기 위하여 채권
자가 위 토지 중 자의 공유지분에 관한 저당권의 실행
을 선택한 때에는, 그 경매대금이 변제에 충당되는 한
도에 있어서 모의 책임이 경감되고, 또한 채권자가 모
에 대한 연대보증책임의 추구를 선택하여 변제를 받은
때에는, 모는 채권자를 대위하여 위 토지 중 자의 공
유지분에 대한 저당권을 실행할 수 있는 것으로 되는
바, 위와 같이 친권자인 모와 자 사이에 이해의 충돌
이 발생할 수 있는 것이, 친권자인 모가 한 행위 자체
의 외형상 객관적으로 당연히 예상되는 것이어서, 모
가 자를 대리하여 위 토지 중 자의 공유지분에 관하여
위 근저당권설정계약을 체결한 행위는 이해상반행위로
서 무효라고 보아야 한다.(대판 2002. 1. 11. 선고
2001다65960 판결)

마. 피상속인의 처가 미성년자인 자(子)와 공동상속인이 되어, 그 자(子)의 친권자로서 상속재산 분할협의를 하는 행위(대판 1993. 4. 13. 92다54524)

바. 친권자가 자기의 영업자금을 마련하기 위하여 미성년자인 자(子)를 대리하여 그 소유 부동산을 담보로 제공, 저당권을 설정하는 행위(대판 1971. 7. 27. 71다1113)

2) 이해상반행위에 해당되지 않는다고 한 사례

가. 미성년자의 친권자인 모가 자기 오빠의 제3자에 대한 채무의 담보로서 미성년자인 자의 부동산에 근저당권을 설정하는 행위

미성년자의 친권자인 모가 자기 오빠의 제3자에 대한 채무의 담보로 미성년자 소유의 부동산에 근저당권을 설정하는 행위가, 채무자를 위한 것으로서 미성년자에게는 불이익만을 주는 것이라고 하더라도 민법 제921조 제1항에 규정된 '법정대리인인 친권자와 그 자 사이에 이해상반되는 행위'라고 볼 수는 없다(대판 1991. 11. 26. 91다32466).

판례의 취지는 위의 근저당권 설정으로 직접 이익을 얻는 자는 친권자인 모의 오빠이지, 모 자신이 아니므로 이해상반행위가 아니라는 점이다.

나. 친권자인 모가 자신이 대표이사로 있는 주식회사의 채무보증을 위하여 자신과 미성년자인 자의 공유재

산을 담보로 제공한 행위

친권자인 모가 자신이 대표이사로 있는 주식회사의 채무 담보를 위하여 자신과 미성년인 자의 공유재산에 대하여 자의 법정대리인 겸 본인의 자격으로 근저당권을 설정한 행위는, 친권자가 채무자 회사의 대표이사로서 그 주식의 66%를 소유하는 대주주이고 미성년인 자에게는 불이익만을 주는 것이라는 점을 감안하더라도, 그 행위의 객관적 성질상 채무자 회사의 채무를 담보하기 위한 것에 불과하므로 친권자와 그 자 사이에 이해의 대립이 생길 우려가 있는 이해상반행위라고 볼 수 없다.(대판 1996. 11. 22. 선고 96다10270 판결)

다. 법정대리인인 친권자가 부동산을 미성년자인 자(子)에게 명의신탁하는 행위

"법정대리인인 친권자가 부동산을 미성년자인 자에게 명의신탁하는 행위는 친권자와 사이에 이해상반되는 행위에 속한다고 볼 수 없으므로, 이를 특별대리인에 의하여 하지 아니하였다고 하여 무효라고 볼 수는 없다."(대판 1998. 4. 10. 선고 97다4005 판결)

(4) 이해상반행위의 효력

친권자와 자 사이에 상반되는 행위를 특별대리인에 의하지 않고 친권자가 스스로 대리한 경우에는 무권대리행위로서 무효가 된다. 다만, 본인의 추인이 있으면 유효로 된다고 해석하는 것이 타당할 것이다(대판 2001. 6. 29. 2001다28299). 추인은 성년에 달한 자 본인이 하는 것이 원칙이다.

(5) 특별대리인의 선임

법정대리인인 친권자가 그 친권에 따르는 수인의 자 사이에 이해상반되는 행위를 함에는 법원에 그 자 일방의 특별대리인의 선임을 청구하여야 한다(제921조 2항).

이 경우 이해상반행위의 당사자는 쌍방이 모두 친권에 복종하는 미성년자인 경우이어야 하고, 이때에는 친권자가 미성년자 쌍방을 대리할 수 없는 것이므로 그 어느 미성년자를 위하여 특별대리인을 선임하여야 한다는 것이지 성년이 되어 친권자의 친권에 복종하지 아니하는 자와 친권에 복종하는 미성년자인 자 사이에 이행상반이 되는 경우가 있다 하여도 친권자는 미성년자를 위한 법정대리인으로서 그 고유의 권리를 행사할 수 있으므로 그러한 친권자의 법률행위는 같은 조항 소정의 이해상반행위에 해당한다 할 수 없다(대판 1989. 9. 12. 88다카 20844).

◙ 핵심판례 ◙

■ [친권자와 그 자간 또는 수인의 자간의 이해상반행위]

1. 미성년자인 자와 동순위의 공동상속인인 모가 미성년자인 자

의 친권자로서 상속재산분할협의를 하는 행위가 민법 제921
조 소정의 '이해상반되는 행위'에 해당하는지 여부(적극)

피상속인의 처가 미성년자인 자와 동순위로 공동상속인이
된 경우에 미성년자인 자의 친권자로서 상속재산을 분할
하는 협의를 하는 행위는 민법 제921조 소정의 "이해상반
되는 행위"에 해당하므로 특별대리인을 선임받아 미성년
자를 대리하게 하여야 한다(1993. 3. 9. 제2부(타) 판결 92다18481 소유권이전등
기).

2. 가. 민법 제921조의 "이해상반행위"의 의의

민법 제921조의 "이해상반행위"란 행위의 객관적 성질상
친권자와 자 사이 또는 친권에 복종하는 수인의 자 사이
에 이해의 대립이 생길 우려가 있는 행위를 가리키는 것
으로서 친권자의 의도나 그 행위의 결과 실제로 이해의
대립이 생겼는가의 여부는 묻지 아니한다.

나. 공동상속인인 친권자와 미성년인 자 사이의 공동상속재산분할협의가 "가"항의 이해상반행위인지 여부(적극)

공동상속재산분할협의는 행위의 객관적 성질상 상속인 상
호간에 이해의 대립이 생길 우려가 있는 행위라고 할 것
이므로 공동상속인인 친권자와 미성년인 수인의 자 사이
에 상속재산분할협의를 하게 되는 경우에는 미성년자 각
자마다 특별대리인을 선임하여 각 특별대리인이 각 미성
년자인 자를 대리하여 상속재산분할의 협의를 하여야 한
다.

다. 민법 제921조에 위반된 공동상속재산분할협의의 효력

친권자가 수인의 미성년자의 법정대리인으로서 상속재산

분할협의를 한 것이라면 이는 민법 제921조에 위반된 것
으로서 이러한 대리행위에 의하여 성립된 상속재산분할협
의는 피대리자 전원에 의한 추인이 없는 한 무효이다(1993. 4.
13. 제2부 판결 92다54524 부당이득금반환).

3. 자가 친권자에게 부동산을 증여할 때 특별대리인에 의하지 않기 때문에 이전등기가 무효라는 점의 입증책임

전 등기명의인이 미성년자이고 당해 부동산을 친권자에게
증여하는 행위가 이해상반행위라 하더라도 일단 친권자에
게 이전등기가 경료된 이상, 특별한 사정이 없는 한, 그
이전등기에 관하여 필요한 절차를 적법하게 거친 것으로
추정된다(대판 2002. 2. 5. 2001다72029).

4. 가. 적모가 친생자 아닌 미성년자와의 사이에 이해상반행위를 함에 있어 미성년자를 대리할 수 있는지 여부

적모는 구 민법(1990. 1. 13. 법률 제4199호로 개정되기
전의 것) 제909조 제2항에 의하여 자기의 친권에 복종하
는 친생자가 아닌 미성년자를 대리하여 법률행위를 할 수
있다 하여도, 적모가 그와 미성년자 사이에 이해가 상반되
는 행위를 함에 있어서는 친족회의 동의를 얻어 미성년자
를 대리할 수는 없고 민법 제921조에 의하여 미성년자를
위하여 특별대리인을 선임하여야 한다

나. 민법 제921조 소정의 이해상반행위의 의미

민법 제921조의 이해상반행위란 행위의 객관적 성질상 친
권자와 그 자 사이 또는 친권에 복종하는 수인의 자 사이
에 이해의 대립이 생길 우려가 있는 행위를 가리키는 것
으로서 친권자의 의도나 그 행위의 결과 실제로 이해의

대립이 생겼는가의 여부는 묻지 아니하는 것이라 할 것인바, 공동상속재산분할협의는 그 행위의 객관적 성질상 상속인 상호간의 이해의 대립이 생길 우려가 있는 행위이다.

다. 적모와 미성년자인 수인의 자 사이의 상속재산분할협의시 특별대리인 1인이 수인의 자를 대리한 경우 분할협의의 효력

적모와 미성년자인 수인의 자 사이에 상속재산분할협의를 하게 되는 경우에는 미성년자 각자마다 특별대리인을 선임하여 그 각 특별대리인이 각 미성년자를 대리하여 상속재산분할의 협의를 하여야 하고, 만약 특별대리인 1인이 수인의 미성년자를 대리하여 상속재산분할협의를 하였다면 이는 민법 제921조에 위반된 것으로서 이러한 대리행위에 의하여 성립된 상속재산분할협의는 피대리자의 전원에 의한 추인이 없는 한 무효이다(1994. 9. 9. 제2부 판결 94다6680 소유권이전등기말소).

<**판례전문(1994. 9. 9. 94다6680)**>

[주   문] 원심판결을 파기하고, 사건을 대전고등법원에 환송한다.

[이   유] 원고들 소송대리인의 상고이유를 판단한다.

원심판결 이유에 의하면 원심은, 거시증거를 종합하여 판시 각 토지는 원래 소외 망 인의 소유였던 사실, 소외 망인이 1988. 11. 22. 사망하여 처인 피고 1, 처와의 사이에 출생한 장남인 피고 2, 차남인 피고 3, 출가한 딸인 피고 4, 소외 1과의 사실상 혼인관계에서 출생한 혼인 외의 출생자들인 원고들, 소외 2와의 사실상 혼인관계에서 출생한 혼인 외의 출생자들인 소외 3, 4가 망인의 공동재산상속인이 된 사실, 소외 5가 1989. 6. 20. 청주지방법원(89느115호 사건)에 의하여 당시 미성년자이던 원고 2, 3, 소외 3, 4의 특별대리인으로 선임된 사실, 소외 5가 위 미성년자들의 특별대리인으로서 같은 달 22.경 나머지 재산상속인들인 원고 1, 피고 1, 2, 3 등과 망인의 상속재산분할에 관하여 협의한 결과 상속재산을 원심판시와 같이 분할하기로 하여 이 사건 부동산에 관하여 그 판시와 같이 피고 1, 2, 3, 4의 각 명의로 상속재산분할을 원인으로 한 소유권이전등기가 되고, 그 중 일부 부동산에 관하여는 위 등기에 터잡아 위 피고들을 제외한 나머지 피고들 명의로 수유권이전등기기 된 사실을 인정한 다음, 나아가 다음과 같은 원고들의 주장 즉 상속재산분할 당시 원고 2, 3 등 미성년자들에 대하여는 친권자인 피고 1이 법률행위 대리권을 포함한 동인들에 대한 친권을 행사하여야 하나, 위 피고는 적모에 불과하므로 그 경우 구 민법(1990. 1. 13. 법률 제4199호로 개정되기 전의 것) 제912조에 의하여 후견인에 대한 규정이 적용되므로 민법 제950조에 따라 친족회의 동의를 얻어 피고 1이 원고 2, 3 등을 대리하여야 함에도 불구하고, 이러한 절차를 거침이 없이 법원에 의하여 위 원고들 등의 특별대리인으로 선임된 소외 5가 위 원고들을 대리하여 상속재산의 분할 협의에 관여하였으니 위 상속재산분할협의는 무효이거나 취소할 수 있는 법률행위에 해당하고, 따라서 위 상속재산분할협의를 원인으로 하여 마쳐진 피고 1, 2, 3, 4 명의의 각 소유권이전등기 및 이에 터잡아 이루어진 나머지 피고들 명의의 각 소유권이전등기는 원고들의 상속지분 범위 내에서 무효이므로 말소되어야 한다는 주장에 대하여, 원심은 적모가 자기의 친생자가 아닌 미성년자 등을 대리하여 법률행위를 하여야 할 경우에 구 민법 제912조에 의하여 후견인에 관한 규정이 준용되어야 할 것임은 원고들 주장과 같지만, 이 사건 상속재산협의분할과 같이 적모나 후견인이 그와 미성년자 내지 피후견인과의 사이에 서로 이해가 상반되는 행위를 함에 있어서는 친권자와 그 친자 사이에서와 마찬가지로 민법 제921조를 유추적용하여 미성년자 내지 피후견인을 위하여 특별대리인을 선임하여야 한다고 하여 원고들의 위 주장을 배척하였다.

살피건대, 적모는 위 구 민법 제909조 제2항에 의하여 자기의 친권에 복종하는 친생자가 아닌 미성년자를 대리하여 법률행위를 할 수 있다 하여도 적모가 그와 미성년자 사이에 이해가 상반되는 행위를 함에 있어서는 친족회의 동의를 얻어 미성년자를 대리할 수는 없고, 민법 제921조에 의하여 미성년자를 위하여 특별대리인을 선임하여야 하고, 민법 제921조의 이해상반행위란 행위의 객관적 성질상 친권자와 그 자 사이 또는 친권에 복종하는 수인의 자 사이에 이해의 대립이 생길 우려가 있는 행위를 가리키는 것으로서 친권자의 의도나 그 행위의 결과 실제로 이해의 대립이 생겼는가의 여부는 묻지 아니하는 것이라 할 것인바, 공동상속재산분할협의는 그 행위의 객관적 성질상 상속인 상호간의 이해의 대립이 생길 우려가 있는 행위라고 할 것이므로 공동상속인인 적모와 미성년자인 자 사이에 상속재산분할협의를 하게 되는 경우에는 미성년자를 위하여 특별대리인을 선임하여 그 특별대리인이 미성년자를 대리하여 상속재산분할의 협의를 하여야 함은 원심판단과 같다(당원 1993. 3. 9. 선고92다18481 판결 참조).

그러나 적모와 미성년자인 수인의 자 사이에 상속재산분할협의를 하게 되는 경우에는 미성년자 각자마다 특별대리인을 선임하여 그 각 특별대리인이 각 미성년자를 대리하여 상속재산분할의 협의를 하여야 하고 만약 특별대리인 1인이 수인의 미성년자를 대리하여 상속재산분할협의를 한 것이라면 이는 민법 제921조에 위반된 것으로서 이러한 대리행위에 의하여 성립된 상속재산분할협의는 피대리자의 전원에 의한 추인이 없는 한 무효라 할 것인바(당원 1993. 4. 13. 선고 92다54524 판결 참조), 소외 5 1인이 미성년자인 원고 2, 3, 소외 3, 4 등 전원을 대리하여 상속재산분할의 협의를 한 이 사건에 있어 원심은 피대리인들의 추인사실을 확정한 바도 없이 위 상속재산분할협의를 유효하다고 하였으니 원심은 결국 민법 제921조의 법리를 오해하여 판결결과에 영향을 미친 잘못을 저지른 것이라 할 것이고 이를 지적하는 취지도 포함된 논지는 이유 있다.

그러므로 원심판결을 파기하고 사건을 원심법원에 환

송하기로 하여 관여 법관의 일치된 의견으로 주문과 같이 판결한다.

5. 가. 친권자인 모가 자신이 연대보증한 채무의 담보로 자신과 자의 공유인 토지 중 자의 공유지분에 관하여 법정대리인의 자격으로 근저당권설정계약을 체결한 행위가 민법 제921조 제1항 소정의 '이해상반행위'에 해당하는지 여부(적극)

친권자인 모가 자신이 연대보증한 차용금 채무의 담보로 자신과 자의 공유인 토지 중 자신의 공유지분에 관하여는 공유지분권자로서, 자의 공유지분에 관하여는 그 법정대리인의 자격으로 각각 근저당권설정계약을 체결한 경우, 위 채권의 만족을 얻기 위하여 채권자가 위 토지 중 자의 공유지분에 관한 저당권의 실행을 선택한 때에는, 그 경매대금이 변제에 충당되는 한도에 있어서 모의 책임이 경감되고, 또한 채권자가 모에 대한 연대보증책임의 추구를 선택하여 변제를 받은 때에는, 모는 채권자를 대위하여 위 토지 중 자의 공유지분에 대한 저당권을 실행할 수 있는 것으로 되는바, 위와 같이 친권자인 모와 자 사이에 이해의 충돌이 발생할 수 있는 것이, 친권자인 모가 한 행위 자체의 외형상 객관적으로 당연히 예상되는 것이어서, 모가 자를 대리하여 위 토지 중 자의 공유지분에 관하여 위 근저당권설정계약을 체결한 행위는 이해상반행위로서 무효라고 보아야 한다.

나. 민법 제921조 제1항 소정의 '이해상반행위' 여부의 판단에 있어서 행위의 동기나 연유를 고려하여야 하는지 여부(소극)

법정대리인인 친권자와 그 자 사이의 이해상반의 유무는

전적으로 그 행위 자체를 객관적으로 관찰하여 판단하여
야 할 것이지 그 행위의 동기나 연유를 고려하여 판단하
여야 할 것은 아니다_{(대법원 2002. 1. 11. 선고 2001다65960 판결).}

◎ 미성년의 자와 함께 상속받은 재산을 모(母) 명의로 할 수 있는지

【질의】➡ 저는 미성년자인 자녀 甲·乙과 함께 남편인 망 丙
의 공동상속인이자 甲·乙의 친권자입니다. 제가 자녀들과
함께 상속받은 남편 丙명의 사업체를 제 단독명의로 변경
하려고 하는데, 이 경우 자녀 甲·乙을에 대한 친권행사에
제한이 있는지요?

【답변】➡ 법정대리인인 친권자와 그 자(子)와의 사이에 이해 상반되는
행위를 함에는 친권자는 법원에 그 자의 특별대리인의 선임을 청구
하여야 합니다(민법 제921조 제1항).

　위 사안과 관련하여 판례는 "민법 제921조의 '이해상반행위'란 행위
의 객관적 성질상 친권자와 자 사이 또는 친권에 복종하는 수인의
자 사이에 이해의 대립이 생길 우려가 있는 행위를 가리키는 것으로
서 친권자의 의도나 그 행위의 결과 실제로 이해의 대립이 생겼는가
의 여부는 묻지 아니하며, 공동상속재산분할협의는 행위의 객관적 성
질상 상속인 상호간에 이해의 대립이 생길 우려가 있는 행위라고 할
것이므로, 공동상속인인 친권자와 미성년인 수인의 자 사이에 상속재
산분할협의를 하게 되는 경우에는 미성년자 각자마다 특별대리인을
선임하여 각 특별대리인이 각 미성년자를 대리하여 상속재산분할협
의를 하여야 하고, 친권자가 수인의 미성년자의 법정대리인으로서 상
속재산분할협의를 한 것이라면, 이는 민법 제921조에 위반된 것으로
서 이러한 대리행위에 의하여 성립된 상속재산분할협의는 피대리자
전원에 의한 추인(追認)이 없는 한 무효이다."라고 하였습니다(대법원
1993. 4. 13. 선고 92다54524 판결, 2001. 6. 29. 선고 2001다28299 판

결).

그런데 귀하가 상속재산인 사업체를 귀하의 명의로 변경할 경우는 甲과 乙도 귀하와 공동으로 상속재산인 사업체에 상속지분을 가지고 있으므로, 상호간에 이익이 상반되는 것에 해당되어 귀하는 가정법원에 甲과 乙의 각 특별대리인선임을 청구하여 그들로 하여금 위와 같은 명의변경에 동의하도록 하여야 할 것입니다.

친권자의 대리권이 제한되는 이해상반행위로 보는 경우를 예시하면 ①친권자가 자기의 채무에 관하여 자(子)를 대리하여 중첩적 채무인수를 한 행위, ②친권자의 채무에 관하여 미성년자인 자를 연대채무자로 한 경우, ③친권자가 자기의 채무를 위하여 미성년자인 자의 부동산을 담보에 제공한 행위, ④친권자가 자기의 채무를 자에게 전가하기 위하여 자를 대리하여 한 경개계약(更改契約), ⑤합명회사 사원이 자기의 친권에 복종하는 미성년인 자를 그 회사에 새로 입사시키는 행위 등입니다.

그리고 친권자와 1인의 미성년인 자가 공동상속인이 되는 경우의 상속재산분할협의에 경우에도 역시 그 자의 특별대리인을 선임하여 상속재산분할협의를 하여야 할 것이지만(대법원 1993. 3. 9. 선고 92다18481 판결), 친권자는 상속인이 아니고 성년인 자와 미성년인 자가 공동상속인인 경우(이혼한 처가 친권자인 경우 등)에 성년인 자와 미성년인 자 사이의 이해가 상반되는 행위를 친권자가 하는 것은 이해상반행위에 해당하지 않습니다(대법원 1989. 9. 12. 선고 88다카28044 판결).

참고로 특별대리인 선임과 관련하여 판례는 "민법 제921조의 특별대리인제도는 친권자와 그 친권에 복종하는 자 사이 또는 친권에 복종하는 자들 사이에 서로 이해가 충돌하는 경우에는 친권자에게 친권의 공정한 행사를 기대하기 어려우므로 친권자의 대리권 및 동의권을 제한하여 법원이 선임한 특별대리인으로 하여금 이들 권리를 행사하게 함으로써 친권의 남용을 방지하고 미성년인 자의 이익을 보호하려는데 그 취지가 있으므로, 특별대리인은 이해가 상반되는 특정의 법률행위에 관하여 개별적으로 선임되어야 하고, 따라서 특별대

리인선임신청서에는 선임되는 특별대리인이 처리할 법률행위를 특정
하여 적시하여야 하고 법원도 그 선임심판시에 특별대리인이 처리할
법률행위를 특정하여 이를 심판의 주문에 표시하는 것이 원칙이며,
특별대리인에게 미성년자가 하여야 할 법률행위를 무엇이든지 처리
할 수 있도록 포괄적으로 권한을 수여하는 심판을 할 수는 없으며,
법원이 특별대리인선임심판을 함에 있어서 그 주문에 특별대리인이
처리할 법률행위를 적시하지 아니한 채 단지 특정인을 미성년자를
위한 특별대리인으로 선임한다는 내용만 기재하는 것은 바람직하지
아니한 것이나, 이러한 내용의 심판이 있는 경우에도 그 특별대리인
의 권한은 그 사건 선임신청서에서 신청의 원인으로 적시한 특정의
법률행위에 한정되는 것이며 그 밖의 다른 법률행위에 대하여는 그
처리권한이 없다.”라고 하였습니다(대법원 1996. 4. 9. 선고 96다1139
판결).　　[법률구조공단자료. 참고만 하세요]

【서식】 특별대리인 선임청구서(상속재산 협의분할의 경우)

특 별 대 리 인 선 임 청 구 서

청구인   김 ○ ○ (000000 - 0000000)
　　　　　주민등록지 ○○시 ○○구 ○○동 ○○번지
　　　　　실제사는곳 ○○시 ○○구 ○○동 ○○번지
　　　　　등록기준지 ○○시 ○○구 ○○동 ○○번지
　　　　　　전화 02-1234-4567   휴대폰 010-1234-5678
　　　　　　팩스 02-9876-5432   이메일 : lawb@lawb.co.kr
사건본인(미성년자) ○ ○ ○ (000000 - 0000000)
　　　　　주민등록지 ○○시 ○○구 ○○동 ○○번지
　　　　　실제사는곳 ○○시 ○○구 ○○동 ○○번지
　　　　　등록기준지 ○○시 ○○구 ○○동 ○○번지
　　　　　　전화 02-1234-4567   휴대폰 010-1234-5678
　　　　　　팩스 02-9876-5432   이메일 : lawb@lawb.co.kr

청 구 취 지

　　청구인과 사건본인이 청구외 망 ○○○ 소유의 별지목록 기재 부동산을 협의분할함에 있어 사건본인의 특별대리인으로 ○○시 ○○구 ○○동 ○○번지 ○○○를 선임한다.
　　라는 판결을 구함.

청 구 원 인

　　청구외 망 ○○○의 사망으로 인하여 청구인과 사건본인은 공동상속인인바, 별지목록 기재 부동산을 협의분할함에 있어 청구인과 사건본인은 이해가 상반되는 법률행위이므로 사건본인을 위한 특별대리인으로 사건본인의 백부인 ○○○를 선임받고자 본 청구에 이른 것입니다.

첨 부 서 류

1. 가족관계증명서(청구외 망 ○○○) 1통

　　2. 가족관계증명서　　　　　　　1통(청구인분, 미성년자분)
　　3. 가족관계증명서　　　　　　　1통(대리인분)
　　4. 주민등록등본　　　　　　　　1통(청구인분, 미성년자분, 대리인분)
　　5. 부동산등기부등본　　　　　　1통

　　　　　　　　　20○○.　　○.　　○.

　　　　　　　청구인　김 ○ ○　(날인 또는 서명)

　　　　　　　　　　○ ○ 가정법원(○ ○ 지방법원) 귀중

주 1. 소장에는 5,000원의 인지를 붙인다.

2. 송달료는 당사자수×3,020(우편료)×4회분을 송달료취급은행에 납부하고 영수증을 첨부한다.

3. 관할법원은 사건본인의 주소지 관할법원의 전속관할이다.

4. 부동산목록은 근저당설정의 경우 특별대리인선임 양식을 참고한다.

5. 사건본인이 여러명인 경우에는 미성년자인 사건본인의 수만큼 특별대리인을 선임청구한다.

6. 날인은 인감이 아니어도 상관없다.

▣ 별지

부동산의 표시
　1. 서울 ○○구 ○○동 ○○번지
　　　　대지 ○○ 평방미터
　2. 위 지 상
　　　벽돌조 슬래브지붕 2층 단독주택
　　　　　지층 ○ ○ 평방미터
　　　　　1층 ○ ○ 평방미터
　　　　　2층 ○ ○ 평방미터

【서식】 특별대리인 선임청구서(예금통장 명의변경 경우)

특 별 대 리 인 선 임 청 구 서

청구인　　김 ○ ○　(000000 - 0000000)
　　　　　　주민등록지 ○○시 ○○구 ○○동 ○○번지
　　　　　　실제사는곳 ○○시 ○○구 ○○동 ○○번지
　　　　　　등록기준지 ○○시 ○○구 ○○동 ○○번지
　　　　　　　전화 02-1234-4567　　휴대폰 010-1234-5678
　　　　　　　팩스 02-9876-5432　　이메일 : lawb@lawb.co.kr
사건본인(미성년자)　○ ○ ○　(000000 - 0000000)
　　　　　　주민등록지 ○○시 ○○구 ○○동 ○○번지
　　　　　　실제사는곳 ○○시 ○○구 ○○동 ○○번지
　　　　　　등록기준지 ○○시 ○○구 ○○동 ○○번지
　　　　　　　전화 02-1234-4567　　휴대폰 010-1234-5678
　　　　　　　팩스 02-9876-5432　　이메일 : lawb@lawb.co.kr

청 구 취 지

　　청구인이 청구외 망　　　의　　　은행　　저축증서 계좌번호00-00-00000
명의를 변경함에 있어 ○○시 ○○구 ○○동 ○번지 ○○○를 사건본인의 특별
대리인으로 선임한다.
　　라는 심판을 구합니다.

청 구 원 인

　　청구인은 소외 망 ○○○의 처로서 사건본인들의 모입니다.
　　소외 망 ○○○가 19○○.○.○. 사망함으로써 ○○○ 명의의 통장을 청구인
으로 변경함에 있어서 사건본인과 법률상 이해가 상반되는 행위이므로 사건본인
의 백부인 ○○○를 특별대리인으로 선임하고자 이건 청구에 이르렀습니다.

첨 부 서 류

1. 가족관계증명서(청구외 망 ○○○)   1통
2. 가족관계증명서   1통(청구인분, 미성년자분)
3. 가족관계증명서   1통(대리인분)
4. 주민등록등본   1통(청구인분, 미성년자분, 대리인분)
5. 통장사본   1통

20○○. ○. ○.

청구인 김 ○ ○ (날인 또는 서명)

○ ○ 가정법원(○ ○ 지방법원) 귀중

주
1. 소장에는 5,000원의 인지를 붙인다.
2. 송달료는 당사자수×3,020(우편료)×4회분을 송달료취급은행에 납부하고 영수증을 첨부한다.
3. 관할법원은 사건본인의 주소지 관할법원의 전속관할이다.
4. 부동산목록은 근저당설정의 경우 특별대리인선임 양식을 참고한다.
5. 사건본인이 여러명인 경우에는 미성년자인 사건본인의 수만큼 특별대리인을 선임청구한다.
6. 날인은 인감이 아니어도 상관없다.

◼ 별 지

부동산의 표시

1. 서울 ○○구 ○○동 ○○번지
    대지 ○○ 평방미터
2. 위 지 상
    벽돌조 슬래브지붕 2층 단독주택
        지층 ○ ○ 평방미터
        1층 ○ ○ 평방미터
        2층 ○ ○ 평방미터

【서식】 특별대리인선임청구서(근저당권 설정을 위한)

특 별 대 리 인 선 임 청 구 서

청구인　　○ ○ ○　(000000 - 0000000)
　　　　　주민등록지 ○○시 ○○구 ○○동 ○○번지
　　　　　실제사는곳 ○○시 ○○구 ○○동 ○○번지
　　　　　등록기준지 ○○시 ○○구 ○○동 ○○번지
　　　　　　전화 02-1234-4567　　휴대폰 010-1234-5678
　　　　　　팩스 02-9876-5432　　이메일 : lawb@lawb.co.kr
사건본인(미성년자)　○ ○ ○　(000000 - 0000000)
　　　　　주민등록지 ○○시 ○○구 ○○동 ○○번지
　　　　　실제사는곳 ○○시 ○○구 ○○동 ○○번지
　　　　　등록기준지 ○○시 ○○구 ○○동 ○○번지
　　　　　　전화 02-1234-4567　　휴대폰 010-1234-5678
　　　　　　팩스 02-9876-5432　　이메일 : lawb@lawb.co.kr

청 구 취 지

　청구인이 채무자가 되어 청구인과 사건본인의 공유인 별지목록 기재 부동산을 담보로 제공하고 ○○은행에 채권최고액 금 ○○원의 근저당설정 계약을 체결하에 있어 사건본인의 특별대리인으로 ○○시 ○○구 ○○동 ○○번지 ○○○를 선임한다.
　라는 심판을 구합니다.

청 구 원 인

　별재 기재 부동산은 청구인과 사건본인이 공동소유자인 바, 위 부동산을 담보로 청구인이 채무자가 되어 금 ○○○원을 대출받고자 하나 청구인과 사건본인은 이해가 상반되는 법률행위이므로 사건본인을 위한 특별대리인으로 사건본인의 백부인 ○○○를 선임받고자 본 청구에 이른 것입니다.

첨 부 서 류

1. 가족관계증명서   1통(미성년자분)
2. 가족관계증명서   1통(대리인분)
3. 주민등록등본   1통(미성년자분, 대리인분)
4. 부동산등기부등본   1통

20○○. ○. ○.

청구인 김 ○ ○ (날인 또는 서명)

○ ○ 가정법원(○ ○ 지방법원) 귀중

주

1. 소장에는 5,000원의 인지를 붙인다.
2. 송달료는 당사자수×3,020(우편료)×4회분을 송달료취급은행에 납부하고 영수증을 첨부한다.
3. 관할법원은 사건본인의 주소지 관할법원의 전속관할이다.
4. 부동산목록은 근저당설정의 경우 특별대리인선임 양식을 참고한다.
5. 사건본인이 여러명인 경우에는 미성년자인 사건본인의 수만큼 특별대리인을 선임청구한다.
6. 날인은 인감이 아니어도 상관없다.

◨ 별 지

부동산의 표시
 1. 서울 ○○구 ○○동 ○○번지
     대지 ○○ 평방미터
 2. 위 지 상
    벽돌조 슬래브지붕 2층 단독주택
      지층 ○ ○ 평방미터
      1층 ○ ○ 평방미터
      2층 ○ ○ 평방미터

【서식】 특별대리인선임청구서(증여재산소유권이전등기를 위한)

특 별 대 리 인 선 임 청 구 서

청구인　　○ ○ ○　(000000 - 0000000)
　　　　　주민등록지 ○○시 ○○구 ○○동 ○○번지
　　　　　실제사는곳 ○○시 ○○구 ○○동 ○○번지
　　　　　등록기준지 ○○시 ○○구 ○○동 ○○번지
　　　　　전화 02-1234-4567　　휴대폰 010-1234-5678
　　　　　팩스 02-9876-5432　　이메일 : lawb@lawb.co.kr
사건본인(미성년자)　　○ ○ ○　(000000 - 0000000)
　　　　　주민등록지 ○○시 ○○구 ○○동 ○○번지
　　　　　실제사는곳 ○○시 ○○구 ○○동 ○○번지
　　　　　등록기준지 ○○시 ○○구 ○○동 ○○번지
　　　　　전화 02-1234-4567　　휴대폰 010-1234-5678
　　　　　팩스 02-9876-5432　　이메일 : lawb@lawb.co.kr
사건본인(미성년자)　　○ ○ ○　(000000 - 0000000)
　　　　　주민등록지 ○○시 ○○구 ○○동 ○○번지
　　　　　실제사는곳 ○○시 ○○구 ○○동 ○○번지
　　　　　등록기준지 ○○시 ○○구 ○○동 ○○번지
　　　　　전화 02-1234-4567　　휴대폰 010-1234-5678
　　　　　팩스 02-9876-5432　　이메일 : lawb@lawb.co.kr

청 구 취 지

　　청구인이 사건본인 ○○○, ○○○ 등 공유인 별지목록기재 부동산을 증여
에 인한 소유권이전등기를 함에 있어 ○○시 ○○구 ○○동 ○번지 ○○아파트
○동 ○호 ○○○를 사건본인 등의 특별대리인으로 선임한다.
　　라는 심판을 구합니다.

청 구 원 인

1. 청구인은 사건본인 등의 조부이며 법정후견인입니다.

2. 사건본인 ○○○과 같은 ○○○는 망부의 생존시 모와 협의이혼 등을 한
후

2. 망부가 사망한바, 그 장례비와 입원비 치료비 등으로 인하여 진 부채 약 600
   만원정을 상속받고 매월 그 이자지급 및 원금변제독촉에 심한 곤란을 당하
   고 있는 실정입니다.

3. 그런데 사건본인 ○○○과 같은 ○○○ 등의 공유인 별지목록기재 부동산에
   대하여 마침 원매자가 있어 매각하여 모든 채무를 정리하는 것이 옳다고 생
   각한바 이를 매각함에는 친족회의 동의가 필요함으로 청구인은 귀원에 ○○
   (   )○○로서 친족회의 선임 및 친족회 소집청구를 하여 그 심판을 받은 바
   있으나,

4. 그 심판문에 명시된 일시장소에서 친족회를 소집 개최한바 친족회원 전원은
   타에 매각하는 것보다 청구인에게 증여하고 수증인인 청구인은 위 부채 600
   만원을 책임지고 정리할 것은 물론 사건본인 등의 양육 및 교육을 책임지도
   록 하는 것이 가장 좋은 방법이라고 의견일치되어 청구인에게 증여하기로
   결의함으로써 청구인 명의로 증여에 인한 소유권이전등기를 하고자 하나 이
   는 청구인과 사건본인들간에 이해가 상반된 행위입니다.

5. 그러므로 사건본인 등의 조모인 ○○○를 동인 등의 특별대리인으로 선임을
   받고자 청구취지와 같은 심판을 구하는 바입니다.

첨 부 서 류

1. 가족관계증명서	1통
2. 가족관계증명서	1통(청구인분, 미성년자분)
3. 주민등록등본	1통
4. 결의서사본	1통
5. 심판등본	1통
6. 납부서	1통
7. 위임장	1통

20○○.   ○.   ○.

청구인 김 ○ ○ (날인 또는 서명)

○ ○ 가정법원(○ ○ 지방법원) 귀중

◼ 별 지

부동산의 표시

<1동의 건물의 표시>
○○시 ○○구 ○○동 ○번지, 동소 ○의 ○
동소 ○의 ○, 동소 ○의 ○
동소 ○의 ○, 동소 ○의 ○
동소 ○의 ○, 동소 ○의 ○
동소 ○의 ○, 동소 ○의 ○
　　위 8지상 ○○주택 ○동
<전유부분의 건물의 표시>
건물의 표시 ○-○-○○
구조 철근콘크리트조
면적 1층 ○○호 62.27 평방미터
지하실 10.38 평방미터

<대지권의 토지의 표시>
1. ○○시 ○○구 ○○동 ○번지 대 8.165 평방미터
2. 　　동　　　소　　　　대 41.824 평방미터
3. 　　동　　　소　　　　대 4.202 평방미터
4. 　　동　　　소　　　　대 476 평방미터
5. 　　동　　　소　　　　대 229 평방미터
6. 　　동　　　소　　　　대 617 평방미터
7. 　　동　　　소　　　　대 93 평방미터
8. 　　동　　　소　　　　대 648 평방미터
대지권의 종류 1 - 8 소유권
대지권의 비율 56.254분지 69.90

【서식】특별대리인선임청구서(부동산증여를 위한)

특 별 대 리 인 선 임 청 구 서

청구인　　○ ○ ○　(000000 - 0000000)
　　　　　주민등록지 ○○시 ○○구 ○○동 ○○번지
　　　　　실제사는곳 ○○시 ○○구 ○○동 ○○번지
　　　　　등록기준지 ○○시 ○○구 ○○동 ○○번지
　　　　　　전화 02-1234-4567　　휴대폰 010-1234-5678
　　　　　　팩스 02-9876-5432　　이메일 : lawb@lawb.co.kr
사건본인(미성년자)　　○ ○ ○　(000000 - 0000000)
　　　　　주민등록지 ○○시 ○○구 ○○동 ○○번지
　　　　　실제사는곳 ○○시 ○○구 ○○동 ○○번지
　　　　　등록기준지 ○○시 ○○구 ○○동 ○○번지
　　　　　　전화 02-1234-4567　　휴대폰 010-1234-5678
　　　　　　팩스 02-9876-5432　　이메일 : lawb@lawb.co.kr

청 구 취 지

　　청구인이 사건본인 ○○○ 지분소유의 별지기재 부동산을 증여함에 있어
○○시 ○○구 ○○동 ○번지의 ○ ○○○를 사건본인의 특별대리인으로 선임
한다.
　　라는 심판을 구합니다.

청 구 원 인

　　청구인은 사건본인 ○○○의 생부로서 사건본인 지분소유의 별지기재 부
동산을 청구인의 자 ○○○에게 증여하려고 하나 이는 청구인과 사건본인간에
이해상반되는 행위이므로 사건본인의 백부 ○○○를 특별대리인으로 선임받고
자 이를 청구하는 바입니다.

첨 부 서 류

　　1. 가족관계증명서　　　　　　　　　　　　　　　　2통

　　2. 주민등록등본　　　　　　　　　　　　2통
　　3. 부동산등기부등본　　　　　　　　　　1통
　　4. 납부서　　　　　　　　　　　　　　　1통
　　5. 위임장　　　　　　　　　　　　　　　1통

　　　　　　　　20○○.　　○.　　○.

　　위 청구인　　○ ○ ○　　(날인 또는 서명)

　　　　　　　　○ ○ 가정법원(○ ○ 지방법원) 귀중

제922조 【친권자의 주의의무】

친권자가 그 자에 대한 법률행위의 대리권 또는 재산관리권을 행사함에는 자기의 재산에 관한 행위와 동일한 주의를 하여야 한다.

■ [요약] 922. 재산관리, 대리권행사에 대한 주의의무

·친권자는 미성년인 자의 재산에 관한 법률행위의 대리권 또는 재산관리를 행사함에는 자기의 재산에 관한 행위와 동일한 주의로써 하여야 한다.

친권자의 관리권은 원칙적으로 자의 일체의 재산에 미친다. 다만 친권자와 그 자 사이에 이익이 상반되는 행위(예컨대 친권자가 자기 채무를 위하여 자의 부동산에 저당권을 설정하는 것과 같은 경우)에 대해서는 친권자에게 대리권이 없고, 친권자는 자를 위하여 법원에 그 자의 특별대리인의 선임을 신청하여, 그 특별대리인을 상대로 하여 거래하여야 한다(제921조 1항).

친권자가 자의 재산을 관리하는 관계는 위임과 유사한 관계에 있다고 생각할 수 있다.

친권은 친자 사이의 밀접한 관계를 기초로 하기 때문에 민법은(친권자가 재산관리권을 행사함에 있어서는)「자기의 재산에 관한 행위와 동일한 주의」로써 하여야 한다(이 점은 후견인과 다르다)고 규정하였으며, 또 친권종료시에 행하는 관리계산에 대해서도 자의 재산으로부터 수취한 과실과 그 자의 양육 및 재산관리비용과 상계한 것으로 본다고 하여 친권자의 엄밀한 계산의무를 면제하고 있다(제923조, 이에 반하여 후견에는 계산에 대하여 감독적 제한이 가해지고 있다). 이것은 자연의 애정을 담보로 한 것이라고 할 수 있다.

친권자가 이 주의의무에 위반하여 자에게 손해를 주면 손해배상의 책임을 진다. 이 책임은 불법행위상의 책임이라고 보는 것이 좋을 것이다. 부적당한 관리는 이 경우에 따라 대리권과 재산관리권의 상실원인이 된다(제925조).

◆ 친권자의 권한 소멸시 계산의무

제923조【재산관리의 계산】

① 법정대리인인 친권자의 권한이 소멸한 때에는 그 자의 재산에 대한 관리의 계산을 하여야 한다.

② 전항의 경우에 그 자의 재산으로부터 수취한 과실은 그 자의 양육, 재산관리의 비용과 상계한 것으로 본다. 그러나 무상으로 자에게 재산을 수여한 제3자가 반대의 의사를 표시한 때에는 그 재산에 관하여는 그러하지 아니하다.

■ [요약] 923. 재산관리권의 종료

·법정대리인 친권자의 권한이 소멸한 때에는 그 자의 재산에 대한 관리의 계산을 하여야
한다.
·즉 재산관리에 대하여 행하여 온 수지의 계산을 명백히 하고, 자의 현존재산이 얼마인가
를 확정하여 보고하여야 한다
·그 때에 그 자의 재산으로부터 수취한 과실은 그 자의 양육, 재산관리의 비용과 상계한
것으로 본다.
·그러나 무상으로 자에게 재산을 수여한 제3자는 친권자의 수익권을 부정할 수 있으며,
그때에는 친권자는 그 재산으로부터 수취한 과실을 자의 양육재산권리비용과 상계할 수
없다.

친권자의 권한이 소멸한 때(자가 성년자가 된 때, 친권자가 친권상실선고를 받은 때 등)에는 그 동안 자의 재산을 관리하면서 생긴 수입과 지출 등을 정확하게 계산하고, 현재의 재산상황을 확정하여 보고하여야 한다(제923조 1항).

친권자의 재산관리권은 자의 재산상의 수익권까지를 포함할 것인가?

본조 2항(본문)이 「그 자의 재산으로부터 수취한 과실은 그 자의 양육 및 재산관리의 비용과 상계한 것으로 본다」고 규정하고 있는 점으로 미루어 수익의 잉여는 친권자의 소득으로 해석하는 견해가 있다.

그러나 「상계」는 어떤 채권과 이에 대한 반대채권을 대등한 액에서 소멸시킨다는 것을 의미하는 것이기 때문에, 이 단어를 근거로 하여 친권자의 수익권을 인정하는 것은 타당한 해석이라고 할 수 없고, 더욱이 수익권을 인정하려면 부당하게 자의 이익을 해하는 결과를 초래하게 되므로, 자를 위한 친자법의 기본정신에 반하게 된다.

그래서 최근에는 친권자의 수익권을 부정하는 견해가 유력하다. 즉 자를 위한 친자법에서는 재산관리권도 또한 자의 복지를 위한 제도로 생각하여야 하는 까닭에 친권자가 자의 재산관리비용과 자의 양육비용의 지급이상의 수익을 자기 몫으로 할 수 없고, 자의 재산으로 남겨두었다가 자가 성장한 후 자에게 인도하여야 한다는 것이다.

그리고 현행법의 해석으로는 친권자는 자가 성년에 달하였을 때 현존하고 있는 재산의 전부를 자에게 반환하여야 하지만, 양육과 관리비용을 지급하고 남은 재산만이라도 상관이 없다(그러나 이러한 비용을 명확하게 계산한다는 것은 현실적으로 매우 곤란할 것이다)는 것이 본조 2항에서 말하는 「상계」의 취지라고 해석하게 된다(이 점에 대해서 독일민법 제1649조는 친권자의 수익권을 부정하면서 수익의 잉여분을 친권자자신 및 생활을 공동으로 하고 있는 미혼인 미성년의 형제자매의 생활비에 충당할 수 있는 길을 열고 있다. 친권자의 수익권이 나아갈 방향으로써 고려할 가치가 있다). 무상으로 자에게 재산을 수여한 자3자가 상계금지의 의사표시를 한 때에는 친권자는 그 재산에 대하여는 양육·재산관리비용과 상계하지 못한다.

제5절   친권의 상실

친권은 자의 복리를 지키기 위한 의무적 성격을 내용으로 하므로 친권자가 친권행사에 부적당하여 자의 이익을 해하는 경우에는 이것을 강제적으로 박탈하는 것을 인정하였다. 이것이 친권상실의 제도이다.

◈ 친권상실의 선고원인

제924조 【친권상실의 선고】

부 또는 모가 친권을 남용하거나 현저한 비행 기타 친권을 행사시킬 수 없는 중대한 사유가 있는 때에는 법원은 제777조의 규정에 의한 자의 친족 또는 검사의 청구에 의하여 그 친권의 상실을 선고할 수 있다.

■ [요약] 924. 친권의 상실

·친권상실의 원인은 친권남용, 현저한 비행 기타 친권을 행사할 수 없는 중대한 사유이다
·친권상실선고는 §777의 규정에 의한 친족 또는 검사, 서울특별시장 또는 도지사의 청구에 의하여 가정법원이 한다(본조, 아동복지법 §15)
·관련법조 : [상실선고와 신고] 가족관계등록법 §79②, [친권상실선고] 가소 §2①마-6

1. 친권의 상실원인

친권의 전부를 박탈하는 데에는 친권자에게 친권의 남용·현저한 비행 기타 친권을 행사할 수 없는 중대한 사유가 있어야 한다.

공동친권인 경우 이러한 원인무효의 판단은 부·모를 나누어 생각하여야 하고, 상실선고 또한 따로따로 행하여야 한다. 수인의 자에 대한 친권을 행사하는 경우에는 그 중 1인에 대한 친권상실만을 선고할 수 있다.

친권은 미성년자인 자의 양육과 감호 및 재산관리를 적절히 함으로써 그의 복리를 확보하도록 하기 위한 권리이자 의무의 성질을 갖는 것으로서, 친권상실사유의 해당 여부를 판단함에 있어서도 친권의 목적이 자녀의 복리보호에 있다는 점이 판단의 기초가 되어야 한다(대결 1993. 3. 4. 93스3).

(1) 친권의 남용

가. 의 의

친권의 남용이란 친권 본래의 목적인 자의 복리실현을 현저히 반하는 방식으로 친권을 행사하는 것을 말한다.

친권의 남용으로 인정되기 위해서는 친권자의 고의 또는 과실이 요구되는지에 관해서는 견해가 대립된다. 부모로서의 의무를 게을리 하여 자의 복리를 위태롭게 한 때에는 당연히 과실이 인정된다고 보아야 할 것이다.

나. 친권남용에 해당하는 사례

1) 친권자인 생부가 생모와 혼인 외의 출생자를 유기하여 오다가 생모가 생부를 상대로 양육비 청구를 하자 이에 대항하기 위하여 유아인도청구를 하는 행위(대판 1979. 7. 10. 79므5).

2) 자의 유일한 재산을 아무런 대가를 받지 않고 증여한 행위

친권자인 모가 미성년자인 자의 법정대리인으로서 자의 유일한 재산을 아무런 대가도 받지 않고 증여하였고 상대방이 그 사실을 알고 있었던 경우, 그 증여행위는 친권의 남용을 위한 것이므로 무효이다(대판 1997. 1. 243. 96다43928).

(2) 친권자의 이익을 위하여 자의 재산을 처분하는 행위

부와 자녀들을 두고 가출한 후 자녀들을 찾아오지 않았던 모가 부의 교통사고에 대한 보상금을 전부 수령하여 소비한 경우 친권상실의 사유가 된다(대판 1991. 12. 10. 91므641).

(3) 현저한 비행

상습적인 도박이나 범죄 등 친권자의 품행에 심각한 문제가 있어서 그러한 친권자에게 자의 보호와 교양을 맡기는 것이 자의 복리를 현저히 침해할 우려가 있는 때에는 친권을 상실시킬 수 있다.

판례는 친권자에게 간통 등의 비행이 있어 자녀들의 정서나 교육 등에 악영향을 줄 여지가 있다 하더라도 친권의 대상인 자녀의 나이나 건강상태를 비롯하여 관계인들이 처해 있는 여러 구체적 사정을 고려하여 비행을 저지른 친권자를 대신하여 다른 사람으로 하여금 친권을 행사하거나 후견을 하게 하는 것이 자녀의 복리를 위하여 보다 낫다고 인정되는 경우가 아니라면 섣불리 친권상실을 인정하여서는 안된다고 하였다(대결 1993. 3. 4. 93

스3).

과거에 현저한 비행에 해당하는 사실이 있었다고 해도 이미 그와 같은 사유가 소멸하여 현재는 친권상실의 원인이 존재하지 않고, 자의 보호·교양에 힘쓰고 있다면 과거의 사정을 이유로 하여 친권을 상실시킬 수 없다(대판 1957. 2. 21. 4289민상645).

(4) 기타 친권을 행사시킬 수 없는 중대한 사유

객관적인 사정에 비추어 볼 때 친권자에게 자의 적절한 보호와 교양을 기대할 수 없는 경우에는 "친권을 행사시킬 수 없는 중대한 사유"가 있는 것으로 보아서 친권을 상실시킬 수 있다.

2. 친권상실 절차

(1) 친권상실선고의 청구

가. 청구권자 및 상대방

친권상실 사유가 있는 것에서 법원은 자(子)의 8촌 이내의 혈족, 4촌 이내의 인척(제777조) 또는 검사의 청구에 의하여 그 친권의 상실을 선고할 수 있다(제924조).

또한 아동복지법 제12조에 의하여 시·도지사, 사장·군수·구청장도 친권상실선고를 청구할 수 있다. 친권상실선고를 청구하고자 하는 경우에는 먼저 조정을 신청하여야 한다(가사소송법 제2조 1항 마류사건). 청구의 상대방은 친권자이다.

나. 사전처분

친권(또는 친권 중 법률행위의 대리권 및 재산관리권) 상실에 관한 심판청구 또는 조정의 신청이 있는 경우에 가정법원·조정위원회 또는 조정담당판사는 사건의 해결을 위하여 특히 필요하다고 인정한 때에는 직권 또는 당사자의 신청에 의하여 상대방 기타 관계인에 대하여 현상을 변경하거나 물건을 처분하는 행위의 금지를 명할 수 있고, 사건에 관련된 재산의 보존을 위한 처분, 관계인의 감호와 양육을 위한 처분 등 적당하다고 인정되는 처분을 할 수 있다(가사소송법 제62조 1호). 가정법원이 할 수 있는 사전처분에는 친권행사의 정지가 포함된다. 가정법원이 사전처분으로 친권행사를 정지시키는 때에는 심판의 확정시까지 친권을 행사할 대행자를 지정하여야 한다(가사소송법 제102조 2항). 그러나 이러한 처분은 집행력을 갖지 않으며(동법 제62조 5항) 이에 위반할 경우 과태료의 제재를 받게 될 뿐이다(동법 제67조 1항).

(2) 법원의 심판

법률행위의 대리권·재산관리권의 상실선고를 청구한 경우에 친권상실선고의 사유가 있다고 판단하여 친권상실선고를 할 수 없지만, 반대로 친권상실선고를 청구하였는데, 법률행위의 대리권·재산관리권 상실의 사유만이 인정되는 경우에는 친권상실의 선고 대신 법률행위의 대리권·재산관리권의 상실선고를 할 수 있다.

친권상실의 효과는 법원의 심판의 확정에 의하여 생긴다(형성적 심판).

친권상실선고의 심판에 대해서는 상대방이 즉시항고할 수 있다.

3. 친권상실심판의 효과 및 신고

(1) 효 과

친권상실을 선고한 심판이 확정되면, 당해 친권자의 친권은 소멸한다. 공동친권자인 부모의 일방이 친권상실선고를 받은 때에는 다른 일방이 단독친권자가 되며, 공동친권자인 부모 쌍방이 모두 친권상실선고를 받거나 단독친권자가 친권상실선고를 받은 경우에는 후견이 개시된다.

(2) 친권상실의 신고

친권상실의 재판이 확정된 때에는 그 재판을 청구한 사람이 그 내용을 신고하여야 한다(가족관계등록법 제79조 2항).

▣ 핵심판례 ▣

■ [친권상실의 선고]

1. 가. 친권상실선고에 있어 고려하여야 할 요소

친권은 미성년인 자의 양육과 감호 및 재산관리를 적절히 함으로써 그의 복리를 확보하도록 하기 위한 부모의 권리이자 의무의 성격을 갖는 것으로서, 민법 제924조에 의한 친권상실선고사유의 해당 여부를 판단함에 있어서도 친권의 목적이 자녀의 복리보호에 있다는 점이 판단의 기초가 되어야 하고,설사 친권자에게 간통 등의 비행이 있어 자녀들의 정서나 교육 등에 악영향을 줄 여지가 있다 하더라도 친권의 대상인 자녀의 나이나 건강상태를 비롯하여 관계인들이 처해 있는 여러 구체적 사정을 고려하여 비행을 저지른 친권자를 대신하여 다른 사람으로 하여금 친권을 행사하거나 후견을 하게 하는 것이 자녀의 복리를 위하여 보다 낫다고 인정되는 경우가 아니라면 섣불리 친권상실을 인정하여서는 안 된다.

나. 자녀들의 양육과 보호에 관한 의무를 소홀히 하지 아니한 모의 간통행위로 말미암아 부가 사망하는 결과가 초래된 사실만으로써는 모에 대한 친권상실선고사유에 해당한다고 볼 수 없다 한 사례

자녀들의 양육과 보호에 관한 의무를 소홀히 하지 아니한 모의 간통행위로 말미암아 부가 사망하는 결과가 초래된 사실만으로써는 모에 대한 친권상실선고사유에 해당한다고 볼 수 없다(1993. 3. 4. 제3부(사) 결정 93스3 친권상실).

2. 친권상실선고의 청구권을 포기하는 계약의 효력 여부

친권은 당사자가 임의로 포기하거나 사퇴할 수 있는 것이 아니고, 친권 등의 상실선고청구권의 포기도 허용되지 않는다(대판 1977. 6. 7. 76므34).

3. 남편 등과의 불화로 집을 나가 별거한 이후 남편이 교통사고로 사망하자 보상금을 전부 수령하여 거의 다 소비하여 버리는 등 자녀들의 부양에 대하여 전혀 노력하지 않는 모에게 자식들에 대한 친권을 행사시킬 수 없는 중대한사유가 있다고 본 사례

모가 남편 및 그 시부모들과의 불화로 남편과 자식들을 남겨두고 집을 나가 별거한 이후에는 전혀 자녀들을 돌보지 않았을 뿐 아니라 남편이 교통사고로 사망하게 되었는데도 그 장례식에 참석하지도 않았고 장래문제를 의논하러 자녀들이 찾아가도 만나주지도 않으면서 남편의 교통사고에 대한 보상금을 전부 수령하여 거의 다 소비하여 버리는 등 자녀들의 부양에 대하여 전혀 노력하지 않고 있고, 자녀들도 동거시 자신들에게 가혹하게 대하였던 모를 불신하며 현재와 같이 할아버지 밑에서 보호양육되기를 희망하고 있다면, 모에게 자식들에 대한 친권을 행사시킬 수 없는 중대한 사유가 있다고 본 사례(대법원 1991. 12. 10. 선고 91므641 판결).

◘ 재혼한 어머니가 친권자가 될 수 있는지

【질의】 ➡ 3년 전 부모님이 이혼한 후 어머니는 재혼하였고, 저는 18세의 학생으로서 아버지, 할머니와 함께 살고 있었습니다. 그러던 6개월 전 아버지가 교통사고로 사망하자 어머니는 저의 친권자임을 주장하며 제 앞으로 나온 아버지의 사망보상금을 수령·관리할 권한이 있다고 합니다. 할머니는 저의 앞날을 걱정하며 어찌할 줄 모르고 있는데, 대처할 방법이 없는지요?

【답변】 ➡ 아버지의 사망으로 인한 손해배상금은 귀하에게 귀속되는 것이나, 귀하는 아직 미성년자이므로 그 재산을 관리할 친권자 또는 후견인이 있어야 합니다. 현행 민법에 의하면 이 경우 귀하에 대한 친권자는 설사 재혼을 하였더라도 귀하의 어머니가 되므로 손해배상금을 수령·관리하겠다는 재혼한 어머니의 주장은 일응 타당하다 할 것입니다.

그러나 부 또는 모가 친권을 남용하거나 현저한 비행 기타 친권을 행사시킬 수 없는 중대한 사유가 있을 때에는 법원은 「민법」 제777조의 규정에 의한 자(子)의 친족 또는 검사의 청구에 의하여 그 친권의 상실을 선고할 수 있고, 법정대리인인 친권자가 부적당한 관리로 인하여 자의 재산을 위태하게 한 때에는 법원은 「민법」 제777조의 규정에 의한 자의 친족의 청구에 의하여 그 법률행위의 대리권과 재산관리권의 상실을 선고할 수 있도록 하고 있으므로(민법 제924조, 제925조), 이러한 절차를 통해 재혼한 어머니의 친권행사를 막을 수는 있습니다.

그런데 어떤 행위가 '친권의 남용' 혹은 '현저한 비행'이 되느냐 하는 것은 구체적 사안에 따라 판단되어야 할 구체적인 문제이고, 획일적인 기준이 있는 것은 아닙니다.

친권의 남용은 친권자로서의 양육, 재산관리 등의 권리의무를 부당하게 행사하여 자의 복지를 해하는 것입니다. 즉, 외관상 친권자가 자의 재산을 부당하게 처분하는 것으로 보이더라도 친권자의 그 동기가 병을 치료하기 위한 것이나, 자의 적당한 생활 및 교육을 위한 것이었다면 친권남용이라고 보지 않습니다. 현저한 비행에 해당하는 경우로는 성적 품행(性的品行)이 나쁘거나, 음주·도박 등으로 인하여 자의 보호·교육에 해(害)가 되고, 자에게 불이익을 주는 경우라고 할 수 있습니다. 기타 친권을 행사시킬 수 없는 중대한 사유로는 장기간 자녀를 보호·양육하지 않고 방치한 경우나, 장기간 행방불명인 경우가 이에 해당될 수 있습니다.

친권상실선고에 있어 고려하여야 할 요소에 관한 판례를 보면, "친권은 미성년인 자의 양육과 감호 및 재산관리를 적절히 함으로써 그의 복리를 확보하도록 하기 위한 부모의 권리이자 의무의 성격을 갖는 것으로서, 민법 제924조에 의한 친권상실선고사유의 해당여부를 판단함에 있어서도 친권의 목적이 자녀의 복리보호에 있다는 점이 판단의 기초가 되어야 하고, 설사 친권자에게 간통 등의 비행이 있어 자녀들의 정서나 교육 등에 악영향을 줄 여지가 있다 하더라도 친권의 대상인 자녀의 나이나 건강상태를 비롯하여 관계인들이 처해 있는 여러 구체적 사정을 고려하여 비행을 저지른 친권자를 대신하여 다른 사람으로 하여금 친권을 행사하거나 후견을 하게 하는 것이 자녀의 복리를 위하여 보다 낫다고 인정되는 경우가 아니라면 섣불리 친권상실을 인정하여서는 안되고, 자녀들의 양육과 보호에 관한 의무를 소홀히 하지 아니한 모의 간통행위로 말미암아 부가 사망하는 결과가 초래된 사실만으로써는 모에 대한 친권상실선고사유에 해당한다고 볼 수 없다."라고 하였습니다(대법원 1993. 3. 4.자 93스3 결정).

또한, 과거에 다른 남자들과 불의의 관계를 맺은 일이 있었으나 현재는 이를 끊고 그 자녀의 감호·양육에 힘쓰고 있는 경우에는 그러한 사실만으로 현저한 비행 또는 친권남용이라 할 수 없다고 하였습니다(대법원 1959. 4. 16. 선고 4291민상659 판결).

친권상실청구의 소송을 제기한 경우 판결이 있을 때까지는 상당한 시일을 요하므로 자의 이익을 위하여 필요한 경우 법원은 신청에 의하여 친권자의 친권행사를 정지시키거나, 친권대행자를 선임하는 사전처분(가사소송법 제62조)을 할 수 있습니다.

친권상실의 선고가 있으면, 후견이 개시되는데, 귀하의 할머니가 유일한 직계존속이거나 직계존속 중 가장 연장자라면 귀하의 법정후견인이 됩니다(민법 제932조, 제935조).

참고로 친권상실에 이르지 않은 친권남용의 경우에 관한 판례를 보면, "친권자인 모(母)가 미성년자인 자(子)의 법정대리인으로서 자의 유일한 재산을 아무런 대가도 받지 않고 증여하였고 상대방이 그 사실을 알고 있었던 경우, 그 증여행위는 친권의 남용에 의한 것이므로 그 효과는 자(子)에게 미치지 않고, 이러한 경우 친권자의 법정대리권의 남용으로 인한 법률행위의 효과가 미성년인 자(子)에게 미치지 아

니한다고 하여 그 친권자의 친권이 상실되어야 하는 것은 아니며, 친
권자가 자(子)의 법정대리인으로서 소송대리인을 선임하여 그 증여에
기하여 이루어진 소유권이전등기의 말소를 구하는 소를 제기하였다
고 하여 이를 금반언의 원칙에 어긋난 것으로 볼 수도 없다."라고 한
바 있습니다(대법원 1997. 1. 24. 선고 96다43928 판결).　[법률구조공단자
료. 참고만 하세요]

【서식】 친권상실, 법률행위대리권·재산관리권(상실, 사퇴)신고서

□친권상실 □법률행위대리권 · 재산관리권(□상실 □사퇴)신고서

※아래의 작성방법을 읽고 기재하시되 선택항목은 해당번호에 "○"으로 표시하여 주시기 바랍니다.

<table>
<tr><td rowspan="16">① 미성년자</td><td>등록기준지</td><td colspan="3"></td><td>출생연월일</td><td></td></tr>
<tr><td>주소</td><td colspan="5"></td></tr>
<tr><td>성명</td><td>한글</td><td>한자</td><td></td><td>주민등록번호</td><td>-</td></tr>
<tr><td>등록기준지</td><td colspan="3"></td><td>출생연월일</td><td></td></tr>
<tr><td>주소</td><td colspan="5"></td></tr>
<tr><td>성명</td><td>한글</td><td>한자</td><td></td><td>주민등록번호</td><td>-</td></tr>
<tr><td>등록기준지</td><td colspan="3"></td><td>출생연월일</td><td></td></tr>
<tr><td>주소</td><td colspan="5"></td></tr>
<tr><td>성명</td><td>한글</td><td>한자</td><td></td><td>주민등록번호</td><td>-</td></tr>
<tr><td>등록기준지</td><td colspan="3"></td><td>출생연월일</td><td></td></tr>
<tr><td>주소</td><td colspan="5"></td></tr>
<tr><td>성명</td><td>한글</td><td>한자</td><td></td><td>주민등록번호</td><td>-</td></tr>
<tr><td rowspan="3">② 권리상실(사퇴자)</td><td>등록기준지</td><td colspan="3"></td><td>출생연월일</td><td></td></tr>
<tr><td>주소</td><td colspan="5"></td></tr>
<tr><td>성명</td><td>한글</td><td>한자</td><td></td><td>주민등록번호</td><td>-</td></tr>
<tr><td colspan="2">③ 재판확정일자</td><td colspan="2">년 월 일</td><td>법원명</td><td></td><td></td></tr>
<tr><td colspan="2">④ 기 타 사 항</td><td colspan="5"></td></tr>
<tr><td rowspan="3">⑤ 신고인</td><td>성 명</td><td colspan="2">㊞(서명 또는 무인)</td><td>주민등록번호</td><td>-</td></tr>
<tr><td>자 격</td><td colspan="5">□소 제기자　□법정대리인　□기타(의 자격 :　　　)</td></tr>
<tr><td>주 소</td><td colspan="2"></td><td>전화</td><td>이메일</td><td></td></tr>
</table>

작 성 방 법

①란 : 2명 이상의 미성년자인 자녀에 대해 신고가 있는 경우에는 순서대로 적으시면 됩니다.
　　　·법 제25조제2항에 따라 주민등록번호란에 주민등록번호를 기재한 때에는 출생연월일의 기재를 생략할 수 있습니다.
④란 : 기타 사항은 가족관계등록부에 기록을 분명하게 하는데 특히 필요한 사항을 기재합니다.

첨 부 서 류

1. 상실을 원인으로 할 경우에는 재판서등본 및 확정증명서 각 1부.
2. 사퇴를 원인으로 할 경우에는 허가심판서등본 1부.
3. 당사자의 가족관계등록부의 기본증명서, 가족관계증명서 각 1통(전산정보처리조직에 의하여 그 내용을 확인할 수 있는 경우에는 첨부를 생략합니다).
4. 우편접수의 경우에는 신고인의 신분증명서 사본을 첨부하여야 합니다(신고인이 출석한 경우에는 출석한 신고인의 신분증명서에 의하여 신분을 확인하여야 하고 별도의 신분증명서 사본을 첨부할 필요가 없으나, 제출인이 출석한 경우에는 제출인의 신분증명서를 제시하여야 합니다).

제925조 【대리권, 관리권상실의 선고】

법정대리인인 친권자가 부적당한 관리로 인하여 자의 재산을 위태하게 한 때에는 법원은 제777조의 규정에 의한 자의 친족의 청구에 의하여 그 법률행위의 대리권과 재산관리권의 상실을 선고할 수 있다.

■ [요약] 925. 대리권과 재산관리권의 상실

·법정대리인인 친권자가 부적당한 관리로 인하여 자의 재산을 위태롭게 한 때는 §777의 규정에 의한 자의 친족의 청구에 의하여 가정법원이 그 법률행위의 대리권과 재산관리권의 상실을 선고한다
·이 경우에도 우선 가정법원에 조정을 신청하여야 한다
·관련법조 : [상실선고와 신고] 가족관계등록법 §79 ②

법정대리인인 친권자가 부적당한 관리로 인하여 자의 재산을 위태롭게 한 때에는 제777조에 의한 자의 친족의 청구에 의하여 가정법원이 법률행위의 대리권과 재산관리권의 상실을 선고한다(제925조).

관리권을 박탈하기 위해서는 친권자의 부적당한 관리로 인하여 자의 재산을 위태롭게 한 사실이 있어야 한다. 관리권만의 상실선고를 받은 채권자는 이후에는 관리권이 없으므로 사실상 보호권만을 행사할 수 있게 된다.

공동친권의 경우에는 이후 재산관리권은 다른 일방이 단독으로 행사하게 되고, 단독친권의 경우에는 재산관리권에 대해

후견인 개시된다(제928조).

대리권·재산관리권 상실선고를 청구하려면 우선 가정법원에 조정을 신청하여야 한다(가소 제2조 1항 마류사건 6호, 50조). 청구권자는 자의 친족(제777조)이다. 자는 직접 당사자가 되지 않는다. 이러한 경우에 친권은 자의 신분에 관한 것과 재산에 관한 것으로 나누어 친권자와 후견인에서 분속하게 된다.

관리권의 상실에 관한 재판이 확정되면 그 재판을 청구한 사람이 그 내용을 신고하여야 한다(가족관계등록법 제79조 2항).

◈ 친권, 대리권, 재산관리권의 회복

제926조【실권회복의 선고】

전2조의 원인이 소멸한 때에는 법원은 본인 또는 제777조의 규정에 의한 친족의 청구에 의하여 실권의 회복을 선고할 수 있다.

■ [요약] 926. 실권회복

·친권상실과 대리권, 관리권 상실의 원인이 없어졌을 때에는 가정법원은 본인 또는 §777의 규정에 의한 친족의 청구에 의하여 실권회복을 선고할 수 있다
·이 경우에도 가정법원에 우선 조정을 신청하여야 한다
·실권회복에 관한 소의 상대방은 현재 친권, 법률행위대리권 및 재산관리권을 행사하는 자 또는 후견인이 될 것이다
·관련법조 : [실권회복과 신고] 가족관계등록법 §79 ②

친족상실과 대리권·관리권의 상실, 즉 친권박탈의 원인이 소멸한 때에는 가정법원은 본인 또는 제777조의 규정에 의한 친족의 청구에 의하여(검사는 포함되지 않는다) 실권회복을 선고할 수 있다.

실권회복의 선고에 의하여 친권은 당연히 회복된다. 단독친권으로 되어 있었으면 공동친권이 되고, 후견이 개시되어 있었으면 후견은 당연히 종료된다. 이 경우에도 가정법원이 우선 조정을 신청하여야 한다(가사소송법 제2조 1항, 마류사건 6호 50조).

실권회복에 관한 소의 상대방은 현재 친권, 법률행위대리권 및 재산관리권을 행사하는 자 또는 후견인이다. 다만 실권자가 친권을 회복할 여지가 없는 경우, 예컨대 자가 성년에 달한 경우 등에는 청구를 허용해서는 안된다. 실권선고의 원인이 소멸하였는가의 여부는 가정법원이 구체적인 사안에 관하여 판정한다. 가정법원이 실권선고의 원인이 소멸하였다고 인정하면 실권의 회복을 선고하고 소멸하지 않았다고 인정하면 그 청구를 기각한다.

실권회복선고의 심판에 대해서는 자의 친족이 즉시항고를 할 수 있다(가사소송법 제103조).

친권이나 관리권의 회복에 관한 재판이 확정된 때에는 그 재판을 청구한 사람이 그 내용을 신고하여야 한다(가족관계등록법 제79조 2항).

【서식】 친권상실회복, 법률행위대리권·재산관리권(상실, 사퇴)회복 신고서

□친권상실회복 □법률행위대리권 · 재산관리권(□상실 □사퇴)회복신고서

※아래의 작성방법을 읽고 기재하시되 선택항목은 해당번호에 "O"으로 표시하여 주시기 바랍니다.

① 미성년자	등록기준지				출생연월일		
	주소						
	성명	한글		한자	주민등록번호		−
	등록기준지				출생연월일		
	주소						
	성명	한글		한자	주민등록번호		−
	등록기준지				출생연월일		
	주소						
	성명	한글		한자	주민등록번호		−
	등록기준지				출생연월일		
	주소						
	성명	한글		한자	주민등록번호		−
② 권리회복자	등록기준지						
	주소						
	성명	한글		한자	주민등록번호		−
③ 재판확정일자		년 월 일	법원명				
④ 기 타 사 항							
⑤ 신고인	성 명	㉑(서명 또는 무인)		주민등록번호		−	
	자 격	□소 제기자 □친권자 □기타(의 자격 :)					
	주 소		전화		이메일		

작 성 방 법

①란 : 2명 이상의 미성년자인 자녀에 대해 신고가 있는 경우에는 순서대로 적으시면 됩니다.
 · 법 제25조제2항에 따라 주민등록번호란에 주민등록번호를 기재한 때에는 출생연월일의 기재를 생략할 수 있습니다.
④란 : 기타 사항은 가족관계등록부에 기록을 분명하게 하는데 특히 필요한 사항을 기재합니다.

첨 부 서 류

1. 상실회복을 원인으로 할 경우에는 재판서등본 및 확정증명서 각 1부.
2. 사퇴회복을 원인으로 할 경우에는 허가심판서등본 1부.
3. 당사자의 가족관계등록부의 기본증명서, 가족관계증명서 각 1통(전산정보처리조직에 의하여 그 내용을 확인할 수 있는 경우에는 첨부를 생략합니다).
4. 우편접수의 경우에는 신고인의 신분증명서 사본을 첨부하여야 합니다(신고인이 출석한 경우에는 출석한 신고인의 신분증명서에 의하여 신분을 확인하여야 하고 별도의 신분증명서 사본을 첨부할 필요가 없으나, 제출인이 출석한 경우에는 제출인의 신분증명서를 제시하여야 합니다).

제927조 【대리권, 관리권의 사퇴와 회복】

① 법정대리인인 친권자는 정당한 사유가 있는 때에는 법원의 허가를 얻어 그 법률행위의 대리권과 재산관리권을 사퇴할 수 있다.

② 전항의 사유가 소멸한 때에는 그 친권자는 법원의 허가를 얻어 사퇴한 권리를 회복할 수 있다.

■ [요약] 927. 대리권, 관리권의 사퇴와 회복

·친권자는 부 또는 모를 불문하고 정당한 사유가 있는 때에는 가정법원의 허가를 얻어서 그 법률행위의 대리권과 재산관리권을 사퇴할 수 있다.
·정당한 사유로서는 해외여행과 같은 장기부재나 중병 또는 복역등이 해당된다.
·사퇴의 사유가 소멸하면 가정법원의 허가를 얻어서 사퇴한 권리를 회복할 수 있다.
·관련법조 : [법원의 허가] 가소 §2①라12

본조는 친권의 사퇴에 관하여 규정한 것이다.

(1) 친권은 부모의 의무이므로 자의로 사퇴하는 것을 허용할 수 없다. 그러나 이것은 자의 복지를 위하여 멋대로 친권을 포기하는 것을 방지하려는 취지이며, 친권의 사퇴를 절대적으로 금지한다는 것을 의미하는 것은 아니다.

민법은 정당한 사유가 있는 때(예컨대 장기부재, 중병, 복역 등)에는 가정법원의 허가를 얻어 그 법률행위의 대리권과 재산관리권을 사퇴할 수 있는 것으로 하고, 동시에 그러한 사유가 소멸한 때에는 가정법원의 허가

를 얻어서 사퇴한 권리를 회복할 수 있는 것으로 하고
있다.

신상보호권만을 사퇴하는 것은 허용되지 않는다. 보호
권 없는 관리권만 인정하는 것은 친권의 본질에 반하기
때문이다. 가정법원의 허가기준은 여기에서도 자의 이
익이 중심이 된다.

(2) 대리권과 재산관리권의 사퇴는 가족관계등록법상 신고
를 요한다(동법 제79조 2항).

여기의 신고는 혼인·인지신고와 마찬가지로 창설적 신
고이며, 가정법원의 사퇴선고에 의하여 사퇴의 효력이
발생하는 것은 아니다.

공동친권자의 일방이 대리권과 재산관리권을 사퇴한
경우에는 다른 일방의 단독관리로 되고, 공동친권자의
쌍방 또는 단독친권자가 사퇴한 경우에는 후견이 개시
되는 것은 친권상실의 경우와 동일하다.

(3) 대리권과 재산관리권을 사퇴한 후에 그 사퇴의 이유가
되었던 사유가 소멸한 경우에는 가정법원의 허가를 얻
어 사퇴한 권리를 회복할 수 있다.

대리권·관리권을 회복한 때에도 사퇴의 경우와 마찬가
지로 허가서의 등본을 첨부하여 그 취지를 신고하여야
한다. 이로써 친권자는 대리권·관리권을 행사할 수 있게
되고, 후견이 개시되어 있었던 경우에는 후견은 종료된
다.

【서식】 법률행위대리권 및 재산관리권사퇴청구서

<h2 align="center">법률행위대리권 및 재산관리권 사퇴청구서</h2>

청 구 인(사건본인)　　이 ○ ○ (000000 - 0000000)
　　　　　　　주민등록지 ○○시 ○○구 ○○동 ○○번지
　　　　　　　실제사는곳 ○○시 ○○구 ○○동 ○○번지
　　　　　　　등록기준지 ○○시 ○○구 ○○동 ○○번지
　　　　　　　전화 02-1234-4567　　휴대폰 010-1234-5678
　　　　　　　팩스 02-9876-5432　　이메일 : lawb@lawb.co.kr
사건본인(미성년자)　　김 ○ ○ (000000 - 0000000)
　　　　　　　주민등록지 ○○시 ○○구 ○○동 ○○번지
　　　　　　　실제사는곳 ○○시 ○○구 ○○동 ○○번지
　　　　　　　등록기준지 ○○시 ○○구 ○○동 ○○번지
　　　　　　　전화 02-1234-4567　　휴대폰 010-1234-5678
　　　　　　　팩스 02-9876-5432　　이메일 : lawb@lawb.co.kr

<h3 align="center">청 구 취 지</h3>

　　청구인이 사건본인 김○○를 위한 법률행위의 대리권 및 재산관리권을 사퇴함을 허가한다.
　　라는 심판을 구합니다.

<h3 align="center">청 구 원 인</h3>

1. 청구인은 사건본인 김○○의 친권을 행사하는 모입니다.
2. 청구인의 남편 김○○은 19○○.○.○. 위암으로 사망하였으므로 사건본인은 그 후 청구인의 친권에 복종하게 되었습니다.
3. 청구인은 약 2년 전부터 폐결핵으로 병고에 시달리고 있던 중 금번 친자의 주선으로 ○○요양원에서 치료를 받게 되었는데 완치를 하자면 장기간이 요하게 되어 사건본인 김○○를 할머니가 보호하기로 하였습니다.
4. 그러므로 청구인은 친권자로서의 의무를 다할 수 없으므로 법률행위의 대리권 및 재산관리권을 사퇴하기 위하여 이 청구를 하는 바입니다.

첨 부 서 류

1. 가족관계증명서   1통
2. 친권을 사임함에 충분한 이유서   1통
3. 주민등록등본   1통
4. 납부서   1통

20○○.   ○.   ○.

위 청구인   이 ○ ○ (날인 또는 서명)

○ ○ 가정법원 귀중

주 : 가사소송수수료규칙 제3조 제1항의 규정에 의한 수수료로서 인지 5,000원
과 소정의 송달료를 납부한다.

제3편. 관련법률

민 법

[시행 2012. 2. 10]
[법률 제11300호, 2012. 2. 10, 일부개정]
[시행 2013.7.1]
[법률 제11728호, 2013. 4. 5, 일부개정]

총 칙
제1장 통칙

제1조 【법원】 민사에 관하여 법률에 규정이 없으면 관습법에 의하고 관습법이 없으면 조리에 의한다.

제2조 【신의성실】 ①권리의 행사와 의무의 이행은 신의에 좇아 성실히 하여야 한다. ②권리는 남용하지 못한다.

제2장 인
제1절 능력

제3조 【권리능력의 존속기간】 사람은 생존한 동안 권리와 의무의 주체가 된다.

제4조 【성년기】 만20세로 성년이 된다.

제4조 【성년】 사람은 19세로 성년에 이르게 된다.
[전문개정 2011.3.7]
[시행일 : 2013.7.1]

제5조 【미성년자의 능력】 ①미성년자가 법률행위를 함에는 법정대리인의 동의를 얻어야 한다. 그러나 권리만을 얻거나 의무만을 면하는 행위는 그러하지 아니하다.
②전항의 규정에 위반한 행위는 취소할 수 있다.

제6조 【처분을 허락한 재산】 법정대리인이 범위를 정하여 처분을 허락한 재산은 미성년자가 임의로 처분할 수 있다.

제7조 【동의와 허락의 취소】 법정대리인은 미성년자가 아직 법률행위를 하기 전에는 전2조의 동의와 허락을 취소할 수 있다.

제8조 【영업의 허락】 ①미성년자가 법정대리인으로부터 허락을 얻은 특정한 영업에 관하여는 성년자와 동일한 행위능력이 있다.
②법정대리인은 전항의 허락을 취소 또는 제한할 수 있다. 그러나 선의의 제삼자에게 대항하지 못한다.

제9조 【한정치산의 선고】 심신이 박약하거나 재산의 낭비로 자기나 가족의 생활을 궁박하게 할 염려가 있는 자에 대하여는 법원은 본인, 배우자, 4촌이내의 친족, 후견인 또는 검사의 청구에 의하여 한정치산을 선고하여야 한다. <개정 1990.1.13>

제9조 【성년후견개시의 심판】 ①가정법원은 질병, 장애, 노령, 그 밖의 사유로 인한 정신적 제약으로 사무를 처리할 능력이 지속적으로 결여된 사람에 대하여 본인, 배우자, 4촌 이내의 친족, 미성년후견인, 미성년후견감독인, 한정후견인, 한정후견감독인, 특정후견인, 특정후견감독인, 검사 또는 지방자치단체의 장의 청구에 의하여 성년후견개시의 심판을 한다.
②가정법원은 성년후견개시의 심판을 할 때 본인의 의사를 고려하여야 한다.
[전문개정 2011.3.7]
[시행일 : 2013.7.1]

제10조 【한정치산자의 능력】 제5조 내지 제8조의 규정은 한정치산자에 준용한다.

제10조 【피성년후견인의 행위와 취소】 ①피성년후견인의 법률행위는 취소할 수 있다.
②제1항에도 불구하고 가정법원은 취소할 수 없는 피성년후견인의 법률행위의 범위를 정할 수 있다.
③가정법원은 본인, 배우자, 4촌 이내의 친족, 성년후견인, 성년후견감독인, 검사 또는 지방자치단체의 장의 청구에 의하여 제2항의 범위를 변경할 수 있다.
④제1항에도 불구하고 일용품의 구입 등 일상생활에 필요하고 그 대가가 과도하지 아니한 법률행위는 성년후견인이 취소할 수 없다.
[전문개정 2011.3.7]
[시행일 : 2013.7.1]

제11조 【한정치산선고의 취소】 한정치산의 원인이 소멸한 때에는 법원은 제9조에 규정한 자의 청구에 의하여 그 선고를 취소하여야 한다.

제11조 【성년후견종료의 심판】 성년후견개시의 원인이 소멸된 경우에는 가정법원은 본인, 배우자, 4촌 이내의 친족, 성년후견인, 성년후견감독인, 검사 또는 지방자치단체의 장의 청구에 의하여 성년후견종료의 심판을 한다.
[전문개정 2011.3.7]
[시행일 : 2013.7.1]

제12조 【금치산의 선고】 심신상실의 상태에 있는 자에 대하여는 법원은 제9조에 규정한 자의 청구에 의하여 금치산을 선고하여야 한다.

제12조 【한정후견개시의 심판】 ①가정법원은 질병, 장애, 노령, 그 밖의 사유로 인한 정신적 제약으로 사무를 처리할 능력이 부족한 사람에 대하여 본인, 배우자, 4촌 이내의 친족, 미성년후견인, 미성년후견감독인, 성년후견인, 성년후견감독인, 특정후견인, 특정후견감독인, 검사 또는 지방자치단체의 장의 청구에 의하여 한정후견개시의 심판을 한다.
②한정후견개시의 경우에 제9조제2항을 준용한다.
[전문개정 2011.3.7]
[시행일 : 2013.7.1]

제13조 【금치산자의 능력】 금치산자의 법률행위는 취소할 수 있다.

제13조 【피한정후견인의 행위와 동의】 ①가정법원은 피한정후견인이 한정후견인의 동의를 받아야 하는 행위의 범위를 정할 수 있다.
②가정법원은 본인, 배우자, 4촌 이내의 친족, 한정후견인, 한정후견감독인, 검사 또는 지방자치단체의 장의 청구에 의하여 제1항에 따른 한정후견인의 동의를 받아야만 할 수 있는 행위의 범위를 변경할 수 있다.
③한정후견인의 동의를 필요로 하는 행위에 대하여 한정후견인이 피한정후견인의 이익이 침해될 염려가 있음에도 그 동의를 하지 아니하는 때에는 가정법원은 피한정후견인의 청구에 의하여 한정후견인의 동의를 갈음하는 허가를 할 수 있다.
④한정후견인의 동의가 필요한 법률행위를 피한정후견인이 한정후견인의 동의 없이 하였을 때에는 그 법률행위를 취소할 수 있다. 다만, 일용품의 구입 등 일상생활에 필요하고 그 대가가 과도하지 아니한 법률행위에 대하여는 그러하지 아니하다.
[전문개정 2011.3.7]
[시행일 : 2013.7.1]

제14조 【금치산선고의 취소】 제11조의 규정은 금치산자에 준용한다.

제14조 【한정후견종료의 심판】 한정후견개시의 원인이 소멸된 경우에는 가정법원은 본인, 배우자, 4촌 이내의 친족, 한정후견인, 한정후견감독인, 검사 또는 지방자치단체의 장의 청구에 의하여 한정후견종료의 심판을 한다.
[전문개정 2011.3.7]
[시행일 : 2013.7.1]

제14조의2 【특정후견의 심판】 ①가정법원은 질병, 장애, 노령, 그 밖의 사유로 인한 정신적 제약으로 일시적 후원 또는 특정한 사무에 관한 후원이 필요한 사람에 대하여 본인,

배우자, 4촌 이내의 친족, 미성년후견인, 미성년후견감독인, 검사 또는 지방자치단체의 장의 청구에 의하여 특정후견의 심판을 한다.

②특정후견은 본인의 의사에 반하여 할 수 없다.

③특정후견의 심판을 하는 경우에는 특정후견의 기간 또는 사무의 범위를 정하여야 한다.

[본조신설 2011.3.7]

[시행일 : 2013.7.1]

제14조의3 【심판 사이의 관계】 ①가정법원이 피한정후견인 또는 피특정후견인에 대하여 성년후견개시의 심판을 할 때에는 종전의 한정후견 또는 특정후견의 종료 심판을 한다.

②가정법원이 피성년후견인 또는 피특정후견인에 대하여 한정후견개시의 심판을 할 때에는 종전의 성년후견 또는 특정후견의 종료 심판을 한다.

[본조신설 2011.3.7]

[시행일 : 2013.7.1]

제15조 【무능력자의 상대방의 최고권】 ①무능력자의 상대방은 무능력자가 능력자가 된 후에 이에 대하여 1월이상의 기간을 정하여 그 취소할 수 있는 행위의 추인여부의 확답을 최고할 수 있다. 능력자로 된 자가 그 기간내에 확답을 발하지 아니한 때에는 그 행위를 추인한 것으로 본다.

②무능력자가 아직 능력자가 되지 못한 때에는 그 법정대리인에 대하여 전항의 최고를 할 수 있고 법정대리인이 그 기간내에 확답을 발하지 아니한 때에는 그 행위를 추인한 것으로 본다.

③특별한 절차를 요하는 행위에 관하여는 그 기간내에 그 절차를 밟은 확답을 발하지 아니하면 취소한 것으로 본다.

제15조 【제한능력자의 상대방의 확답을 촉구할 권리】 ①제한능력자의 상대방은 제한능력자가 능력자가 된 후에 그에게 1개월 이상의 기간을 정하여 그 취소할 수 있는 행위를 추인할 것인지 여부의 확답을 촉구할 수 있다. 능력자로 된 사람이 그 기간 내에 확답을 발송하지 아니하면 그 행위를 추인한 것으로 본다.

②제한능력자가 아직 능력자가 되지 못한 경우에는 그의 법정대리인에게 제1항의 촉구를 할 수 있고, 법정대리인이 그 정하여진 기간 내에 확답을 발송하지 아니한 경우에는 그 행위를 추인한 것으로 본다.

③특별한 절차가 필요한 행위는 그 정하여진 기간 내에 그 절차를 밟은 확답을 발송하지 아니하면 취소한 것으로 본다.

[전문개정 2011.3.7]

[시행일 : 2013.7.1]

제16조 【무능력자의 상대방의 철회권과 거절권】 ①무능력자의 계약은 추인있을 때까지 상대방이 그 의사표시를 철회할 수 있다. 그러나 상대방이 계약당시에 무능력자임을 알았을

때에는 그러하지 아니하다.

②무능력자의 단독행위는 추인있을 때까지 상대방이 거절할 수 있다.

③전2항의 철회나 거절의 의사표시는 무능력자에 대하여도 할 수 있다.

제16조 【제한능력자의 상대방의 철회권과 거절권】 ①제한능력자가 맺은 계약은 추인이 있을 때까지 상대방이 그 의사표시를 철회할 수 있다. 다만, 상대방이 계약 당시에 제한능력자임을 알았을 경우에는 그러하지 아니하다.

②제한능력자의 단독행위는 추인이 있을 때까지 상대방이 거절할 수 있다.

③제1항의 철회나 제2항의 거절의 의사표시는 제한능력자에게도 할 수 있다.

[전문개정 2011.3.7]

[시행일 : 2013.7.1]

제17조 【무능력자의 사술】 ①무능력자가 사술로써 능력자로 믿게한 때에는 그 행위를 취소하지 못한다.

②미성년자나 한정치산자가 사술로써 법정대리인의 동의있는 것으로 믿게한 때에도 전항과 같다.

제17조 【제한능력자의 속임수】 ①제한능력자가 속임수로써 자기를 능력자로 믿게 한 경우에는 그 행위를 취소할 수 없다.

②미성년자나 피한정후견인이 속임수로써 법정대리인의 동의가 있는 것으로 믿게 한 경우에도 제1항과 같다.

[전문개정 2011.3.7]

[시행일 : 2013.7.1]

제2절 주소

제18조 【주소】 ①생활의 근거되는 곳을 주소로 한다.

②주소는 동시에 두곳이상 있을 수 있다.

제19조 【거소】 주소를 알 수 없으면 거소를 주소로 본다.

제20조 【거소】 국내에 주소없는 자에 대하여는 국내에 있는 거소를 주소로 본다.

제21조 【가주소】 어느 행위에 있어서 가주소를 정한 때에는 그 행위에 관하여는 이를 주소로 본다.

제3절 부재와 실종

제22조 【부재자의 재산의 관리】

①종래의 주소나 거소를 떠난 자가 재산관리인을 정하지 아니한 때에는 법원은 이해관계인이나 검사의 청구에 의하여 재산관리에 관하여 필요한 처분을 명하여야 한다. 본인의 부재 중 재산관리인의 권한이 소멸한 때에도 같다.

②본인이 그 후에 재산관리인을 정한 때에는 법원은 본인, 재산관리인, 이해관계인 또는 검사의 청구에 의하여 전항의 명령을 취소하여야 한다.

제23조 【관리인의 개임】

부재자가 재산관리인을 정한 경우에 부재자의 생사가 분명하지 아니한 때에는 법원은 재산관리인, 이해관계인 또는 검사의 청구에 의하여 재산관리인을 개임할 수 있다.

제24조 【관리인의 직무】

①법원이 선임한 재산관리인은 관리할 재산목록을 작성하여야 한다.

②법원은 그 선임한 재산관리인에 대하여 부재자의 재산을 보존하기 위하여 필요한 처분을 명할 수 있다.

③부재자의 생사가 분명하지 아니한 경우에 이해관계인이나 검사의 청구가 있는 때에는 법원은 부재자가 정한 재산관리인에게 전2항의 처분을 명할 수 있다.

④전3항의 경우에 그 비용은 부재자의 재산으로써 지급한다.

제25조 【관리인의 권한】

법원이 선임한 재산관리인이 제118조에 규정한 권한을 넘는 행위를 함에는 법원의 허가를 얻어야 한다. 부재자의 생사가 분명하지 아니한 경우에 부재자가 정한 재산관리인이 권한을 넘는 행위를 할 때에도 같다.

제26조 【관리인의 담보제공, 보수】

①법원은 그 선임한 재산관리인으로 하여금 재산의 관리 및 반환에 관하여 상당한 담보를 제공하게 할 수 있다.

②법원은 그 선임한 재산관리인에 대하여 부재자의 재산으로 상당한 보수를 지급할 수 있다.

③전2항의 규정은 부재자의 생사가 분명하지 아니한 경우에 부재자가 정한 재산관리인에 준용한다.

제27조 【실종의 선고】

①부재자의 생사가 5년간 분명하지 아니한 때에는 법원은 이해관계인이나 검사의 청구에 의하여 실종선고를 하여야 한다.

②전지에 임한 자, 침몰한 선박중에 있던 자, 추락한 항공기중에 있던 자 기타 사망의 원인이 될 위난을 당한 자의 생사가 전쟁종지후 또는 선박의 침몰, 항공기의 추락 기타 위난이 종료한 후 1년간 분명하지 아니한 때에도 제1항과 같다. <개정 1984.4.10>

제28조 【실종선고의 효과】 실종선고를 받은 자는 전조의 기간이 만료한 때에 사망한 것으로 본다.

제29조 【실종선고의 취소】 ①실종자의 생존한 사실 또는 전조의 규정과 상이한 때에 사망한 사실의 증명이 있으면 법원은 본인, 이해관계인 또는 검사의 청구에 의하여 실종선고를 취소하여야 한다. 그러나 실종선고후 그 취소전에 선의로 한 행위의 효력에 영향을 미치지 아니한다.
②실종선고의 취소가 있을 때에 실종의 선고를 직접원인으로 하여 재산을 취득한 자가 선의인 경우에는 그 받은 이익이 현존하는 한도에서 반환할 의무가 있고 악의인 경우에는 그 받은 이익에 이자를 붙여서 반환하고 손해가 있으면 이를 배상하여야 한다.

제30조 【동시사망】 2인이상이 동일한 위난으로 사망한 경우에는 동시에 사망한 것으로 추정한다.

제3장 법인

제1절 총칙

제31조 【법인성립의 준칙】 법인은 법률의 규정에 의함이 아니면 성립하지 못한다.

제32조 【비영리법인의 설립과 허가】
학술, 종교, 자선, 기예, 사교 기타 영리 아닌 사업을 목적으로 하는 사단 또는 재단은 주무관청의 허가를 얻어 이를 법인으로 할 수 있다.

제33조 【법인설립의 등기】 법인은 그 주된 사무소의 소재지에서 설립등기를 함으로써 성립한다.

제34조 【법인의 권리능력】 법인은 법률의 규정에 좇아 정관으로 정한 목적의 범위내에서 권리와 의무의 주체가 된다.

제35조 【법인의 불법행위능력】
①법인은 이사 기타 대표자가 그 직무에 관하여 타인에게 가한 손해를 배상할 책임이 있다. 이사 기타 대표자는 이로 인하여 자기의 손해배상책임을 면하지 못한다.
②법인의 목적범위외의 행위로 인하여 타인에게 손해를 가한 때에는 그 사항의 의결에 찬성하거나 그 의결을 집행한 사원, 이사 및 기타 대표자가 연대하여 배상하여야 한다.

제36조 【법인의 주소】 법인의 주소는 그 주된 사무소의 소재지에 있는 것으로 한다.

제37조 【법인의 사무의 검사, 감독】

법인의 사무는 주무관청이 검사, 감독한다.

제38조 【법인의 설립허가의 취소】

법인이 목적이외의 사업을 하거나 설립허가의 조건에 위반하거나 기타 공익을 해하는 행위를 한 때에는 주무관청은 그 허가를 취소할 수 있다.

제39조 【영리법인】 ①영리를 목적으로 하는 사단은 상사회사설립의 조건에 좇아 이를 법인으로 할 수 있다.

②전항의 사단법인에는 모두 상사회사에 관한 규정을 준용한다.

제2절 설립

제40조 【사단법인의 정관】 사단법인의 설립자는 다음 각호의 사항을 기재한 정관을 작성하여 기명날인하여야 한다.

1. 목적
2. 명칭
3. 사무소의 소재지
4. 자산에 관한 규정
5. 이사의 임면에 관한 규정
6. 사원자격의 득실에 관한 규정
7. 존립시기나 해산사유를 정하는 때에는 그 시기 또는 사유

제41조 【이사의 대표권에 대한 제한】

이사의 대표권에 대한 제한은 이를 정관에 기재하지 아니하면 그 효력이 없다.

제42조 【사단법인의 정관의 변경】 ①사단법인의 정관은 총사원 3분의 2이상의 동의가 있는때에 한하여 이를 변경할 수 있다. 그러나 정수에 관하여 정관에 다른 규정이 있는 때에는 그 규정에 의한다.

②정관의 변경은 주무관청의 허가를 얻지 아니하면 그 효력이 없다.

제43조 【재단법인의 정관】 재단법인의 설립자는 일정한 재산을 출연하고 제40조제1호 내지 제5호의 사항을 기재한 정관을 작성하여 기명날인하여야 한다.

제44조 【재단법인의 정관의 보충】

재단법인의 설립자가 그 명칭, 사무소 소재지 또는 이사임면의 방법을 정하지 아니하고 사

망한 때에는 이해관계인 또는 검사의 청구에 의하여 법원이 이를 정한다.

제45조 【재단법인의 정관변경】
①재단법인의 정관은 그 변경방법을 정관에 정한 때에 한하여 변경할 수 있다.
②재단법인의 목적달성 또는 그 재산의 보전을 위하여 적당한 때에는 전항의 규정에 불구하고 명칭 또는 사무소의 소재지를 변경할 수 있다.
③제42조제2항의 규정은 전2항의 경우에 준용한다.

■판례 - 민법 제45조, 제46조 소정의 재단법인의 정관변경 허가의 법적 성질

민법 제45조와 제46조에서 말하는 재단법인의 정관변경 "허가"는 법률상의 표현이 허가로 되어 있기는 하나, 그 성질에 있어 법률행위의 효력을 보충해 주는 것이지 일반적 금지를 해제하는 것이 아니므로, 그 법적 성격은 인가라고 보아야 한다. (대법원 1996. 5. 16. 선고 95누4810 전원합의체 판결)

제46조 【재단법인의 목적 기타의 변경】
재단법인의 목적을 달성할 수 없는 때에는 설립자나 이사는 주무관청의 허가를 얻어 설립의 취지를 참작하여 그 목적 기타 정관의 규정을 변경할 수 있다.

제47조 【증여, 유증에 관한 규정의 준용】
①생전처분으로 재단법인을 설립하는 때에는 증여에 관한 규정을 준용한다.
②유언으로 재단법인을 설립하는 때에는 유증에 관한 규정을 준용한다.

제48조 【출연재산의 귀속시기】
①생전처분으로 재단법인을 설립하는 때에는 출연재산은 법인이 성립된 때로부터 법인의 재산이 된다.
②유언으로 재단법인을 설립하는 때에는 출연재산은 유언의 효력이 발생한 때로부터 법인에 귀속한 것으로 본다.

■판례 - 재단법인의 설립에 있어서 출연재산의 귀속시기

재단법인의 설립함에 있어서 출연재산은 그 법인이 성립된 때로부터 법인에 귀속된다는 민법 제48조의 규정은 출연자와 법인과의 관계를 상대적으로 결정하는 기준에 불과하여 출연재산이 부동산인 경우에도 출연자와 법인 사이에는 법인의 성립 외에 등기를 필요로 하는 것은 아니지만, 제3자에 대한 관계에 있어서, 출연행위는 법률행위이므로 출연재산의 법인에의 귀속에는 부동산의 권리에 관한 것일 경우 등기를 필요로 한다. (대법원 1979.12.11. 선고 78다481,482 전원합의체 판결)

제49조 【법인의 등기사항】
①법인설립의 허가가 있는 때에는 3주간내에 주된 사무소 소재지에서 설립등기를 하여야 한다.
②전항의 등기사항은 다음과 같다.
1. 목적
2. 명칭

3. 사무소

4. 설립허가의 년월일

5. 존립시기나 해산사유를 정한 때에는 그 시기 또는 사유

6. 자산의 총액

7. 출자의 방법을 정한 때에는 그   방법

8. 이사의 성명, 주소

9. 이사의 대표권을 제한한 때에는 그 제한

제50조 【분사무소설치의 등기】

①법인이 분사무소를 설치한 때에는 주사무소 소재지에서는 3주간내에 분사무소를 설치한 것을 등기하고 그 분사무소 소재지에서는 동기간내에 전조제2항의 사항을 등기하고 다른 분사무소 소재지에서는 동기간내에 그 분사무소를 설치한 것을 등기하여야 한다.

②주사무소 또는 분사무소의 소재지를 관할하는 등기소의 관할구역내에 분사무소를 설치한 때에는 전항의 기간내에 그 사무소를 설치한 것을 등기하면 된다.

제51조 【사무소이전의 등기】

①법인이 그 사무소를 이전하는 때에는 구소재지에서는 3주간내에 이전등기를 하고 신소재지에서는 동기간내에 제49조제2항에 게기한 사항을 등기하여야 한다.

②동일한 등기소의 관할구역내에서 사무소를 이전한 때에는 그 이전한 것을 등기하면 된다.

제52조 【변경등기】

제49조제2항의 사항중에 변경이 있는 때에는 3주간내에 변경등기를 하여야 한다.

제52조의2 【직무집행정지 등 가처분의 등기】

이사의 직무집행을 정지하거나 직무대행자를 선임하는 가처분을 하거나 그 가처분을 변경·취소하는 경우에는 주사무소와 분사무소가 있는 곳의 등기소에서 이를 등기하여야 한다. [본조신설 2001.12.29]

제53조 【등기기간의 기산】

전3조의 규정에 의하여 등기할 사항으로 관청의 허가를 요하는 것은 그 허가서가 도착한 날로부터 등기의 기간을 기산한다.

제54조 【설립등기이외의 등기의 효력과 등기사항의 공고】

①설립등기이외의 본절의 등기사항은 그 등기후가 아니면 제삼자에게 대항하지 못한다.

②등기한 사항은 법원이 지체없이 공고하여야 한다.

제55조 【재산목록과 사원명부】

①법인은 성립한 때 및 매년 3월내에 재산목록을 작성하여 사무소에 비치하여야 한다. 사업연도를 정한 법인은 성립한 때 및 그 연도말에 이를 작성하여야 한다.

②사단법인은 사원명부를 비치하고 사원의 변경이 있는 때에는 이를 기재하여야 한다.

제56조 【사원권의 양도, 상속금지】
사단법인의 사원의 지위는 양도 또는 상속할 수 없다.

제3절 기관

제57조 【이사】　법인은 이사를 두어야 한다.

제58조 【이사의 사무집행】　①이사는 법인의 사무를 집행한다.
②이사가 수인인 경우에는 정관에 다른 규정이 없으면 법인의 사무집행은 이사의 과반수로써 결정한다.

제59조 【이사의 대표권】　①이사는 법인의 사무에 관하여 각자 법인을 대표한다. 그러나 정관에 규정한 취지에 위반할 수 없고 특히 사단법인은 총회의 의결에 의하여야 한다.
②법인의 대표에 관하여는 대리에 관한 규정을 준용한다.

제60조 【이사의 대표권에 대한 제한의 대항요건】　이사의 대표권에 대한 제한은 등기하지 아니하면 제삼자에게 대항하지 못한다.

제60조의2 【직무대행자의 권한】
①제52조의2의 직무대행자는 가처분명령에 다른 정함이 있는 경우 외에는 법인의 통상사무에 속하지 아니한 행위를 하지 못한다. 다만, 법원의 허가를 얻은 경우에는 그러하지 아니하다.
②직무대행자가 제1항의 규정에 위반한 행위를 한 경우에도 법인은 선의의 제3자에 대하여 책임을 진다.
[본조신설 2001.12.29]

제61조 【이사의 주의의무】　이사는 선량한 관리자의 주의로 그 직무를 행하여야 한다.

제62조 【이사의 대리인 선임】　이사는 정관 또는 총회의 결의로 금지하지 아니한 사항에 한하여 타인으로 하여금 특정한 행위를 대리하게 할 수 있다.

제63조 【임시이사의 선임】　이사가 없거나 결원이 있는 경우에 이로 인하여 손해가 생길 염려 있는 때에는 법원은 이해관계인이나 검사의 청구에 의하여 임시이사를 선임하여야 한다.

제64조 【특별대리인의 선임】　법인과 이사의 이익이 상반하는 사항에 관하여는 이사는

대표권이 없다. 이 경우에는 전조의 규정에 의하여 특별대리인을 선임하여야 한다.

　제65조 【이사의 임무해태】　이사가 그 임무를 해태한 때에는 그 이사는 법인에 대하여
연대하여 손해배상의 책임이 있다.

　제66조 【감사】　법인은 정관 또는 총회의 결의로 감사를 둘 수 있다.

　제67조 【감사의 직무】　감사의 직무는 다음과 같다.
　1. 법인의 재산상황을 감사하는 일
　2. 이사의 업무집행의 상황을 감사하는 일
　3. 재산상황 또는 업무집행에 관하여 부정, 불비한 것이 있음을 발견한 때에는 이를 총회
또는 주무관청에 보고하는 일
　4. 전호의 보고를 하기 위하여 필요있는 때에는 총회를 소집하는 일

　제68조 【총회의 권한】　사단법인의 사무는 정관으로 이사 또는 기타 임원에게 위임한
사항외에는 총회의 결의에 의하여야 한다.

　제69조 【통상총회】　사단법인의 이사는 매년 1회이상 통상총회를 소집하여야 한다.

　제70조 【임시총회】　①사단법인의 이사는 필요하다고 인정한 때에는 임시총회를 소집할
수 있다.
②총사원의 5분의 1이상으로부터 회의의 목적사항을 제시하여 청구한 때에는 이사는 임시총
회를 소집하여야 한다. 이 정수는 정관으로 증감할 수 있다.
③전항의 청구있는 후 2주간내에 이사가 총회소집의 절차를 밟지 아니한 때에는 청구한 사
원은 법원의 허가를 얻어 이를 소집할 수 있다.

　제71조 【총회의 소집】　총회의 소집은 1주간전에 그 회의의 목적사항을 기재한 통지를
발하고 기타 정관에 정한 방법에 의하여야 한다.

　제72조 【총회의 결의사항】　총회는 전조의 규정에 의하여 통지한 사항에 관하여서만 결
의할 수 있다. 그러나 정관에 다른 규정이 있는 때에는 그 규정에 의한다.

　제73조 【사원의 결의권】　①각사원의 결의권은 평등으로 한다.
②사원은 서면이나 대리인으로 결의권을 행사할 수 있다.
③전2항의 규정은 정관에 다른 규정이 있는 때에는 적용하지 아니한다.

　제74조 【사원이 결의권없는 경우】
사단법인과 어느 사원과의 관계사항을 의결하는 경우에는 그 사원은 결의권이 없다.

제75조 【총회의 결의방법】 ①총회의 결의는 본법 또는 정관에 다른 규정이 없으면 사원 과반수의 출석과 출석사원의 결의권의 과반수로써 한다.
②제73조제2항의 경우에는 당해 사원은 출석한 것으로 한다.

제76조 【총회의 의사록】 ①총회의 의사에 관하여는 의사록을 작성하여야 한다.
②의사록에는 의사의 경과, 요령 및 결과를 기재하고 의장 및 출석한 이사가 기명날인하여야 한다.
③이사는 의사록을 주된 사무소에 비치하여야 한다.

제4절 해산

제77조 【해산사유】 ①법인은 존립기간의 만료, 법인의 목적의 달성 또는 달성의 불능 기타 정관에 정한 해산사유의 발생, 파산 또는 설립허가의 취소로 해산한다.
②사단법인은 사원이 없게 되거나 총회의 결의로도 해산한다.

제78조 【사단법인의 해산결의】 사단법인은 총사원 4분의 3이상의 동의가 없으면 해산을 결의하지 못한다. 그러나 정관에 다른 규정이 있는 때에는 그 규정에 의한다.

제79조 【파산신청】 법인이 채무를 완제하지 못하게 된 때에는 이사는 지체없이 파산신청을 하여야 한다.

제80조 【잔여재산의 귀속】 ①해산한 법인의 재산은 정관으로 지정한 자에게 귀속한다.
②정관으로 귀속권리자를 지정하지 아니하거나 이를 지정하는 방법을 정하지 아니한 때에는 이사 또는 청산인은 주무관청의 허가를 얻어 그 법인의 목적에 유사한 목적을 위하여 그 재산을 처분할 수 있다. 그러나 사단법인에 있어서는 총회의 결의가 있어야 한다.
③전2항의 규정에 의하여 처분되지 아니한 재산은 국고에 귀속한다.

제81조 【청산법인】 해산한 법인은 청산의 목적범위내에서만 권리가 있고 의무를 부담한다.

제82조 【청산인】 법인이 해산한 때에는 파산의 경우를 제하고는 이사가 청산인이 된다. 그러나 정관 또는 총회의 결의로 달리 정한 바가 있으면 그에 의한다.

제83조 【법원에 의한 청산인의 선임】
전조의 규정에 의하여 청산인이 될 자가 없거나 청산인의 결원으로 인하여 손해가 생길 염려가 있는 때에는 법원은 직권 또는 이해관계인이나 검사의 청구에 의하여 청산인을 선임할 수 있다.

제84조 【법원에 의한 청산인의 해임】
중요한 사유가 있는 때에는 법원은 직권 또는 이해관계인이나 검사의 청구에 의하여 청산인을 해임할 수 있다.

제85조 【해산등기】
①청산인은 파산의 경우를 제하고는 그 취임후 3주간내에 해산의 사유 및 년월일, 청산인의 성명 및 주소와 청산인의 대표권을 제한한 때에는 그 제한을 주된 사무소 및 분사무소 소재지에서 등기하여야 한다.
②제52조의 규정은 전항의 등기에 준용한다.

제86조 【해산신고】
①청산인은 파산의 경우를 제하고는 그 취임후 3주간내에 전조제1항의 사항을 주무관청에 신고하여야 한다.
②청산중에 취임한 청산인은 그 성명 및 주소를 신고하면 된다.

제87조 【청산인의 직무】
①청산인의 직무는 다음과 같다.
1. 현존사무의 종결
2. 채권의 추심 및 채무의 변제
3. 잔여재산의 인도
②청산인은 전항의 직무를 행하기 위하여 필요한 모든 행위를 할 수 있다.

제88조 【채권신고의 공고】
①청산인은 취임한 날로부터 2월내에 3회이상의 공고로 채권자에 대하여 일정한 기간내에 그 채권을 신고할 것을 최고하여야 한다. 그 기간은 2월이상이어야 한다.
②전항의 공고에는 채권자가 기간내에 신고하지 아니하면 청산으로부터 제외될 것을 표시하여야 한다.
③제1항의 공고는 법원의 등기사항의 공고와 동일한 방법으로 하여야 한다.

제89조 【채권신고의 최고】
청산인은 알고 있는 채권자에게 대하여는 각각 그 채권신고를 최고하여야 한다. 알고 있는 채권자는 청산으로부터 제외하지 못한다.

제90조 【채권신고기간내의 변제금지】
청산인은 제88조제1항의 채권신고기간내에는 채권자에 대하여 변제하지 못한다. 그러나 법인은 채권자에 대한 지연손해배상의 의무를 면하지 못한다.

제91조 【채권변제의 특례】
①청산중의 법인은 변제기에 이르지 아니한 채권에 대하여도 변제할 수 있다.
②전항의 경우에는 조건있는 채권, 존속기간의 불확정한 채권 기타 가액의 불확정한 채권에

관하여는 법원이 선임한 감정인의 평가에 의하여 변제하여야 한다.

제92조 【청산으로부터 제외된 채권】

청산으로부터 제외된 채권자는 법인의 채무를 완제한 후 귀속권리자에게 인도하지 아니한 재산에 대하여서만 변제를 청구할 수 있다.

제93조 【청산중의 파산】

①청산중 법인의 재산이 그 채무를 완제하기에 부족한 것이 분명하게 된 때에는 청산인은 지체없이 파산선고를 신청하고 이를 공고하여야 한다.
②청산인은 파산관재인에게 그 사무를 인계함으로써 그 임무가 종료한다.
③제88조제3항의 규정은 제1항의 공고에 준용한다.

제94조 【청산종결의 등기와 신고】

청산이 종결한 때에는 청산인은 3주간내에 이를 등기하고 주무관청에 신고하여야 한다.

제95조 【해산, 청산의 검사, 감독】

법인의 해산 및 청산은 법원이 검사, 감독한다.

제96조 【준용규정】

제58조제2항, 제59조 내지 제62조, 제64조, 제65조 및 제70조의 규정은 청산인에 이를 준용한다.

제5절 벌칙

제97조 【벌칙】

법인의 이사, 감사 또는 청산인은 다음 각호의 경우에는 500만원 이하의 과태료에 처한다.
<개정 2007.12.21>
1. 본장에 규정한 등기를 해태한 때
2. 제55조의 규정에 위반하거나 재산목록 또는 사원명부에 부정기재를 한 때
3. 제37조, 제95조에 규정한 검사, 감독을 방해한 때
4. 주무관청 또는 총회에 대하여 사실아닌 신고를 하거나 사실을 은폐한 때
5. 제76조와 제90조의 규정에 위반한 때
6. 제79조, 제93조의 규정에 위반하여 파산선고의 신청을 해태한 때
7. 제88조, 제93조에 정한 공고를 해태하거나 부정한 공고를 한 때

제4장 물건

제98조 【물건의 정의】 본법에서 물건이라 함은 유체물 및 전기 기타 관리할 수 있는 자연력을 말한다.

제99조 【부동산, 동산】 ①토지 및 그 정착물은 부동산이다.
②부동산이외의 물건은 동산이다.

제100조 【주물, 종물】 ①물건의 소유자가 그 물건의 상용에 공하기 위하여 자기소유인 다른 물건을 이에 부속하게 한 때에는 그 부속물은 종물이다.
②종물은 주물의 처분에 따른다.

제101조 【천연과실, 법정과실】
①물건의 용법에 의하여 수취하는 산출물은 천연과실이다.
②물건의 사용대가로 받는 금전 기타의 물건은 법정과실로 한다.

제102조 【과실의 취득】 ①천연과실은 그 원물로부터 분리하는 때에 이를 수취할 권리자에게 속한다.
②법정과실은 수취할 권리의 존속기간일수의 비율로 취득한다.

제5장 법률행위

제1절 총칙

제103조 【반사회질서의 법률행위】
선량한 풍속 기타 사회질서에 위반한 사항을 내용으로 하는 법률행위는 무효로 한다.

제104조 【불공정한 법률행위】 당사자의 궁박, 경솔 또는 무경험으로 인하여 현저하게 공정을 잃은 법률행위는 무효로 한다.

제105조 【임의규정】 법률행위의 당사자가 법령중의 선량한 풍속 기타 사회질서에 관계없는 규정과 다른 의사를 표시한 때에는 그 의사에 의한다.

제106조 【사실인 관습】 법령중의 선량한 풍속 기타 사회질서에 관계없는 규정과 다른 관습이 있는 경우에 당사자의 의사가 명확하지 아니한 때에는 그 관습에 의한다.

제2절 의사표시

제107조 【진의 아닌 의사표시】

①의사표시는 표의자가 진의아님을 알고한 것이라도 그 효력이 있다. 그러나 상대방이 표의자의 진의아님을 알았거나 이를 알 수 있었을 경우에는 무효로 한다.

②전항의 의사표시의 무효는 선의의 제삼자에게 대항하지 못한다.

제108조 【통정한 허위의 의사표시】

①상대방과 통정한 허위의 의사표시는 무효로 한다.

②전항의 의사표시의 무효는 선의의 제삼자에게 대항하지 못한다.

제109조 【착오로 인한 의사표시】 ①의사표시는 법률행위의 내용의 중요부분에 착오가 있는 때에는 취소할 수 있다. 그러나 그 착오가 표의자의 중대한 과실로 인한 때에는 취소하지 못한다.

②전항의 의사표시의 취소는 선의의 제삼자에게 대항하지 못한다.

제110조 【사기, 강박에 의한 의사표시】 ①사기나 강박에 의한 의사표시는 취소할 수 있다.

②상대방있는 의사표시에 관하여 제삼자가 사기나 강박을 행한 경우에는 상대방이 그 사실을 알았거나 알 수 있었을 경우에 한하여 그 의사표시를 취소할 수 있다.

③전2항의 의사표시의 취소는 선의의 제삼자에게 대항하지 못한다.

■판례 -사기에 의한 의사표시의 의의 및 제3자의 기망행위에 의하여 신원보증서류에 서명날인한다는 착각에 빠진 상태로 연대보증의 서면에 서명날인한 경우, 그와 같은 행위에 민법 제110조 제2항에 정한 사기에 의한 의사표시의 법리가 적용되는지 여부 (소극)

사기에 의한 의사표시란 타인의 기망행위로 말미암아 착오에 빠지게 된 결과 어떠한 의사표시를 하게 되는 경우이므로 거기에는 의사와 표시의 불일치가 있을 수 없고, 단지 의사의 형성과정 즉 의사표시의 동기에 착오가 있는 것에 불과하며, 이 점에서 고유한 의미의 착오에 의한 의사표시와 구분되는데, 신원보증서류에 서명날인한다는 착각에 빠진 상태로 연대보증의 서면에 서명날인한 경우, 결국 위와 같은 행위는 강학상 기명날인의 착오(또는 서명의 착오), 즉 어떤 사람이 자신의 의사와 다른 법률효과를 발생시키는 내용의 서면에, 그것을 읽지 않거나 올바르게 이해하지 못한 채 기명날인을 하는 이른바 표시상의 착오에 해당하므로, 비록 위와 같은 착오가 제3자의 기망행위에 의하여 일어난 것이라 하더라도 그에 관하여는 사기에 의한 의사표시에 관한 법리, 특히 상대방이 그러한 제3자의 기망행위 사실을 알았거나 알 수 있었을 경우가 아닌 한 의사표시자가 취소권을 행사할 수 없다는 민법 제110조 제2항의 규정을 적용할 것이 아니라, 착오에 의한 의사표시에 관한 법리만을 적용하여 취소권 행사의 가부를 가려야 한다. (대법원 2005. 5. 27. 선고 2004다43824 판결)

제111조 【의사표시의 효력발생시기】
①상대방있는 의사표시는 그 통지가 상대방에 도달한 때로부터 그 효력이 생긴다.
②표의자가 그 통지를 발한 후 사망하거나 행위능력을 상실하여도 의사표시의 효력에 영향을 미치지 아니한다.

제111조 【의사표시의 효력발생시기】
①상대방이 있는 의사표시는 상대방에게 도달한 때에 그 효력이 생긴다.
②의사표시자가 그 통지를 발송한 후 사망하거나 제한능력자가 되어도 의사표시의 효력에 영향을 미치지 아니한다.
[전문개정 2011.3.7]
[시행일 : 2013.7.1]

제112조 【의사표시의 수령능력】
의사표시의 상대방이 이를 받은 때에 무능력자인 경우에는 그 의사표시로써 대항하지 못한다. 그러나 법정대리인이 그 도달을 안 후에는 그러하지 아니하다.

제112조 【제한능력자에 대한 의사표시의 효력】
의사표시의 상대방이 의사표시를 받은 때에 제한능력자인 경우에는 의사표시자는 그 의사표시로써 대항할 수 없다. 다만, 그 상대방의 법정대리인이 의사표시가 도달한 사실을 안 후에는 그러하지 아니하다.
[전문개정 2011.3.7]
[시행일 : 2013.7.1]

제113조 【의사표시의 공시송달】
표의자가 과실없이 상대방을 알지 못하거나 상대방의 소재를 알지 못하는 경우에는 의사표시는 민사소송법공시송달의 규정에 의하여 송달할 수 있다.

제3절 대리

제114조 【대리행위의 효력】 ①대리인이 그 권한내에서 본인을 위한 것임을 표시한 의사표시는 직접본인에게 대하여 효력이 생긴다.
②전항의 규정은 대리인에게 대한 제삼자의 의사표시에 준용한다.

제115조 【본인을 위한 것임을 표시하지 아니한 행위】 대리인이 본인을 위한 것임을 표시하지 아니한 때에는 그 의사표시는 자기를 위한 것으로 본다. 그러나 상대방이 대리인으로서한 것임을 알았거나 알 수 있었을 때에는 전조제1항의 규정을 준용한다.

제116조　【대리행위의 하자】　①의사표시의 효력이 의사의 흠결, 사기, 강박 또는 어느 사정을 알았거나 과실로 알지 못한 것으로 인하여 영향을 받을 경우에 그 사실의 유무는 대리인을 표준하여 결정한다.
②특정한 법률행위를 위임한 경우에 대리인이 본인의 지시에 좇아 그 행위를 한 때에는 본인은 자기가 안 사정 또는 과실로 인하여 알지 못한 사정에 관하여 대리인의 부지를 주장하지 못한다.

제117조　【대리인의 행위능력】　대리인은 행위능력자임을 요하지 아니한다.

제118조　【대리권의 범위】　권한을 정하지 아니한 대리인은 다음 각호의 행위만을 할 수 있다.
1. 보존행위
2. 대리의 목적인 물건이나 권리의 성질을 변하지 아니하는 범위에서 그 이용 또는 개량하는 행위

제119조　【각자대리】　대리인이 수인인 때에는 각자가 본인을 대리한다. 그러나 법률 또는 수권행위에 다른 정한 바가 있는 때에는 그러하지 아니하다.

제120조　【임의대리인의 복임권】
대리권이 법률행위에 의하여 부여된 경우에는 대리인은 본인의 승낙이 있거나 부득이한 사유있는 때가 아니면 복대리인을 선임하지 못한다.

제121조　【임의대리인의 복대리인선임의 책임】　①전조의 규정에 의하여 대리인이 복대리인을 선임한 때에는 본인에게 대하여 그 선임감독에 관한 책임이 있다.
②대리인이 본인의 지명에 의하여 복대리인을 선임한 경우에는 그 부적임 또는 불성실함을 알고 본인에게 대한 통지나 그 해임을 태만한 때가 아니면 책임이 없다.

제122조　【법정대리인의 복임권과 그 책임】　법정대리인은 그 책임으로 복대리인을 선임할 수 있다. 그러나 부득이한 사유로 인한 때에는 전조제1항에 정한 책임만이 있다.

제123조　【복대리인의 권한】　①복대리인은 그 권한내에서 본인을 대리한다.
②복대리인은 본인이나 제삼자에 대하여 대리인과 동일한 권리의무가 있다.

제124조　【자기계약, 쌍방대리】
대리인은 본인의 허락이 없으면 본인을 위하여 자기와 법률행위를 하거나 동일한 법률행위에 관하여 당사자쌍방을 대리하지 못한다. 그러나 채무의 이행은 할 수 있다.

제125조 【대리권수여의 표시에 의한 표현대리】 제삼자에 대하여 타인에게 대리권을 수여함을 표시한 자는 그 대리권의 범위내에서 행한 그 타인과 그 제삼자간의 법률행위에 대하여 책임이 있다. 그러나 제삼자가 대리권없음을 알았거나 알 수 있었을 때에는 그러하지 아니하다.

■판례 - 민법 제125조 소정의 대리권 수여의 표시에 의한 표현대리의 성립 요건

민법 제125조가 규정하는 대리권 수여의 표시에 의한 표현대리는 본인과 대리행위를 한 자 사이의 기본적인 법률관계의 성질이나 그 효력의 유무와는 관계가 없이 어떤 자가 본인을 대리하여 제3자와 법률행위를 함에 있어 본인이 그 자에게 대리권을 수여하였다는 표시를 제3자에게 한 경우에 성립하는 것이고, 이때 서류를 교부하는 방법으로 민법 제125조 소정의 대리권 수여의 표시가 있었다고 하기 위하여는 본인을 대리한다고 하는 자가 제출하거나 소지하고 있는 서류의 내용과 그러한 서류가 작성되어 교부된 경위나 형태 및 대리행위라고 주장하는 행위의 종류와 성질 등을 종합하여 판단하여야 할 것이다. (대법원 2001. 8. 21. 선고 2001다31264 판결)

제126조 【권한을 넘은 표현대리】
대리인이 그 권한외의 법률행위를 한 경우에 제삼자가 그 권한이 있다고 믿을 만한 정당한 이유가 있는 때에는 본인은 그 행위에 대하여 책임이 있다.

제127조 【대리권의 소멸사유】 대리권은 다음 각호의 사유로 소멸한다.
1. 본인의 사망
2. 대리인의 사망, 금치산 또는 파산

제127조 【대리권의 소멸사유】 대리권은 다음 각 호의 어느 하나에 해당하는 사유가 있으면 소멸된다.
1. 본인의 사망
2. 대리인의 사망, 성년후견의 개시 또는 파산
[전문개정 2011.3.7]
[시행일 : 2013.7.1]

제128조 【임의대리의 종료】 법률행위에 의하여 수여된 대리권은 전조의 경우외에 그 원인된 법률관계의 종료에 의하여 소멸한다. 법률관계의 종료전에 본인이 수권행위를 철회한 경우에도 같다.

제129조 【대리권소멸후의 표현대리】
대리권의 소멸은 선의의 제삼자에게 대항하지 못한다. 그러나 제삼자가 과실로 인하여 그 사실을 알지 못한 때에는 그러하지 아니하다.

제130조 【무권대리】 대리권없는 자가 타인의 대리인으로 한 계약은 본인이 이를 추인

하지 아니하면 본인에 대하여 효력이 없다.

제131조 【상대방의 최고권】 대리권없는 자가 타인의 대리인으로 계약을 한 경우에 상대방은 상당한 기간을 정하여 본인에게 그 추인여부의 확답을 최고할 수 있다. 본인이 그 기간내에 확답을 발하지 아니한 때에는 추인을 거절한 것으로 본다.

제132조 【추인, 거절의 상대방】
추인 또는 거절의 의사표시는 상대방에 대하여 하지 아니하면 그 상대방에 대항하지 못한다. 그러나 상대방이 그 사실을 안 때에는 그러하지 아니하다.

제133조 【추인의 효력】 추인은 다른 의사표시가 없는 때에는 계약시에 소급하여 그 효력이 생긴다. 그러나 제삼자의 권리를 해하지 못한다.

제134조 【상대방의 철회권】 대리권없는 자가 한 계약은 본인의 추인이 있을 때까지 상대방은 본인이나 그 대리인에 대하여 이를 철회할 수 있다. 그러나 계약당시에 상대방이 대리권 없음을 안 때에는 그러하지 아니하다.

제135조 【무권대리인의 상대방에 대한 책임】 ①타인의 대리인으로 계약을 한 자가 그 대리권을 증명하지 못하고 또 본인의 추인을 얻지 못한 때에는 상대방의 선택에 좋아 계약의 이행 또는 손해배상의 책임이 있다.
②상대방이 대리권 없음을 알았거나 알 수 있었을 때 또는 대리인으로 계약한 자가 행위능력이 없는 때에는 전항의 규정을 적용하지 아니한다.

제135조 【상대방에 대한 무권대리인의 책임】 ①다른 자의 대리인으로서 계약을 맺은 자가 그 대리권을 증명하지 못하고 또 본인의 추인을 받지 못한 경우에는 그는 상대방의 선택에 따라 계약을 이행할 책임 또는 손해를 배상할 책임이 있다.
②대리인으로서 계약을 맺은 자에게 대리권이 없다는 사실을 상대방이 알았거나 알 수 있었을 때 또는 대리인으로서 계약을 맺은 사람이 제한능력자일 때에는 제1항을 적용하지 아니한다.
[전문개정 2011.3.7]
[시행일 : 2013.7.1]

제136조 【단독행위와 무권대리】
단독행위에는 그 행위당시에 상대방이 대리인이라 칭하는 자의 대리권없는 행위에 동의하거나 그 대리권을 다투지 아니한 때에 한하여 전6조의 규정을 준용한다. 대리권 없는 자에 대하여 그 동의를 얻어 단독행위를 한 때에도 같다.

제4절 무효와 취소

제137조 【법률행위의 일부무효】
법률행위의 일부분이 무효인 때에는 그 전부를 무효로 한다. 그러나 그 무효부분이 없더라도 법률행위를 하였을 것이라고 인정될 때에는 나머지 부분은 무효가 되지 아니한다.

제138조 【무효행위의 전환】
무효인 법률행위가 다른 법률행위의 요건을 구비하고 당사자가 그 무효를 알았더라면 다른 법률행위를 하는 것을 의욕하였으리라고 인정될 때에는 다른 법률행위로서 효력을 가진다.

제139조 【무효행위의 추인】
무효인 법률행위는 추인하여도 그 효력이 생기지 아니한다. 그러나 당사자가 그 무효임을 알고 추인한 때에는 새로운 법률행위로 본다.

제140조 【법률행위의 취소권자】
취소할 수 있는 법률행위는 무능력자, 하자있는 의사표시를 한 자, 그 대리인 또는 승계인에 한하여 취소할 수 있다.

제140조 【법률행위의 취소권자】
취소할 수 있는 법률행위는 제한능력자, 착오로 인하거나 사기·강박에 의하여 의사표시를 한 자, 그의 대리인 또는 승계인만이 취소할 수 있다.
[전문개정 2011.3.7]
[시행일 : 2013.7.1]

제141조 【취소의 효과】
취소한 법률행위는 처음부터 무효인 것으로 본다. 그러나 무능력자는 그 행위로 인하여 받은 이익이 현존하는 한도에서 상환할 책임이 있다.

■판례 – 무능력자의 책임을 제한하는 민법 제141조 단서 규정이 의사능력의 흠결을 이유로 법률행위가 무효가 되는 경우에도 유추적용되는지 여부(적극) 및 이익의 현존 여부의 증명책임의 소재(=의사무능력자)

무능력자의 책임을 제한하는 민법 제141조 단서는 부당이득에 있어 수익자의 반환범위를 정한 민법 제748조의 특칙으로서 무능력자의 보호를 위해 그 선의·악의를 묻지 아니하고 반환범위를 현존 이익에 한정시키려는 데 그 취지가 있으므로, 의사능력의 흠결을 이유로 법률행위가 무효가 되는 경우에도 유추적용되어야 할 것이나, 법률상 원인 없이 타인의 재산 또는 노무로 인하여 이익을 얻고 그로 인하여 타인에게 손해를 가한 경우에 그 취득한 것이 금전상의 이득인 때에는 그 금전은 이를 취득한 자가 소비하였는가의 여부를 불문하고 현존하는 것으로 추정되므로, 위 이익이 현존하지 아니함은 이를 주장하는 자, 즉 의사무능력자 측에 입증책임이 있다. (대법원 2009.1.15. 선고 2008다58367 판결)

제141조 【취소의 효과】 취소된 법률행위는 처음부터 무효인 것으로 본다. 다만, 제한능력자는 그 행위로 인하여 받은 이익이 현존하는 한도에서 상환(償還)할 책임이 있다.
[전문개정 2011.3.7]
[시행일 : 2013.7.1]

제142조 【취소의 상대방】 취소할 수 있는 법률행위의 상대방이 확정한 경우에는 그 취소는 그 상대방에 대한 의사표시로 하여야 한다.

제143조 【추인의 방법, 효과】 ①취소할 수 있는 법률행위는 제140조에 규정한 자가 추인할 수 있고 추인후에는 취소하지 못한다.
②전조의 규정은 전항의 경우에 준용한다.

제144조 【추인의 요건】 ①추인은 취소의 원인이 종료한 후에 하지 아니하면 효력이 없다.
②전항의 규정은 법정대리인이 추인하는 경우에는 적용하지 아니한다.

제144조 【추인의 요건】 ①추인은 취소의 원인이 소멸된 후에 하여야만 효력이 있다.
②제1항은 법정대리인 또는 후견인이 추인하는 경우에는 적용하지 아니한다.
[전문개정 2011.3.7]
[시행일 : 2013.7.1]

제145조 【법정추인】 취소할 수 있는 법률행위에 관하여 전조의 규정에 의하여 추인할 수 있는 후에 다음 각호의 사유가 있으면 추인한 것으로 본다. 그러나 이의를 보류한 때에는 그러하지 아니하다.
1. 전부나 일부의 이행
2. 이행의 청구
3. 경개
4. 담보의 제공
5. 취소할 수 있는 행위로 취득한 권리의 전부나 일부의 양도
6. 강제집행

제146조 【취소권의 소멸】 취소권은 추인할 수 있는 날로부터 3년내에 법률행위를 한 날로부터 10년내에 행사하여야 한다.

제5절 조건과 기한

제147조 【조건성취의 효과】 ①정지조건있는 법률행위는 조건이 성취한 때로부터 그 효

력이 생긴다.
②해제조건 있는 법률행위는 조건이 성취한 때로부터 그 효력을 잃는다.
③당사자가 조건성취의 효력을 그 성취전에 소급하게 할 의사를 표시한 때에는 그 의사에
의한다.

제148조 【조건부권리의 침해금지】
조건있는 법률행위의 당사자는 조건의 성부가 미정한 동안에 조건의 성취로 인하여 생길
상대방의 이익을 해하지 못한다.

제149조 【조건부권리의 처분등】
조건의 성취가 미정한 권리의무는 일반규정에 의하여 처분, 상속, 보존 또는 담보로 할 수
있다.

제150조 【조건성취, 불성취에 대한 반신의행위】 ①조건의 성취로 인하여 불이익을 받
을 당사자가 신의성실에 반하여 조건의 성취를 방해한 때에는 상대방은 그 조건이 성취한
것으로 주장할 수 있다.
②조건의 성취로 인하여 이익을 받을 당사자가 신의성실에 반하여 조건을 성취시킨 때에는
상대방은 그 조건이 성취하지 아니한 것으로 주장할 수 있다.

제151조 【불법조건, 기성조건】
①조건이 선량한 풍속 기타 사회질서에 위반한 것인 때에는 그 법률행위는 무효로 한다.
②조건이 법률행위의 당시 이미 성취한 것인 경우에는 그 조건이 정지조건이면 조건없는
법률행위로 하고 해제조건이면 그 법률행위는 무효로 한다.
③조건이 법률행위의 당시에 이미 성취할 수 없는 것인 경우에는 그 조건이 해제조건이면
조건없는 법률행위로 하고 정지조건이면 그 법률행위는 무효로 한다.

제152조 【기한도래의 효과】 ①시기있는 법률행위는 기한이 도래한 때로부터 그 효력이
생긴다.
②종기있는 법률행위는 기한이 도래한 때로부터 그 효력을 잃는다.

제153조 【기한의 이익과 그 포기】
①기한은 채무자의 이익을 위한 것으로 추정한다.
②기한의 이익은 이를 포기할 수 있다. 그러나 상대방의 이익을 해하지 못한다.

제154조 【기한부권리와 준용규정】 제148조와 제149조의 규정은 기한있는 법률행위에
준용한다.

제6장 기간

제155조 【본장의 적용범위】 기간의 계산은 법령, 재판상의 처분 또는 법률행위에 다른 정한 바가 없으면 본장의 규정에 의한다.

제156조 【기간의 기산점】 기간을 시, 분, 초로 정한 때에는 즉시로부터 기산한다.

제157조 【기간의 기산점】 기간을 일, 주, 월 또는 연으로 정한 때에는 기간의 초일은 산입하지 아니한다. 그러나 그 기간이 오전영시로부터 시작하는 때에는 그러하지 아니하다.

제158조 【연령의 기산점】 연령계산에는 출생일을 산입한다.

제159조 【기간의 만료점】 기간을 일, 주, 월 또는 연으로 정한 때에는 기간말일의 종료로 기간이 만료한다.

제160조 【력에 의한 계산】 ①기간을 주, 월 또는 연으로 정한 때에는 력에 의하여 계산한다.
②주, 월 또는 연의 처음으로부터 기간을 기산하지 아니하는 때에는 최후의 주, 월 또는 연에서 그 기산일에 해당한 날의 전일로 기간이 만료한다.
③월 또는 연으로 정한 경우에 최종의 월에 해당일이 없는 때에는 그 월의 말일로 기간이 만료한다.

제161조 【공휴일 등과 기간의 만료점 <개정 2007.12.21>】 기간의 말일이 토요일 또는 공휴일에 해당한 때에는 기간은 그 익일로 만료한다.
<개정 2007.12.21>

제7장 소멸시효

제162조 【채권, 재산권의 소멸시효】
①채권은 10년간 행사하지 아니하면 소멸시효가 완성한다.
②채권 및 소유권이외의 재산권은 20년간 행사하지 아니하면 소멸시효가 완성한다.

제163조 【3년의 단기소멸시효】
다음 각호의 채권은 3년간 행사하지 아니하면 소멸시효가 완성한다.
<개정 1997.12.13>

1. 이자, 부양료, 급료, 사용료 기타 1년이내의 기간으로 정한 금전 또는 물건의 지급을 목적으로 한 채권

2. 의사, 조산사, 간호사 및 약사의 치료, 근로 및 조제에 관한 채권

3. 도급받은 자, 기사 기타 공사의 설계 또는 감독에 종사하는 자의 공사에 관한 채권

4. 변호사, 변리사, 공증인, 공인회계사 및 법무사에 대한 직무상 보관한 서류의 반환을 청구하는 채권

5. 변호사, 변리사, 공증인, 공인회계사 및 법무사의 직무에 관한 채권

6. 생산자 및 상인이 판매한 생산물 및 상품의 대가

7. 수공업자 및 제조자의 업무에 관한 채권

제164조 【1년의 단기소멸시효】
다음 각호의 채권은 1년간 행사하지 아니하면 소멸시효가 완성한다.

1. 여관, 음식점, 대석, 오락장의 숙박료, 음식료, 대석료, 입장료, 소비물의 대가 및 체당금의 채권

2. 의복, 침구, 장구 기타 동산의 사용료의 채권

3. 노역인, 연예인의 임금 및 그에 공급한 물건의 대금채권

4. 학생 및 수업자의 교육, 의식 및 유숙에 관한 교주, 숙주, 교사의 채권

제165조 【판결등에 의하여 확정된 채권의 소멸시효】 ①판결에 의하여 확정된 채권은 단기의 소멸시효에 해당한 것이라도 그 소멸시효는 10년으로 한다.
②파산절차에 의하여 확정된 채권 및 재판상의 화해, 조정 기타 판결과 동일한 효력이 있는 것에 의하여 확정된 채권도 전항과 같다.
③전2항의 규정은 판결확정당시에 변제기가 도래하지 아니한 채권에 적용하지 아니한다.

제166조 【소멸시효의 기산점】 ①소멸시효는 권리를 행사할 수 있는 때로부터 진행한다.
②부작위를 목적으로 하는 채권의 소멸시효는 위반행위를 한 때로부터 진행한다.

제167조 【소멸시효의 소급효】 소멸시효는 그 기산일에 소급하여 효력이 생긴다.

제168조 【소멸시효의 중단사유】
소멸시효는 다음 각호의 사유로 인하여 중단된다.

1. 청구
2. 압류 또는 가압류, 가처분
3. 승인

제169조 【시효중단의 효력】 시효의 중단은 당사자 및 그 승계인간에만 효력이 있다.

제170조 【재판상의 청구와 시효중단】

①재판상의 청구는 소송의 각하, 기각 또는 취하의 경우에는 시효중단의 효력이 없다.
②전항의 경우에 6월내에 재판상의 청구, 파산절차참가, 압류 또는 가압류, 가처분을 한 때에는 시효는 최초의 재판상청구로 인하여 중단된 것으로 본다.

제171조 【파산절차참가와 시효중단】
파산절차참가는 채권자가 이를 취소하거나 그 청구가 각하된 때에는 시효중단의 효력이 없다.

제172조 【지급명령과 시효중단】
지급명령은 채권자가 법정기간내에 가집행신청을 하지 아니함으로 인하여 그 효력을 잃은 때에는 시효중단의 효력이 없다.

제173조 【화해를 위한 소환, 임의출석과 시효중단】
화해를 위한 소환은 상대방이 출석하지 아니 하거나 화해가 성립되지 아니한 때에는 1월내에 소를 제기하지 아니하면 시효중단의 효력이 없다. 임의출석의 경우에 화해가 성립되지 아니한 때에도 그러하다.

제174조 【최고와 시효중단】
최고는 6월내에 재판상의 청구, 파산절차참가, 화해를 위한 소환, 임의출석, 압류 또는 가압류, 가처분을 하지 아니하면 시효중단의 효력이 없다.

제175조 【압류, 가압류, 가처분과 시효중단】
압류, 가압류 및 가처분은 권리자의 청구에 의하여 또는 법률의 규정에 따르지 아니함으로 인하여 취소된 때에는 시효중단의 효력이 없다.

제176조 【압류, 가압류, 가처분과 시효중단】
압류, 가압류 및 가처분은 시효의 이익을 받은 자에 대하여 하지 아니한 때에는 이를 그에게 통지한 후가 아니면 시효중단의 효력이 없다.

제177조 【승인과 시효중단】
시효중단의 효력있는 승인에는 상대방의 권리에 관한 처분의 능력이나 권한있음을 요하지 아니한다.

제178조 【중단후의 시효진행】
①시효가 중단된 때에는 중단까지에 경과한 시효기간은 이를 산입하지 아니하고 중단사유가 종료한 때로 부터 새로이 진행한다.
②재판상의 청구로 인하여 중단한 시효는 전항의 규정에 의하여 재판이 확정된 때로부터 새로이 진행한다.

제179조 【무능력자와 시효정지】
소멸시효의 기간만료전 6월내에 무능력자의 법정대리인이 없는 때에는 그가 능력자가 되거나 법정대리인이 취임한 때로부터 6월내에는 시효가 완성하지 아니한다.

제180조 【재산관리자에 대한 무능력자의 권리, 부부간의 권리와 시효정지】 ①재산을 관리하는 부, 모 또는 후견인에 대한 무능력자의 권리는 그가 능력자가 되거나 후임의 법정대리인이 취임한 때로부터 6월내에는 소멸시효가 완성하지 아니한다.
②부부의 일방의 타방에 대한 권리는 혼인관계의 종료한 때로부터 6월내에는 소멸시효가 완성하지 아니한다.

제181조 【상속재산에 관한 권리와 시효정지】 상속재산에 속한 권리나 상속재산에 대한 권리는 상속인의 확정, 관리인의 선임 또는 파산선고가 있는 때로부터 6월내에는 소멸시효가 완성하지 아니한다.

제182조 【천재 기타 사변과 시효정지】 천재 기타 사변으로 인하여 소멸시효를 중단할 수 없을 때에는 그 사유가 종료한 때로부터 1월내에는 시효가 완성하지 아니한다.

제183조 【종속된 권리에 대한 소멸시효의 효력】 주된 권리의 소멸시효가 완성한 때에는 종속된 권리에 그 효력이 미친다.

제184조 【시효의 이익의 포기 기타】
①소멸시효의 이익은 미리 포기하지 못한다.
②소멸시효는 법률행위에 의하여 이를 배제, 연장 또는 가중할 수 없으나 이를 단축 또는 경감할 수 있다.

친 족

제1장 총칙

제767조 【친족의 정의】 배우자, 혈족 및 인척을 친족으로 한다.

제768조 【혈족의 정의】 자기의 직계존속과 직계비속을 직계혈족이라 하고 자기의 형제자매와 형제자매의 직계비속, 직계존속의 형제자매 및 그 형제자매의 직계비속을 방계혈족이라 한다. <개정 1990.1.13>

제769조 【인척의 계원】 혈족의 배우자, 배우자의 혈족, 배우자의 혈족의 배우자를 인척으로 한다.
<개정 1990.1.13>

제770조 【혈족의 촌수의 계산】
①직계혈족은 자기로부터 직계존속에 이르고 자기로부터 직계비속에 이르러 그 세수를 정한다.
②방계혈족은 자기로부터 동원의 직계존속에 이르는 세수와 그 동원의 직계존속으로부터 그 직계비속에 이르는 세수를 통산하여 그 촌수를 정한다.

제771조 【인척의 촌수의 계산】 인척은 배우자의 혈족에 대하여는 배우자의 그 혈족에 대한 촌수에 따르고, 혈족의 배우자에 대하여는 그 혈족에 대한 촌수에 따른다.
[전문개정 1990.1.13]

제772조 【양자와의 친계와 촌수】
①양자와 양부모 및 그 혈족, 인척사이의 친계와 촌수는 입양한 때로부터 혼인중의 출생자와 동일한 것으로 본다.
②양자의 배우자, 직계비속과 그 배우자는 전항의 양자의 친계를 기준으로 하여 촌수를 정한다.

제773조 삭제 <1990.1.13>

제774조 삭제 <1990.1.13>

제775조 【인척관계등의 소멸】 ①인척관계는 혼인의 취소 또는 이혼으로 인하여 종료한다.
<개정 1990.1.13>
②부부의 일방이 사망한 경우 생존배우자가 재혼한 때에도 제1항과 같다.
<개정 1990.1.13>

제776조 【입양으로 인한 친족관계의 소멸】 입양으로 인한 친족관계는 입양의 취소 또는 는 파양으로 인하여 종료한다.

제777조 【친족의 범위】 친족관계로 인한 법률상 효력은 이 법 또는 다른 법률에 특별한 규정이 없는 한 다음 각호에 해당하는 자에 미친다.
1. 8촌이내의 혈족
2. 4촌이내의 인척
3. 배우자
[전문개정 1990.1.13]

제2장 가족의 범위와
자의 성과 본

<개정 2005.3.31>

제778조 삭제 <2005.3.31>

제779조 【가족의 범위】 ①다음의 자는 가족으로 한다.
1. 배우자, 직계혈족 및 형제자매
2. 직계혈족의 배우자, 배우자의 직계혈족 및 배우자의 형제자매
②제1항제2호의 경우에는 생계를 같이 하는 경우에 한한다.
[전문개정 2005.3.31]

제780조 삭제 <2005.3.31>

제781조 【자의 성과 본】 ①자는 부의 성과 본을 따른다. 다만, 부모가 혼인신고시 모의 성과 본을 따르기로 협의한 경우에는 모의 성과 본을 따른다.
②부가 외국인인 경우에는 자는 모의 성과 본을 따를 수 있다.
③부를 알 수 없는 자는 모의 성과 본을 따른다.
④부모를 알 수 없는 자는 법원의 허가를 받아 성과 본을 창설한다. 다만, 성과 본을 창설한 후 부 또는 모를 알게 된 때에는 부 또는 모의 성과 본을 따를 수 있다.
⑤혼인외의 출생자가 인지된 경우 자는 부모의 협의에 따라 종전의 성과 본을 계속 사용할 수 있다. 다만, 부모가 협의할 수 없거나 협의가 이루어지지 아니한 경우에는 자는 법원의 허가를 받아 종전의 성과 본을 계속 사용할 수 있다.
⑥자의 복리를 위하여 자의 성과 본을 변경할 필요가 있을 때에는 부, 모 또는 자의 청구에 의하여 법원의 허가를 받아 이를 변경할 수 있다. 다만, 자가 미성년자이고 법정대리인이 청구할 수 없는 경우에는 제777조의 규정에 따른 친족 또는 검사가 청구할 수 있다.
[전문개정 2005.3.31]

제782조 삭제 <2005.3.31>

제783조 삭제 <2005.3.31>

제784조 삭제 <2005.3.31>

제785조 삭제 <2005.3.31>

제786조 삭제 <2005.3.31>

제787조 삭제 <2005.3.31>

제788조 삭제 <2005.3.31>

제789조 삭제 <2005.3.31>

제790조 삭제 <1990.1.13>

제791조 삭제 <2005.3.31>

제792조 삭제 <1990.1.13>

제793조 삭제 <2005.3.31>

제794조 삭제 <2005.3.31>

제795조 삭제 <2005.3.31>

제796조 삭제 <2005.3.31>

제797조 삭제 <1990.1.13>

제798조 삭제 <1990.1.13>

제799조 삭제 <1990.1.13>

제3장 혼인

제1절 약혼

제800조 【약혼의 자유】 성년에 달한 자는 자유로 약혼할 수 있다.

제801조 【약혼연령】 만 18세가 된 사람은 부모 또는 후견인의 동의를 얻어 약혼할 수 있다. 이 경우에는 제808조의 규정을 준용한다.
<개정 2007.12.21>

제801조 【약혼연령】 18세가 된 사람은 부모나 미성년후견인의 동의를 받아 약혼할 수 있다. 이 경우 제808조를 준용한다.
[전문개정 2011.3.7]
[시행일 : 2013.7.1]

제802조 【금치산자의 약혼】 금치산자는 부모 또는 후견인의 동의를 얻어 약혼할 수 있다. 이 경우에는 제808조의 규정을 준용한다.

제802조 【성년후견과 약혼】 피성년후견인은 부모나 성년후견인의 동의를 받아 약혼할 수 있다. 이 경우 제808조를 준용한다.
[전문개정 2011.3.7]
[시행일 : 2013.7.1]

제803조 【약혼의 강제이행금지】
약혼은 강제이행을 청구하지 못한다.

제804조 【약혼해제의 사유】 당사자의 일방에 다음 각호의 사유가 있는 때에는 상대방은 약혼을 해제할 수 있다. <개정 1990.1.13>
 1. 약혼후 자격정지이상의 형의 선고를 받은 때
 2. 약혼후 금치산 또는 한정치산의 선고를 받은 때
 3. 성병, 불치의 정신병 기타 불치의 악질이 있는 때
 4. 약혼후 타인과 약혼 또는 혼인을 한 때
 5. 약혼후 타인과 간음한 때
 6. 약혼후 1년이상 그 생사가 불명한 때
 7. 정당한 이유없이 혼인을 거절하거나 그 시기를 지연하는 때
 8. 기타 중대한 사유가 있는 때

제804조 【약혼해제의 사유】 당사자 한쪽에 다음 각 호의 어느 하나에 해당하는 사유가 있는 경우에는 상대방은 약혼을 해제할 수 있다.
1. 약혼 후 자격정지 이상의 형을 선고받은 경우
2. 약혼 후 성년후견개시나 한정후견개시의 심판을 받은 경우
3. 성병, 불치의 정신병, 그 밖의 불치의 병질(病疾)이 있는 경우
4. 약혼 후 다른 사람과 약혼이나 혼인을 한 경우
5. 약혼 후 다른 사람과 간음(姦淫)한 경우
6. 약혼 후 1년 이상 생사(生死)가 불명한 경우
7. 정당한 이유 없이 혼인을 거절하거나 그 시기를 늦추는 경우
8. 그 밖에 중대한 사유가 있는 경우
[전문개정 2011.3.7]
[시행일 : 2013.7.1]

제805조 【약혼해제의 방법】 약혼의 해제는 상대방에 대한 의사표시로 한다. 그러나 상대방에 대하여 의사표시를 할 수 없는 때에는 그 해제의 원인있음을 안 때에 해제된 것으로 본다.

제806조 【약혼해제와 손해배상청구권】 ①약혼을 해제한 때에는 당사자일방은 과실있는 상대방에 대하여 이로 인한 손해의 배상을 청구할 수 있다.
②전항의 경우에는 재산상 손해외에 정신상 고통에 대하여도 손해배상의 책임이 있다.
③정신상 고통에 대한 배상청구권은 양도 또는 승계하지 못한다. 그러나 당사자간에 이미 그 배상에 관한 계약이 성립되거나 소를 제기한 후에는 그러하지 아니하다.

제2절 혼인의 성립

제807조 【혼인적령】 만 18세가 된 사람은 혼인할 수 있다.
[전문개정 2007.12.21]

제808조 【동의를 요하는 혼인】 ①미성년자가 혼인을 할 때에는 부모의 동의를 얻어야 하며, 부모중 일방이 동의권을 행사할 수 없는 때에는 다른 일방의 동의를 얻어야 하고, 부모가 모두 동의권을 행사할 수 없는 때에는 후견인의 동의를 얻어야 한다.
②금치산자는 부모 또는 후견인의 동의를 얻어 혼인할 수 있다.
③제1항 및 제2항의 경우에 부모 또는 후견인이 없거나 또는 동의할 수 없는 때에는 친족회의 동의를 얻어 혼인할 수 있다.
[전문개정 1977.12.31]

제808조 【동의가 필요한 혼인】 ①미성년자가 혼인을 하는 경우에는 부모의 동의를 받

아야 하며, 부모 중 한쪽이 동의권을 행사할 수 없을 때에는 다른 한쪽의 동의를 받아야 하고, 부모가 모두 동의권을 행사할 수 없을 때에는 미성년후견인의 동의를 받아야 한다.
②피성년후견인은 부모나 성년후견인의 동의를 받아 혼인할 수 있다.
[전문개정 2011.3.7]
[시행일 : 2013.7.1]

제809조 【근친혼 등의 금지】 ①8촌 이내의 혈족(친양자의 입양 전의 혈족을 포함한다) 사이에서는 혼인하지 못한다.
②6촌 이내의 혈족의 배우자, 배우자의 6촌 이내의 혈족, 배우자의 4촌 이내의 혈족의 배우자인 인척이거나 이러한 인척이었던 자 사이에서는 혼인하지 못한다.
③6촌 이내의 양부모계(養父母系)의 혈족이었던 자와 4촌 이내의 양부모계의 인척이었던 자 사이에서는 혼인하지 못한다.
[전문개정 2005.3.31]

제810조 【중혼의 금지】 배우자있는 자는 다시 혼인하지 못한다.

제811조 삭제 <2005.3.31>

제812조 【혼인의 성립】 ①혼인은 「가족관계의 등록 등에 관한 법률」에 정한 바에 의하여 신고함으로써 그 효력이 생긴다. <개정 2007.5.17>
②전항의 신고는 당사자쌍방과 성년자인 증인2인의 연서한 서면으로 하여야 한다.

제813조 【혼인신고의 심사】 혼인의 신고는 그 혼인이 제807조 내지 제810조 및 제812조제2항의 규정 기타 법령에 위반함이 없는 때에는 이를 수리하여야 한다. <개정 2005.3.31>

제814조 【외국에서의 혼인신고】
①외국에 있는 본국민사이의 혼인은 그 외국에 주재하는 대사, 공사 또는 영사에게 신고할 수 있다.
②제1항의 신고를 수리한 대사, 공사 또는 영사는 지체없이 그 신고서류를 본국의 등록기준지를 관할하는 가족관계등록관서에 송부하여야 한다.
<개정 2005.3.31, 2007.5.17>

제3절 혼인의 무효와 취소

제815조 【혼인의 무효】 혼인은 다음 각 호의 어느 하나의 경우에는 무효로 한다. <개정 2005.3.31>

  1. 당사자간에 혼인의 합의가 없는 때
  2. 혼인이 제809조제1항의 규정을 위반한 때
  3. 당사자간에 직계인척관계(直系姻戚關係)가 있거나 있었던 때
  4. 당사자간에 양부모계의 직계혈족관계가 있었던 때

제816조 【혼인취소의 사유】 혼인은 다음 각 호의 어느 하나의 경우에는 법원에 그 취소를 청구할 수 있다.
<개정 1990.1.13, 2005.3.31>
  1. 혼인이 제807조 내지 제809조(제815조의 규정에 의하여 혼인의 무효사유에 해당하는 경우를 제외한다. 이하 제817조 및 제820조에서 같다) 또는 제810조의 규정에 위반한 때
  2. 혼인당시 당사자일방에 부부생활을 계속할 수 없는 악질 기타 중대 사유있음을 알지 못한 때
  3. 사기 또는 강박으로 인하여 혼인의 의사표시를 한 때

제817조 【연령위반혼인등의 취소청구권자】 혼인이 제807조, 제808조의 규정에 위반한 때에는 당사자 또는 그 법정대리인이 그 취소를 청구할 수 있고 제809조의 규정에 위반한 때에는 당사자, 그 직계존속 또는 4촌 이내의 방계혈족이 그 취소를 청구할 수 있다. <개정 2005.3.31>

제818조 【중혼의 취소청구권자】
혼인이 제810조의 규정을 위반한 때에는 당사자 및 그 배우자, 직계존속, 4촌 이내의 방계혈족 또는 검사가 그 취소를 청구할 수 있다.
[전문개정 2005.3.31]
[헌법불합치, 2009헌가8, 2010. 7. 29. 민법 제818조(2005. 3. 31. 법률 제7427호로 개정된 것)는 헌법에 합치되지 아니한다. 위 법률조항은 2011. 12. 31.을 시한으로 입법자가 개정할 때까지 계속 적용된다.]

제819조 【동의없는 혼인의 취소청구권의 소멸】 제808조의 규정에 위반한 혼인은 그 당사자가 20세에 달한 후 또는 금치산선고의 취소있은 후 3월을 경과하거나 혼인중 포태한 때에는 그 취소를 청구하지 못한다.
<개정 1990.1.13, 2005.3.31>

제819조 【동의 없는 혼인의 취소청구권의 소멸】 제808조를 위반한 혼인은 그 당사자가 19세가 된 후 또는 성년후견종료의 심판이 있은 후 3개월이 지나거나 혼인 중에 임신한 경우에는 그 취소를 청구하지 못한다.
[전문개정 2011.3.7]
[시행일 : 2013.7.1]

제820조 【근친혼등의 취소청구권의 소멸 <개정 2005.3.31>】 제809조의 규정에 위반한 혼인은 그 당사자간에 혼인중 포태(胞胎)한 때에는 그 취소를 청구하지 못한다. <개정 2005.3.31>

제821조 삭제 <2005.3.31>

제822조 【악질등 사유에 의한 혼인취소청구권의 소멸】 제816조제2호의 규정에 해당하는 사유있는 혼인은 상대방이 그 사유 있음을 안 날로부터 6월을 경과한 때에는 그 취소를 청구하지 못한다.

제823조 【사기, 강박으로 인한 혼인취소청구권의 소멸】 사기 또는 강박으로 인한 혼인은 사기를 안 날 또는 강박을 면한 날로부터 3월을 경과한 때에는 그 취소를 청구하지 못한다.

제824조 【혼인취소의 효력】 혼인의 취소의 효력은 기왕에 소급하지 아니한다.

제824조의2 【혼인의 취소와 자의 양육 등】 제837조 및 제837조의2의 규정은 혼인의 취소의 경우에 자의 양육책임과 면접교섭권에 관하여 이를 준용한다. [본조신설 2005.3.31]

제825조 【혼인취소와 손해배상청구권】 제806조의 규정은 혼인의 무효 또는 취소의 경우에 준용한다.

제4절 혼인의 효력

제1관 일반적 효력

제826조 【부부간의 의무】 ①부부는 동거하며 서로 부양하고 협조하여야 한다. 그러나 정당한 이유로 일시적으로 동거하지 아니하는 경우에는 서로 인용하여야 한다.
②부부의 동거장소는 부부의 협의에 따라 정한다. 그러나 협의가 이루어지지 아니하는 경우에는 당사자의 청구에 의하여 가정법원이 이를 정한다. <개정 1990.1.13>
③삭제 <2005.3.31>
④삭제 <2005.3.31>

제826조의2 【성년의제】 미성년자가 혼인을 한 때에는 성년자로 본다.
[본조신설 1977.12.31]

제827조 【부부간의 가사대리권】
①부부는 일상의 가사에 관하여 서로 대리권이 있다.

②전항의 대리권에 가한 제한은 선의의 제삼자에게 대항하지 못한다.

제828조 【부부간의 계약의 취소】

부부간의 계약은 혼인중 언제든지 부부의 일방이 이를 취소할 수 있다. 그러나 제삼자의 권리를 해하지 못한다.

제2관 재산상 효력

제829조 【부부재산의 약정과 그 변경】 ①부부가 혼인성립전에 그 재산에 관하여 따로 약정을 하지 아니한 때에는 그 재산관계는 본관중 다음 각조에 정하는 바에 의한다.

②부부가 혼인성립전에 그 재산에 관하여 약정한 때에는 혼인중 이를 변경하지 못한다. 그러나 정당한 사유가 있는 때에는 법원의 허가를 얻어 변경할 수 있다.

③전항의 약정에 의하여 부부의 일방이 다른 일방의 재산을 관리하는 경우에 부적당한 관리로 인하여 그 재산을 위태하게 한 때에는 다른 일방은 자기가 관리할 것을 법원에 청구할 수 있고 그 재산이 부부의 공유인 때에는 그 분할을 청구할 수 있다.

④부부가 그 재산에 관하여 따로 약정을 한 때에는 혼인성립까지에 그 등기를 하지 아니하면 이로써 부부의 승계인 또는 제삼자에게 대항하지 못한다.

⑤제2항, 제3항의 규정이나 약정에 의하여 관리자를 변경하거나 공유재산을 분할하였을 때에는 그 등기를 하지 아니하면 이로써 부부의 승계인 또는 제삼자에게 대항하지 못한다.

제830조 【특유재산과 귀속불명재산】

①부부의 일방이 혼인전부터 가진 고유재산과 혼인중 자기의 명의로 취득한 재산은 그 특유재산으로 한다.

②부부의 누구에게 속한 것인지 분명하지 아니한 재산은 부부의 공유로 추정한다. <개정 1977.12.31>

제831조 【특유재산의 관리등】 부부는 그 특유재산을 각자관리, 사용, 수익한다.

제832조 【가사로 인한 채무의 연대책임】 부부의 일방이 일상의 가사에 관하여 제삼자와 법률행위를 한 때에는 다른 일방은 이로 인한 채무에 대하여 연대책임이 있다. 그러나 이미 제삼자에 대하여 다른 일방의 책임없음을 명시한 때에는 그러하지 아니하다.

제833조 【생활비용】 부부의 공동생활에 필요한 비용은 당사자간에 특별한 약정이 없으면 부부가 공동으로 부담한다. [전문개정 1990.1.13]

제5절 이혼

제1관 협의상 이혼

제834조 【협의상 이혼】 부부는 협의에 의하여 이혼할 수 있다.

제835조 【금치산자의 협의상 이혼】
제808조제2항 및 제3항의 규정은 금치산자의 협의상 이혼에 이를 준용한다.
[전문개정 1990.1.13]

제835조 【성년후견과 협의상 이혼】
피성년후견인의 협의상 이혼에 관하여는 제808조제2항을 준용한다.
[전문개정 2011.3.7]
[시행일 : 2013.7.1]

제836조 【이혼의 성립과 신고방식】
①협의상 이혼은 가정법원의 확인을 받아 「가족관계의 등록 등에 관한 법률」의 정한 바에 의하여 신고함으로써 그 효력이 생긴다.
<개정 1977.12.31, 2007.5.17>
②전항의 신고는 당사자쌍방과 성년자인 증인 2인의 연서한 서면으로 하여야 한다.

제836조의2 【이혼의 절차】 ①협의상 이혼을 하려는 자는 가정법원이 제공하는 이혼에 관한 안내를 받아야 하고, 가정법원은 필요한 경우 당사자에게 상담에 관하여 전문적인 지식과 경험을 갖춘 전문상담인의 상담을 받을 것을 권고할 수 있다.
②가정법원에 이혼의사의 확인을 신청한 당사자는 제1항의 안내를 받은 날부터 다음 각 호의 기간이 지난 후에 이혼의사의 확인을 받을 수 있다.
  1. 양육하여야 할 자(포태 중인 자를 포함한다. 이하 이 조에서 같다)가 있는 경우에는 3개월
  2. 제1호에 해당하지 아니하는 경우에는 1개월
③가정법원은 폭력으로 인하여 당사자 일방에게 참을 수 없는 고통이 예상되는 등 이혼을 하여야 할 급박한 사정이 있는 경우에는 제2항의 기간을 단축 또는 면제할 수 있다.
④양육하여야 할 자가 있는 경우 당사자는 제837조에 따른 자(子)의 양육과 제909조제4항에 따른 자(子)의 친권자결정에 관한 협의서 또는 제837조 및 제909조제4항에 따른 가정법원의 심판정본을 제출하여야 한다.
⑤가정법원은 당사자가 협의한 양육비부담에 관한 내용을 확인하는 양육비부담조서를 작성하여야 한다. 이 경우 양육비부담조서의 효력에 대하여는 「가사소송법」 제41조를 준용한다.
<신설 2009.5.8>
[본조신설 2007.12.21]

제837조 【이혼과 자의 양육책임】

①당사자는 그 자의 양육에 관한 사항을 협의에 의하여 정한다.
<개정 1990.1.13>
②제1항의 협의는 다음의 사항을 포함하여야 한다. <개정 2007.12.21>
  1. 양육자의 결정
  2. 양육비용의 부담
  3. 면접교섭권의 행사 여부 및 그 방법
③제1항에 따른 협의가 자(子)의 복리에 반하는 경우에는 가정법원은 보정을 명하거나 직권으로 그 자(子)의 의사(意思)·연령과 부모의 재산상황, 그 밖의 사정을 참작하여 양육에 필요한 사항을 정한다. <개정 2007.12.21>
④양육에 관한 사항의 협의가 이루어지지 아니하거나 협의할 수 없는 때에는 가정법원은 직권으로 또는 당사자의 청구에 따라 이에 관하여 결정한다. 이 경우 가정법원은 제3항의 사정을 참작하여야 한다.
<신설 2007.12.21>
⑤가정법원은 자(子)의 복리를 위하여 필요하다고 인정하는 경우에는 부·모·자(子) 및 검사의 청구 또는 직권으로 자(子)의 양육에 관한 사항을 변경하거나 다른 적당한 처분을 할 수 있다. <신설 2007.12.21>
⑥제3항부터 제5항까지의 규정은 양육에 관한 사항 외에는 부모의 권리의무에 변경을 가져오지 아니한다.
<신설 2007.12.21>

제837조의2 【면접교섭권】 ①자(子)를 직접 양육하지 아니하는 부모의 일방과 자(子)는 상호 면접교섭할 수 있는 권리를 가진다. <개정 2007.12.21>
②가정법원은 자의 복리를 위하여 필요한 때에는 당사자의 청구 또는 직권에 의하여 면접교섭을 제한하거나 배제할 수 있다. <개정 2005.3.31>
[본조신설 1990.1.13]

제838조 【사기, 강박으로 인한 이혼의 취소청구권】 사기 또는 강박으로 인하여 이혼의 의사표시를 한 자는 그 취소를 가정법원에 청구할 수 있다. <개정 1990.1.13>

제839조 【준용규정】 제823조의 규정은 협의상 이혼에 준용한다.

제839조의2 【재산분할청구권】 ①협의상 이혼한 자의 일방은 다른 일방에 대하여 재산분할을 청구할 수 있다.
②제1항의 재산분할에 관하여 협의가 되지 아니하거나 협의할 수 없는 때에는 가정법원은 당사자의 청구에 의하여 당사자 쌍방의 협력으로 이룩한 재산의 액수 기타 사정을 참작하여 분할의 액수와 방법을 정한다.
③제1항의 재산분할청구권은 이혼한 날부터 2년을 경과한 때에는 소멸한다.
[본조신설 1990.1.13]

제839조의3 【재산분할청구권 보전을 위한 사해행위취소권】 ①부부의 일방이 다른 일방의 재산분할청구권 행사를 해함을 알면서도 재산권을 목적으로 하는 법률행위를 한 때에는 다른 일방은 제406조제1항을 준용하여 그 취소 및 원상회복을 가정법원에 청구할 수 있다. ②제1항의 소는 제406조제2항의 기간 내에 제기하여야 한다.
[본조신설 2007.12.21]

제2관 재판상 이혼

제840조 【재판상 이혼원인】 부부의 일방은 다음 각호의 사유가 있는 경우에는 가정법원에 이혼을 청구할 수 있다. <개정 1990.1.13>
  1. 배우자에 부정한 행위가 있었을 때
  2. 배우자가 악의로 다른 일방을 유기한 때
  3. 배우자 또는 그 직계존속으로부터 심히 부당한 대우를 받았을 때
  4. 자기의 직계존속이 배우자로부터 심히 부당한 대우를 받았을 때
  5. 배우자의 생사가 3년이상 분명하지 아니한 때
  6. 기타 혼인을 계속하기 어려운 중대한 사유가 있을 때

제841조 【부정으로 인한 이혼청구권의 소멸】 전조제1호의 사유는 다른 일방이 사전동의나 사후용서를 한 때 또는 이를 안 날로부터 6월, 그 사유있은 날로부터 2년을 경과한 때에는 이혼을 청구하지 못한다.

제842조 【기타 원인으로 인한 이혼청구권의 소멸】 제840조제6호의 사유는 다른 일방이 이를 안 날로부터 6월, 그 사유있은 날로부터 2년을 경과하면 이혼을 청구하지 못한다.

제843조 【준용규정】 제806조, 제837조, 제837조의2 및 제839조의2의 규정은 재판상 이혼의 경우에 준용한다. <개정 1990.1.13>

제4장 부모와 자

제1절 친생자

제844조 【부의 친생자의 추정】 ①처가 혼인중에 포태한 자는 부의 자로 추정한다.
②혼인성립의 날로부터 2백일후 또는 혼인관계 종료의 날로부터 3백일내에 출생한 자는 혼인중에 포태한 것으로 추정한다.

제845조 【법원에 의한 부의 결정】
재혼한 여자가 해산한 경우에 제844조의 규정에 의하여 그 자의 부를 정할 수 없는 때에는

법원이 당사자의 청구에 의하여 이를 정한다.
<개정 2005.3.31>

제846조 【자의 친생부인】 부부의 일방은 제844조의 경우에 그 자가 친생자임을 부인하는 소를 제기할 수 있다. <개정 2005.3.31>

제847조 【친생부인의 소】 ①친생부인(親生否認)의 소(訴)는 부(夫) 또는 처(妻)가 다른 일방 또는 자(子)를 상대로 하여 그 사유가 있음을 안 날부터 2년내에 이를 제기하여야 한다.
②제1항의 경우에 상대방이 될 자가 모두 사망한 때에는 그 사망을 안 날부터 2년내에 검사를 상대로 하여 친생부인의 소를 제기할 수 있다.
[전문개정 2005.3.31]

제848조 【금치산자의 친생부인의 소】
①부(夫) 또는 처(妻)가 금치산자인 때에는 그 후견인은 친족회의 동의를 얻어 친생부인의 소를 제기할 수 있다.
<개정 2005.3.31>
②제1항의 경우에 후견인이 친생부인의 소를 제기하지 아니한 때에는 금치산자는 금치산선고의 취소있은 날로부터 2년내에 친생부인의 소를 제기할 수 있다. <개정 2005.3.31>

제848조 【성년후견과 친생부인의 소】
①남편이나 아내가 피성년후견인인 경우에는 그의 성년후견인이 성년후견감독인의 동의를 받아 친생부인의 소를 제기할 수 있다. 성년후견감독인이 없거나 동의할 수 없을 때에는 가정법원에 그 동의를 갈음하는 허가를 청구할 수 있다.
②제1항의 경우 성년후견인이 친생부인의 소를 제기하지 아니하는 경우에는 피성년후견인은 성년후견종료의 심판이 있은 날부터 2년 내에 친생부인의 소를 제기할 수 있다.
[전문개정 2011.3.7]
[시행일 : 2013.7.1]

제849조 【자사망후의 친생부인】
자가 사망한 후에도 그 직계비속이 있는 때에는 그 모를 상대로, 모가 없으면 검사를 상대로 하여 부인의 소를 제기할 수 있다.

제850조 【유언에 의한 친생부인】
부(夫) 또는 처(妻)가 유언으로 부인의 의사를 표시한 때에는 유언집행자는 친생부인의 소를 제기하여야 한다.
<개정 2005.3.31>

제851조 【부의 자 출생 전 사망 등과 친생부인】 부(夫)가 자(子)의 출생 전에 사망하거나 부(夫) 또는 처(妻)가 제847조제1항의 기간내에 사망한 때에는 부(夫) 또는 처(妻)의 직계존속이나 직계비속에 한하여 그 사망을 안 날부터 2년내에 친생부인의 소를 제기할 수 있다. [전문개정 2005.3.31]

제852조 【친생부인권의 소멸】 자의 출생 후에 친생자(親生子)임을 승인한 자는 다시 친생부인의 소를 제기하지 못한다.
[전문개정 2005.3.31]

제853조 삭제 <2005.3.31>

제854조 【사기, 강박으로 인한 승인의 취소】 제852조의 승인이 사기 또는 강박으로 인한 때에는 이를 취소할 수 있다. <개정 2005.3.31>

제855조 【인지】 ①혼인외의 출생자는 그 생부나 생모가 이를 인지할 수 있다. 부모의 혼인이 무효인 때에는 출생자는 혼인외의 출생자로 본다.
②혼인외의 출생자는 그 부모가 혼인한 때에는 그때로부터 혼인중의 출생자로 본다.

제856조 【금치산자의 인지】 부가 금치산자인 때에는 후견인의 동의를 얻어 인지할 수 있다.

제856조 【피성년후견인의 인지】 아버지가 피성년후견인인 경우에는 성년후견인의 동의를 받아 인지할 수 있다.
[전문개정 2011.3.7]
[시행일 : 2013.7.1]

제857조 【사망자의 인지】 자가 사망한 후에도 그 직계비속이 있는 때에는 이를 인지할 수 있다.

제858조 【포태중인 자의 인지】 부는 포태중에 있는 자에 대하여도 이를 인지할 수 있다.

제859조 【인지의 효력발생】 ①인지는 「가족관계의 등록 등에 관한 법률」의 정하는 바에 의하여 신고함으로써 그 효력이 생긴다.
<개정 2007.5.17>
②인지는 유언으로도 이를 할 수 있다. 이 경우에는 유언집행자가 이를 신고하여야 한다.

제860조 【인지의 소급효】 인지는 그 자의 출생시에 소급하여 효력이 생긴다. 그러나

제삼자의 취득한 권리를 해하지 못한다.

제861조 【인지의 취소】 사기, 강박 또는 중대한 착오로 인하여 인지를 한 때에는 사기나 착오를 안 날 또는 강박을 면한 날로부터 6월내에 가정법원에 그 취소를 청구할 수 있다.
<개정 2005.3.31>

제862조 【인지에 대한 이의의 소】
자 기타 이해관계인은 인지의 신고있음을 안 날로부터 1년내에 인지에 대한 이의의 소를 제기할 수 있다.

제863조 【인지청구의 소】 자와 그 직계비속 또는 그 법정대리인은 부 또는 모를 상대로 하여 인지청구의 소를 제기할 수 있다.

제864조 【부모의 사망과 인지청구의 소】 제862조 및 제863조의 경우에 부 또는 모가 사망한 때에는 그 사망을 안 날로부터 2년내에 검사를 상대로 하여 인지에 대한 이의 또는 인지청구의 소를 제기할 수 있다.
<개정 2005.3.31>

제864조의2 【인지와 자의 양육책임 등】 제837조 및 제837조의2의 규정은 자가 인지된 경우에 자의 양육책임과 면접교섭권에 관하여 이를 준용한다. [본조신설 2005.3.31]

제865조 【다른 사유를 원인으로 하는 친생자관계존부확인의 소】 ①제845조, 제846조, 제848조, 제850조, 제851조, 제862조와 제863조의 규정에 의하여 소를 제기할 수 있는 자는 다른 사유를 원인으로 하여 친생자관계존부의 확인의 소를 제기할 수 있다.
②제1항의 경우에 당사자일방이 사망한 때에는 그 사망을 안 날로부터 2년내에 검사를 상대로 하여 소를 제기할 수 있다. <개정 2005.3.31>

제2절 양자

제1관 입양의 요건

제866조 【양자를 할 능력】 성년에 달한 자는 양자를 할 수 있다.

제866조 【입양을 할 능력】 성년이 된 사람은 입양(入養)을 할 수 있다.
[전문개정 2012.2.10]
[시행일 : 2013.7.1]

제867조 삭제 <1990.1.13>

제867조 【미성년자의 입양에 대한 가정법원의 허가】 ①미성년자를 입양하려는 사람은 가정법원의 허가를 받아야 한다.
②가정법원은 양자가 될 미성년자의 복리를 위하여 그 양육 상황, 입양의 동기, 양부모(養父母)의 양육능력, 그 밖의 사정을 고려하여 제1항에 따른 입양의 허가를 하지 아니할 수 있다.
[본조신설 2012.2.10]
[시행일 : 2013.7.1]

제868조 삭제 <1990.1.13>

제869조 【15세미만자의 입양승낙】
양자가 될 자가 15세미만인 때에는 법정대리인이 그에 갈음하여 입양의 승낙을 한다. 다만, 후견인이 입양을 승낙하는 경우에는 가정법원의 허가를 받아야 한다. <개정 2005.3.31>
[전문개정 1990.1.13]

제869조 【입양의 의사표시】
①양자가 될 사람이 13세 이상의 미성년자인 경우에는 법정대리인의 동의를 받아 입양을 승낙한다.
②양자가 될 사람이 13세 미만인 경우에는 법정대리인이 그를 갈음하여 입양을 승낙한다.
③가정법원은 다음 각 호의 어느 하나에 해당하는 경우에는 제1항에 따른 동의 또는 제2항에 따른 승낙이 없더라도 제867조제1항에 따른 입양의 허가를 할 수 있다.
 1. 법정대리인이 정당한 이유 없이 동의 또는 승낙을 거부하는 경우. 다만, 법정대리인이 친권자인 경우에는 제870조제2항의 사유가 있어야 한다.
 2. 법정대리인의 소재를 알 수 없는 등의 사유로 동의 또는 승낙을 받을 수 없는 경우
④제3항제1호의 경우 가정법원은 법정대리인을 심문하여야 한다.
⑤제1항에 따른 동의 또는 제2항에 따른 승낙은 제867조제1항에 따른 입양의 허가가 있기 전까지 철회할 수 있다.
[전문개정 2012.2.10]
[시행일 : 2013.7.1]

제870조 【입양의 동의】 ①양자가 될 자는 부모의 동의를 얻어야 하며 부모가 사망 기타 사유로 인하여 동의를 할 수 없는 경우에 다른 직계존속이 있으면 그 동의를 얻어야 한다.
②제1항의 경우에 직계존속이 수인인 때에는 최근존속을 선순위로 하고, 동순위자가 수인인 때에는 연장자를 선순위로 한다. <개정 1990.1.13>

제870조 【미성년자 입양에 대한 부모의 동의】 ①양자가 될 미성년자는 부모의 동의를 받아야 한다. 다만, 다음 각 호의 어느 하나에 해당하는 경우에는 그러하지 아니하다.

1. 부모가 제869조제1항에 따른 동의를 하거나 같은 조 제2항에 따른 승낙을 한 경우
2. 부모가 친권상실의 선고를 받은 경우
3. 부모의 소재를 알 수 없는 등의 사유로 동의를 받을 수 없는 경우

②가정법원은 다음 각 호의 어느 하나에 해당하는 사유가 있는 경우에는 부모가 동의를 거부하더라도 제867조제1항에 따른 입양의 허가를 할 수 있다. 이 경우 가정법원은 부모를 심문하여야 한다.

1. 부모가 3년 이상 자녀에 대한 부양의무를 이행하지 아니한 경우
2. 부모가 자녀를 학대 또는 유기(遺棄)하거나 그 밖에 자녀의 복리를 현저히 해친 경우

③제1항에 따른 동의는 제867조제1항에 따른 입양의 허가가 있기 전까지 철회할 수 있다.
[전문개정 2012.2.10]
[시행일 : 2013.7.1]

제871조 【미성년자입양의 동의】

양자가 될 자가 성년에 달하지 못한 경우에 부모 또는 다른직계존속이 없으면 후견인의 동의를 얻어야 한다. 그러나 후견인이 동의를 함에 있어서는 가정법원의 허가를 얻어야 한다. <개정 1990.1.13>

제871조 【성년자 입양에 대한 부모의 동의】 ①양자가 될 사람이 성년인 경우에는 부모의 동의를 받아야 한다. 다만, 부모의 소재를 알 수 없는 등의 사유로 동의를 받을 수 없는 경우에는 그러하지 아니하다.

②가정법원은 부모가 정당한 이유 없이 동의를 거부하는 경우에 양부모가 될 사람이나 양자가 될 사람의 청구에 따라 부모의 동의를 갈음하는 심판을 할 수 있다. 이 경우 가정법원은 부모를 심문하여야 한다.
[전문개정 2012.2.10]
[시행일 : 2013.7.1]

제872조 【후견인과 피후견인간의 입양】 후견인이 피후견인을 양자로 하는 경우에는 가정법원의 허가를 얻어야 한다. <개정 1990.1.13>

제872조 삭제 <2012.2.10>
[시행일 : 2013.7.1]

제873조 【금치산자의 입양】 금치산자는 후견인의 동의를 얻어 양자를 할 수 있고 양자가 될 수 있다.

제873조 【피성년후견인의 입양】 ①피성년후견인은 성년후견인의 동의를 받아 입양을

할 수 있고 양자가 될 수 있다.
②피성년후견인이 입양을 하거나 양자가 되는 경우에는 제867조를 준용한다.
③가정법원은 성년후견인이 정당한 이유 없이 제1항에 따른 동의를 거부하거나 피성년후견
인의 부모가 정당한 이유 없이 제871조제1항에 따른 동의를 거부하는 경우에 그 동의가 없
어도 입양을 허가할 수 있다. 이 경우 가정법원은 성년후견인 또는 부모를 심문하여야 한
다.
[전문개정 2012.2.10]
[시행일 : 2013.7.1]

제874조 【부부의 공동입양】 ①배우자있는 자가 양자를 할 때에는 배우자와 공동으로
하여야 한다.
②배우자있는 자가 양자가 될 때에는 다른 일방의 동의를 얻어야 한다.
[전문개정 1990.1.13]

제874조 【부부의 공동 입양 등】 ①배우자가 있는 사람은 배우자와 공동으로 입양하여
야 한다.
②배우자가 있는 사람은 그 배우자의 동의를 받아야만 양자가 될 수 있다.
[전문개정 2012.2.10]
[시행일 : 2013.7.1]

제875조 삭제 <1990.1.13>

제876조 삭제 <1990.1.13>

제877조 【양자의 금지】 ①존속 또는 연장자는 이를 양자로 하지 못한다.
②삭제 <1990.1.13>

제877조 【입양의 금지】 ①존속이나 연장자를 입양할 수 없다.
[전문개정 2012.2.10]
[시행일 : 2013.7.1]

제878조 【입양의 효력발생】 ①입양은 「가족관계의 등록 등에 관한 법률」에 정한 바에
의하여 신고함으로써 그 효력이 생긴다. <개정 2007.5.17>
②전항의 신고는 당사자쌍방과 성년자인 증인 2인의 연서한 서면으로 하여야 한다.

제878조 【입양의 성립】 입양은 「가족관계의 등록 등에 관한 법률」에서 정한 바에 따라
신고함으로써 그 효력이 생긴다.
[전문개정 2012.2.10]

[시행일 : 2013.7.1]

제879조 삭제 <1990.1.13>

제880조 삭제 <1990.1.13>

제881조 【입양신고의 심사】 입양신고는 그 입양이 제866조 내지 제877조, 제878조제2항의 규정 기타 법령에 위반함이 없는 때에는 이를 수리하여야 한다. <개정 1990.1.13>

제881조 【입양 신고의 심사】 제866조 내지 제877제866조, 제867조, 제869조부터 제871조까지, 제873조, 제874조, 제877조, 그 밖의 법령을 위반하지 아니한 입양 신고는 수리하여야 한다.
[전문개정 2012.2.10]
[시행일 : 2013.7.1]

제882조 【외국에서의 입양신고】
제814조의 규정은 입양의 경우에 준용한다.

제882조 【외국에서의 입양 신고】
외국에서 입양 신고를 하는 경우에는 제814조를 준용한다.
[전문개정 2012.2.10]
[시행일 : 2013.7.1]

제882조의2 【입양의 효력】
①양자는 입양된 때부터 양부모의 친생자와 같은 지위를 가진다.
②양자의 입양 전의 친족관계는 존속한다.
[본조신설 2012.2.10]
[시행일 : 2013.7.1]

제2관 입양의 무효와 취소

제883조 【입양무효의 원인】 입양은 다음 각호의 경우에는 무효로 한다.
1. 당사자간에 입양의 합의가 없는 때
2. 제869조, 제877조제1항의 규정에 위반한 때

■판례 - 친생자 출생신고 당시 입양의 실질적 요건을 갖추지 못하여 입양신고로서의 효력이 생기지 아니하였으나 그 후에 입양의 실질적 요건을 갖추게 된 경우, 무효인 친생자 출생신고가 소급적으로 입양신고로서의 효력을 갖게 되는지 여부(적극)

친생자 출생신고 당시 입양의 실질적 요건을 갖추지 못하여 입양신고로서의 효력이 생기지 아니하였더라도 그 후에 입양의 실질적 요건을 갖추게 된 경우에는 무효인 친생자 출생신고는 소급적으로 입양신고로서의 효력을 갖게 된다고 할 것이나 민법 제139조 본문이 무효인 법률행위는 추인하여도 그 효력이 생기지 않는다고 규정하고 있음에도 불구하고 입양 등의 신분행위에 관하여 이 규정을 적용하지 아니하고 추인에 의하여 소급적 효력을 인정하는 것은 무효인 신분행위 후 그 내용에 맞는 신분관계가 실질적으로 형성되어 쌍방 당사자가 이의 없이 그 신분관계를 계속하여 왔다면, 그 신고가 부적법하다는 이유로 이미 형성되어 있는 신분관계의 효력을 부인하는 것은 당사자의 의사에 반하고 그 이익을 해칠 뿐만 아니라, 그 실질적 신분관계의 외형과 호적의 기재를 믿은 제3자의 이익도 침해할 우려가 있기 때문에 추인에 의하여 소급적으로 신분행위의 효력을 인정함으로써 신분관계의 형성이라는 신분관계의 본질적 요소를 보호하는 것이 타당하다는 데에 그 근거가 있다고 할 것이므로, 당사자 간에 무효인 신고행위에 상응하는 신분관계가 실질적으로 형성되어 있지 아니한 경우에는 무효인 신분행위에 대한 추인의 의사표시만으로 그 무효행위의 효력을 인정할 수 없다. (대법원 2000. 6. 9. 선고 99므1633,1640 판결)

제883조 【입양 무효의 원인】 다음 각 호의 어느 하나에 해당하는 입양은 무효이다.

1. 당사자 사이에 입양의 합의가 없는 경우

2. 제867조제1항(제873조제2항에 따라 준용되는 경우를 포함한다), 제869조제2항, 제877조를 위반한 경우

[전문개정 2012.2.10]

[시행일 : 2013.7.1]

제884조 【입양취소의 원인】 입양은 다음 각호의 경우에는 가정법원에 그 취소를 청구할 수 있다.

<개정 1990.1.13>

1. 입양이 제866조 및 제870조 내지 제874조의 규정에 위반한 때

2. 입양 당시 양친자의 일방에게 악질 기타 중대한 사유가 있음을 알지 못한 때

3. 사기 또는 강박으로 인하여 입양의 의사표시를 한 때

제884조 【입양 취소의 원인】 ① 입양이 다음 각 호의 어느 하나에 해당하는 경우에는 가정법원에 그 취소를 청구할 수 있다.

1. 제866조, 제869조제1항, 같은 조 제3항제2호, 제870조제1항, 제871조제1항, 제873조제1항, 제874조를 위반한 경우

2. 입양 당시 양부모와 양자 중 어느 한쪽에게 악질(惡疾)이나 그 밖에 중대한 사유가 있음을 알지 못한 경우

3. 사기 또는 강박으로 인하여 입양의 의사표시를 한 경우

②입양 취소에 관하여는 제867조제2항을 준용한다.

[전문개정 2012.2.10]

[시행일 : 2013.7.1]

　제885조　【입양취소청구권자】　입양이 제866조의 규정에 위반한 때에는 양부모, 양자와 그 법정대리인 또는 직계혈족이 그 취소를 청구할 수 있다.　[전문개정 1990.1.13]

　제885조　【입양 취소 청구권자】　양부모, 양자와 그 법정대리인 또는 직계혈족은 제866조를 위반한 입양의 취소를 청구할 수 있다.
[전문개정 2012.2.10]
[시행일 : 2013.7.1]

　제886조　【동전】　입양이 제870조의 규정에 위반한 때에는 동의권자가 그 취소를 청구할 수 있고 제871조의 규정에 위반한 때에는 그 양자 또는 동의권자가 그 취소를 청구할 수 있다.
<개정 1990.1.13, 2005.3.31>

　제886조　【입양 취소 청구권자】　양자나 동의권자는 제869조제1항, 같은 조 제3항제2호, 제870조제1항을 위반한 입양의 취소를 청구할 수 있고, 동의권자는 제871조제1항을 위반한 입양의 취소를 청구할 수 있다.
[전문개정 2012.2.10]
[시행일 : 2013.7.1]

　제887조　【동전】　입양이 제872조의 규정에 위반한 때에는 피후견인 또는 친족회원이 그 취소를 청구할 수 있고 제873조의 규정에 위반한 때에는 금치산자 또는 후견인이 그 취소를 청구할 수 있다.

　제887조　【입양 취소 청구권자】　피성년후견인이나 성년후견인은 제873조제1항을 위반한 입양의 취소를 청구할 수 있다.
[전문개정 2012.2.10]
[시행일 : 2013.7.1]

　제888조　【동전】　입양이 제874조의 규정에 위반한 때에는 배우자가 그 취소를 청구할 수 있다.
[전문개정 1990.1.13]

　제888조　【입양 취소 청구권자】　배우자는 제874조를 위반한 입양의 취소를 청구할 수 있다.
[전문개정 2012.2.10]
[시행일 : 2013.7.1]

제889조 【입양취소청구권의 소멸】
제866조의 규정에 위반한 입양은 양친이 성년에 달한 후에는 그 취소를 청구하지 못한다.

제890조 삭제 <1990.1.13>

제891조 【동전】 제871조의 규정에 위반한 입양은 양자가 성년에 달한 후 3월을 경과하거나 사망한 때에는 그 취소를 청구하지 못한다.

제892조 【동전】 제872조의 규정에 위반한 입양은 후견의 종료로 인한 관리계산의 종료 후 6월을 경과하면 그 취소를 청구하지 못한다.

제893조 【동전】 제873조의 규정에 위반한 입양은 금치산선고의 취소있은 후 3월을 경과한 때에는 그 취소를 청구하지 못한다.

제894조 【동전】 제870조, 제874조의 규정에 위반한 입양은 그 사유있음을 안 날로부터 6월, 그 사유있은 날로부터 1년을 경과하면 그 취소를 청구하지 못한다.

제871조제1항, 제873조제1항, 제874조를 위반한 입양은 그 사유가 있음을 안 날부터 6개월, 그 사유가 있었던 날부터 1년이 지나면 그 취소를 청구하지 못한다.
[전문개정 2012.2.10]
[시행일 : 2013.7.1]

제895조 삭제 <1990.1.13>

제896조 【동전】 제884조제2호의 규정에 해당한 사유있는 입양은 양친자의 일방이 그 사유있음을 안 날로부터 6월을 경과하면 취소를 청구하지 못한다. <개정 1990.1.13>

제896조 【입양 취소 청구권의 소멸】 제884조제1항제2호에 해당하는 사유가 있는 입양은 양부모와 양자 중 어느 한 쪽이 그 사유가 있음을 안 날부터 6개월이 지나면 그 취소를 청구하지 못한다.
[전문개정 2012.2.10]
[시행일 : 2013.7.1]

제897조 【준용규정】 제823조, 제824조의 규정은 입양의 취소에 준용하고 제806조의 규정은 입양의 무효 또는 취소에 준용한다.

제897조 【준용규정】 입양의 무효 또는 취소에 따른 손해배상책임에 관하여는 제806조를 준용하고, 사기 또는 강박으로 인한 입양 취소 청구권의 소멸에 관하여는 제823조를 준용하며, 입양 취소의 효력에 관하여는 제824조를 준용한다.
[전문개정 2012.2.10]
[시행일 : 2013.7.1]

제3관 파양
제1항 협의상 파양

제898조 【협의상 파양】 ①양친자는 협의에 의하여 파양할 수 있다.
②삭제 <1990.1.13>

제898조 【협의상 파양】 양부모와 양자는 협의하여 파양(罷養)할 수 있다. 다만, 양자가 미성년자 또는 피성년후견인인 경우에는 그러하지 아니하다.
[전문개정 2012.2.10]
[시행일 : 2013.7.1]

제899조 【15세미만자의 협의상 파양】 ①양자가 15세미만인 때에는 제869조의 규정에 의하여 입양을 승낙한 자가 이에 갈음하여 파양의 협의를 하여야 한다. 그러나 입양을 승낙

한 자가 사망 기타 사유로 협의를 할 수 없는 때에는 생가의 다른 직계존속이 이를 하여야
한다.
②제1항의 규정에 의한 협의를 후견인 또는 생가(生家)의 다른 직계존속이 하는 때에는 가
정법원의 허가를 받아야 한다. <신설 2005.3.31>

제899조 삭제 <2012.2.10>
[시행일 : 2013.7.1]

제900조 【미성년자의 협의상 파양】
양자가 미성년자인 때에는 제871조의 규정에 의한 동의권자의 동의를 얻어 파양의 협의를
할 수 있다.

제900조 삭제 <2012.2.10>
[시행일 : 2013.7.1]

제901조 【준용규정】 제899조 및 제900조의 경우 직계존속이 수인인 때에는 제870조제2
항을 준용한다.
[전문개정 1990.1.13]

제901조 삭제 <2012.2.10>
[시행일 : 2013.7.1]

제902조 【금치산자의 협의상 파양】
양친이나 양자가 금치산자인 때에는 후견인의 동의를 얻어 파양의 협의를 할 수 있다.

제902조 【피성년후견인의 협의상 파양】 피성년후견인인 양부모는 성년후견인의 동의를
받아 파양을 협의할 수 있다.
[전문개정 2012.2.10]
[시행일 : 2013.7.1]

제903조 【파양신고의 심사】 파양의 신고는 그 파양이 제878조제2항, 제898조 내지 전
조의 규정 기타 법령에 위반함이 없으면 이를 수리하여야 한다.

제903조 【파양 신고의 심사】 제898조, 제902조, 그 밖의 법령을 위반하지 아니한 파양
신고는 수리하여야 한다.
[전문개정 2012.2.10]
[시행일 : 2013.7.1]

제904조 【준용규정】 제823조와 제878조의 규정은 협의상 파양에 준용한다.

제904조 【준용규정】 사기 또는 강박으로 인한 파양 취소 청구권의 소멸에 관하여는 제823조를 준용하고, 협의상 파양의 성립에 관하여는 제878조를 준용한다.
[전문개정 2012.2.10]
[시행일 : 2013.7.1]

제2항 재판상 파양
<개정 2012.2.10>

제905조 【재판상 파양원인】 양친자의 일방은 다음 각호의 사유가 있는 경우에는 가정법원에 파양을 청구할 수 있다. <개정 1990.1.13>
  1. 가족의 명예를 오독하거나 재산을 경도한 중대한 과실이 있을 때
  2. 다른 일방 또는 그 직계존속으로부터 심히 부당한 대우를 받았을 때
  3. 자기의 직계존속이 다른 일방으로부터 심히 부당한 대우를 받았을 때
  4. 양자의 생사가 3년이상 분명하지 아니한 때
  5. 기타 양친자관계를 계속하기 어려운 중대한 사유가 있을 때

제905조 【재판상 파양의 원인】 양부모, 양자 또는 제906조에 따른 청구권자는 다음 각호의 어느 하나에 해당하는 경우에는 가정법원에 파양을 청구할 수 있다.
  1. 양부모가 양자를 학대 또는 유기하거나 그 밖에 양자의 복리를 현저히 해친 경우
  2. 양부모가 양자로부터 심히 부당한 대우를 받은 경우
  3. 양부모나 양자의 생사가 3년 이상 분명하지 아니한 경우
  4. 그 밖에 양친자관계를 계속하기 어려운 중대한 사유가 있는 경우
[전문개정 2012.2.10]
[시행일 : 2013.7.1]

제906조 【준용규정】 제899조 내지 제902조의 규정은 재판상 파양의 청구에 준용한다. <개정 1990.1.13>

제906조 【파양 청구권자】 ①양자가 13세 미만인 경우에는 제869조제2항에 따른 승낙을 한 사람이 양자를 갈음하여 파양을 청구할 수 있다. 다만, 파양을 청구할 수 있는 사람이 없는 경우에는 제777조에 따른 양자의 친족이나 이해관계인이 가정법원의 허가를 받아 파양을 청구할 수 있다.
②양자가 13세 이상의 미성년자인 경우에는 제870조제1항에 따른 동의를 한 부모의 동의를 받아 파양을 청구할 수 있다. 다만, 부모가 사망하거나 그 밖의 사유로 동의할 수 없는 경우에는 동의 없이 파양을 청구할 수 있다.
③양부모나 양자가 피성년후견인인 경우에는 성년후견인의 동의를 받아 파양을 청구할 수

있다.

④검사는 미성년자나 피성년후견인인 양자를 위하여 파양을 청구할 수 있다.

[전문개정 2012.2.10]

[시행일 : 2013.7.1]

제907조 【파양청구권의 소멸】 제905조제1호 내지 제3호와 제5호의 사유는 다른 일방이 이를 안 날로부터 6월, 그 사유있은 날로부터 3년을 경과하면 파양을 청구하지 못한다.

제907조 【파양 청구권의 소멸】 파양 청구권자는 제905조제1호·제2호·제4호의 사유가 있음을 안 날부터 6개월, 그 사유가 있었던 날부터 3년이 지나면 파양을 청구할 수 없다.

[전문개정 2012.2.10]

[시행일 : 2013.7.1]

제908조 【파양과 손해배상청구권】

제806조의 규정은 재판상 파양에 준용한다.

제908조 【준용규정】

재판상 파양에 따른 손해배상책임에 관하여는 제806조를 준용한다.

[전문개정 2012.2.10]

[시행일 : 2013.7.1]

제4관 친양자
<신설 2005.3.31>

제908조의2 【친양자 입양의 요건 등】 ①친양자(親養子)를 하려는 자는 다음 각호의 요건을 갖추어 가정법원에 친양자 입양의 청구를 하여야 한다.

　1. 3년 이상 혼인중인 부부로서 공동으로 입양할 것. 다만, 1년 이상 혼인중인 부부의 일방이 그 배우자의 친생자를 친양자로 하는 경우에는 그러하지 아니하다.

　2. 친양자로 될 자가 15세 미만일 것

　3. 친양자로 될 자의 친생부모가 친양자 입양에 동의할 것. 다만, 부모의 친권이 상실되거나 사망 그 밖의 사유로 동의할 수 없는 경우에는 그러하지 아니하다.

　4. 제869조의 규정에 의한 법정대리인의 입양승낙이 있을 것

②가정법원은 친양자로 될 자의 복리를 위하여 그 양육상황, 친양자 입양의 동기, 양친(養親)의 양육능력 그 밖의 사정을 고려하여 친양자 입양이 적당하지 아니하다고 인정되는 경우에는 제1항의 청구를 기각할 수 있다.

[본조신설 2005.3.31]

제908조의2 【친양자 입양의 요건 등】 ①친양자(親養子)를 입양하려는 사람은 다음 각 호의

요건을 갖추어 가정법원에 친양자 입양을 청구하여야 한다.
  1. 3년 이상 혼인 중인 부부로서 공동으로 입양할 것. 다만, 1년 이상 혼인 중인 부부의 한쪽이 그 배우자의 친생자를 친양자로 하는 경우에는 그러하지 아니하다.
  2. 친양자가 될 사람이 미성년자일 것
  3. 친양자가 될 사람의 친생부모가 친양자 입양에 동의할 것. 다만, 부모가 친권상실의 선고를 받거나 소재를 알 수 없거나 그 밖의 사유로 동의할 수 없는 경우에는 그러하지 아니하다.
  4. 친양자가 될 사람이 13세 이상인 경우에는 법정대리인의 동의를 받아 입양을 승낙할 것
  5. 친양자가 될 사람이 13세 미만인 경우에는 법정대리인이 그를 갈음하여 입양을 승낙할 것
②가정법원은 다음 각 호의 어느 하나에 해당하는 경우에는 제1항제3호·제4호에 따른 동의 또는 같은 항 제5호에 따른 승낙이 없어도 제1항의 청구를 인용할 수 있다. 이 경우 가정법원은 동의권자 또는 승낙권자를 심문하여야 한다.
  1. 법정대리인이 정당한 이유 없이 동의 또는 승낙을 거부하는 경우. 다만, 법정대리인이 친권자인 경우에는 제2호 또는 제3호의 사유가 있어야 한다.
  2. 친생부모가 자신에게 책임이 있는 사유로 3년 이상 자녀에 대한 부양의무를 이행하지 아니하고 면접교섭을 하지 아니한 경우
  3. 친생부모가 자녀를 학대 또는 유기하거나 그 밖에 자녀의 복리를 현저히 해친 경우
③가정법원은 친양자가 될 사람의 복리를 위하여 그 양육상황, 친양자 입양의 동기, 양부모의 양육능력, 그 밖의 사정을 고려하여 친양자 입양이 적당하지 아니하다고 인정하는 경우에는 제1항의 청구를 기각할 수 있다.
[전문개정 2012.2.10]
[시행일 : 2013.7.1]

제908조의3 【친양자 입양의 효력】

①친양자는 부부의 혼인중 출생자로 본다.
②친양자의 입양 전의 친족관계는 제908조의2제1항의 청구에 의한 친양자 입양이 확정된 때에 종료한다. 다만, 부부의 일방이 그 배우자의 친생자를 단독으로 입양한 경우에 있어서의 배우자 및 그 친족과 친생자간의 친족관계는 그러하지 아니하다.
[본조신설 2005.3.31]

제908조의4 【친양자 입양의 취소 등】 ①친양자로 될 자의 친생(親生)의 부 또는 모는 자신에게 책임이 없는 사유로 인하여 제908조의2제1항제3호 단서의 규정에 의한 동의를 할 수 없었던 경우에는 친양자 입양의 사실을 안 날부터 6월내에 가정법원에 친양자 입양의 취소를 청구할 수 있다.
②제883조 및 제884조의 규정은 친양자 입양에 관하여 이를 적용하지 아니한다.
  [본조신설 2005.3.31]

제908조의4 【친양자 입양의 취소 등】 ①친양자로 될 사람의 친생(親生)의 아버지 또는 어머니는 자신에게 책임이 없는 사유로 인하여 제908조의2제1항제3호 단서에 따른 동의를 할 수 없었던 경우에 친양자 입양의 사실을 안 날부터 6개월 안에 가정법원에 친양자 입양의 취소를 청구할 수 있다.
②친양자 입양에 관하여는 제883조, 제884조를 적용하지 아니한다.
[전문개정 2012.2.10]
[시행일 : 2013.7.1]

제908조의5 【친양자의 파양】 ①양친, 친양자, 친생의 부 또는 모나 검사는 다음 각호의 어느 하나의 사유가 있는 경우에는 가정법원에 친양자의 파양(罷養)을 청구할 수 있다.
  1. 양친이 친양자를 학대 또는 유기(遺棄)하거나 그 밖에 친양자의 복리를 현저히 해하는 때
  2. 친양자의 양친에 대한 패륜(悖倫)행위로 인하여 친양자관계를 유지시킬 수 없게 된 때
②제898조 및 제905조의 규정은 친양자의 파양에 관하여 이를 적용하지 아니한다.
[본조신설 2005.3.31]

제908조의6 【준용규정】 제908조의2제2항의 규정은 친양자 입양의 취소 또는 제908조의5제1항제2호의 규정에 의한 파양의 청구에 관하여 이를 준용한다. [본조신설 2005.3.31]

제908조의6 【준용규정】 제908조의2제3항은 친양자 입양의 취소 또는 제908조의5제1항제2호에 따른 파양의 청구에 관하여 이를 준용한다. <개정 2012.2.10>
[본조신설 2005.3.31]
[시행일 : 2013.7.1]

제908조의7 【친양자 입양의 취소·파양의 효력】 ①친양자 입양이 취소되거나 파양된 때에는 친양자관계는 소멸하고 입양 전의 친족관계는 부활한다.
②제1항의 경우에 친양자 입양의 취소의 효력은 소급하지 아니한다.
[본조신설 2005.3.31]

제908조의8 【준용규정】 친양자에 관하여 이 관에 특별한 규정이 있는 경우를 제외하고는 그 성질에 반하지 아니하는 범위 안에서 양자에 관한 규정을 준용한다.
[본조신설 2005.3.31]

제3절 친권

제1관 총칙

제909조 【친권자】 ①부모는 미성년자인 자의 친권자가 된다. 양자의 경우에는 양부모(養父母)가 친권자가 된다. <개정 2005.3.31>

②친권은 부모가 혼인중인 때에는 부모가 공동으로 이를 행사한다. 그러나 부모의 의견이 일치하지 아니하는 경우에는 당사자의 청구에 의하여 가정법원이 이를 정한다.

③부모의 일방이 친권을 행사할 수 없을 때에는 다른 일방이 이를 행사한다.

④혼인외의 자가 인지된 경우와 부모가 이혼하는 경우에는 부모의 협의로 친권자를 정하여야 하고, 협의할 수 없거나 협의가 이루어지지 아니하는 경우에는 가정법원은 직권으로 또는 당사자의 청구에 따라 친권자를 지정하여야 한다. 다만, 부모의 협의가 자(子)의 복리에 반하는 경우에는 가정법원은 보정을 명하거나 직권으로 친권자를 정한다.
<개정 2005.3.31, 2007.12.21>

⑤가정법원은 혼인의 취소, 재판상 이혼 또는 인지청구의 소의 경우에는 직권으로 친권자를 정한다.
<개정 2005.3.31>

⑥가정법원은 자의 복리를 위하여 필요하다고 인정되는 경우에는 자의 4촌 이내의 친족의 청구에 의하여 정하여진 친권자를 다른 일방으로 변경할 수 있다. <신설 2005.3.31>
 [전문개정 1990.1.13]

제909조의2 【친권자의 지정 등】 ①제909조제4항부터 제6항까지의 규정에 따라 단독 친권자로 정하여진 부모의 일방이 사망한 경우 생존하는 부 또는 모, 미성년자, 미성년자의 친족은 그 사실을 안 날부터 1개월, 사망한 날부터 6개월 내에 가정법원에 생존하는 부 또는 모를 친권자로 지정할 것을 청구할 수 있다.

②입양이 취소되거나 파양된 경우 또는 양부모가 모두 사망한 경우 친생부모 일방 또는 쌍방, 미성년자, 미성년자의 친족은 그 사실을 안 날부터 1개월, 입양이 취소되거나 파양된 날 또는 양부모가 모두 사망한 날부터 6개월 내에 가정법원에 친생부모 일방 또는 쌍방을 친권자로 지정할 것을 청구할 수 있다. 다만, 친양자의 양부모가 사망한 경우에는 그러하지 아니하다.

③제1항 또는 제2항의 기간 내에 친권자 지정의 청구가 없을 때에는 가정법원은 직권으로 또는 미성년자, 미성년자의 친족, 이해관계인, 검사, 지방자치단체의 장의 청구에 의하여 미성년후견인을 선임할 수 있다. 이 경우 생존하는 부 또는 모, 친생부모 일방 또는 쌍방의 소재를 모르거나 그가 정당한 사유 없이 소환에 응하지 아니하는 경우를 제외하고 그에게 의견을 진술할 기회를 주어야 한다.

④가정법원은 제1항 또는 제2항에 따른 친권자 지정 청구나 제3항에 따른 후견인 선임 청구가 생존하는 부 또는 모, 친생부모 일방 또는 쌍방의 양육의사 및 양육능력, 청구 동기, 미성년자의 의사, 그 밖의 사정을 고려하여 미성년자의 복리를 위하여 적절하지 아니하다고 인정하면 청구를 기각할 수 있다. 이 경우 가정법원은 직권으로 미성년후견인을 선임하거나 생존하는 부 또는 모, 친생부모 일방 또는 쌍방을 친권자로 지정하여야 한다.

⑤가정법원은 다음 각 호의 어느 하나에 해당하는 경우에 직권으로 또는 미성년자, 미성년자의 친족, 이해관계인, 검사, 지방자치단체의 장의 청구에 의하여 제1항부터 제4항까지의

규정에 따라 친권자가 지정되거나 미성년후견인이 선임될 때까지 그 임무를 대행할 사람을 선임할 수 있다. 이 경우 그 임무를 대행할 사람에 대하여는 제25조 및 제954조를 준용한다.
  1. 단독 친권자가 사망한 경우
  2. 입양이 취소되거나 파양된 경우
  3. 양부모가 모두 사망한 경우
⑥가정법원은 제3항 또는 제4항에 따라 미성년후견인이 선임된 경우라도 미성년후견인 선임 후 양육상황이나 양육능력의 변동, 미성년자의 의사, 그 밖의 사정을 고려하여 미성년자의 복리를 위하여 필요하면 생존하는 부 또는 모, 친생부모 일방 또는 쌍방, 미성년자의 청구에 의하여 후견을 종료하고 생존하는 부 또는 모, 친생부모 일방 또는 쌍방을 친권자로 지정할 수 있다.
[본조신설 2011.5.19]
[시행일 : 2013.7.1]

제910조 【자의 친권의 대행】 친권자는 그 친권에 따르는 자에 갈음하여 그 자에 대한 친권을 행사한다.
<개정 2005.3.31>

제911조 【미성년자인 자의 법정대리인】 친권을 행사하는 부 또는 모는 미성년자인 자의 법정대리인이 된다.

제912조 【친권행사의 기준】 친권을 행사함에 있어서는 자의 복리를 우선적으로 고려하여야 한다.
[본조신설 2005.3.31]

제912조 【친권 행사와 친권자 지정의 기준】 ①친권을 행사함에 있어서는 자의 복리를 우선적으로 고려하여야 한다. <개정 2011.5.19>
②가정법원이 친권자를 지정함에 있어서는 자(子)의 복리를 우선적으로 고려하여야 한다. 이를 위하여 가정법원은 관련 분야의 전문가나 사회복지기관으로부터 자문을 받을 수 있다. <신설 2011.5.19>
[본조신설 2005.3.31]
[제목개정 2011.5.19]
[시행일 : 2013.7.1]

제2관 친권의 효력

제913조 【보호, 교양의 권리의무】

친권자는 자를 보호하고 교양할 권리의무가 있다.

제914조 【거소지정권】 자는 친권자의 지정한 장소에 거주하여야 한다.

제915조 【징계권】 친권자는 그 자를 보호 또는 교양하기 위하여 필요한 징계를 할 수 있고 법원의 허가를 얻어 감화 또는 교정기관에 위탁할 수 있다.

제916조 【자의 특유재산과 그 관리】 자가 자기의 명의로 취득한 재산은 그 특유재산으로 하고 법정대리인인 친권자가 이를 관리한다.

제917조 삭제 <1990.1.13>

제918조 【제삼자가 무상으로 자에게 수여한 재산의 관리】 ①무상으로 자에게 재산을 수여한 제삼자가 친권자의 관리에 반대하는 의사를 표시한 때에는 친권자는 그 재산을 관리하지 못한다.
②전항의 경우에 제삼자가 그 재산관리인을 지정하지 아니한 때에는 법원은 재산의 수여를 받은 자 또는 제777조의 규정에 의한 친족의 청구에 의하여 관리인을 선임한다.
③제삼자의 지정한 관리인의 권한이 소멸하거나 관리인을 개임할 필요있는 경우에 제삼자가 다시 관리인을 지정하지 아니한 때에도 전항과 같다.
④제24조제1항, 제2항, 제4항, 제25조 전단 및 제26조제1항, 제2항의 규정은 전2항의 경우에 준용한다.

제919조 【위임에 관한 규정의 준용】 제691조, 제692조의 규정은 전3조의 재산관리에 준용한다.

제920조 【자의 재산에 관한 친권자의 대리권】 법정대리인인 친권자는 자의 재산에 관한 법률행위에 대하여 그 자를 대리한다. 그러나 그 자의 행위를 목적으로 하는 채무를 부담할 경우에는 본인의 동의를 얻어야 한다.

제920조의2 【공동친권자의 일방이 공동명의로 한 행위의 효력】 부모가 공동으로 친권을 행사하는 경우 부모의 일방이 공동명의로 자를 대리하거나 자의 법률행위에 동의한 때에는 다른 일방의 의사에 반하는 때에도 그 효력이 있다. 그러나 상대방이 악의인 때에는 그러하지 아니한다.
[본조신설 1990.1.13]

제921조 【친권자와 그 자간 또는 수인의 자간의 이해상반행위】 ①법정대리인인 친권자와 그 자사이에 이해상반되는 행위를 함에는 친권자는 법원에 그 자의 특별대리인의 선임을 청구하여야 한다.

②법정대리인인 친권자가 그 친권에 따르는 수인의 자사이에 이해상반되는 행위를 함에는 법원에 그 자 일방의 특별대리인의 선임을 청구하여야 한다. <개정 2005.3.31>

　　■판례 - 친권자인 모가 자신이 연대보증한 채무의 담보로 자신과 자의 공유인 토지 중 자의 공유지분에 관하여 법정대리인의 자격으로 근저당권설정계약을 체결한 행위가 민법 제921조 제1항 소정의 '이해상반행위'에 해당하는지 여부(적극)

친권자인 모가 자신이 연대보증한 차용금 채무의 담보로 자신과 자의 공유인 토지 중 자신의 공유지분에 관하여는 공유지분권자로서, 자의 공유지분에 관하여는 그 법정대리인의 자격으로 각각 근저당권설정계약을 체결한 경우, 위 채권의 만족을 얻기 위하여 채권자가 위 토지 중 자의 공유지분에 관한 저당권의 실행을 선택한 때에는, 그 경매대금이 변제에 충당되는 한도에 있어서 모의 책임이 경감되고, 또한 채권자가 모에 대한 연대보증책임의 추구를 선택하여 변제를 받은 때에는, 모는 채권자를 대위하여 위 토지 중 자의 공유지분에 대한 저당권을 실행할 수 있는 것으로 되는바, 위와 같이 친권자인 모와 자 사이에 이해의 충돌이 발생할 수 있는 것이, 친권자인 모가 한 행위 자체의 외형상 객관적으로 당연히 예상되는 것이어서, 모가 자를 대리하여 위 토지 중 자의 공유지분에 관하여 위 근저당권설정계약을 체결한 행위는 이해상반행위로서 무효라고 보아야 한다.
(대법원 2002. 1. 11. 선고 2001다65960 판결)

　　■판례 - 민법 제921조 제1항 소정의'이해상반행위' 여부의 판단에 있어서 행위의 동기나 연유를 고려하여야 하는지 여부(소극)

법정대리인인 친권자와 그 자 사이의 이해상반의 유무는 전적으로 그 행위 자체를 객관적으로 관찰하여 판단하여야 할 것이지 그 행위의 동기나 연유를 고려하여 판단하여야 할 것은 아니다.
(대법원 2002. 1. 11. 선고 2001다65960 판결)

제922조 【친권자의 주의의무】 친권자가 그 자에 대한 법률행위의 대리권 또는 재산관리권을 행사함에는 자기의 재산에 관한 행위와 동일한 주의를 하여야 한다.

제923조 【재산관리의 계산】 ①법정대리인인 친권자의 권한이 소멸한 때에는 그 자의 재산에 대한 관리의 계산을 하여야 한다.
②전항의 경우에 그 자의 재산으로부터 수취한 과실은 그 자의 양육, 재산관리의 비용과 상계한 것으로 본다. 그러나 무상으로 자에게 재산을 수여한 제삼자가 반대의 의사를 표시한 때에는 그 재산에 관하여는 그러하지 아니하다.

제3관 친권의 상실

제924조 【친권상실의 선고】 부 또는 모가 친권을 남용하거나 현저한 비행 기타 친권을 행사시킬 수 없는 중대한 사유가 있는 때에는 법원은 제777조의 규정에 의한 자의 친족 또는 검사의 청구에 의하여 그 친권의 상실을 선고할 수 있다.

제925조 【대리권, 관리권상실의 선고】

법정대리인인 친권자가 부적당한 관리로 인하여 자의 재산을 위태하게 한 때에는 법원은 제777조의 규정에 의한 자의 친족의 청구에 의하여 그 법률행위의 대리권과 재산관리권의 상실을 선고할 수 있다.

제926조 【실권회복의 선고】 전2조의 원인이 소멸한 때에는 법원은 본인 또는 제777조의 규정에 의한 친족의 청구에 의하여 실권의 회복을 선고할 수 있다.

제927조 【대리권, 관리권의 사퇴와 회복】 ①법정대리인인 친권자는 정당한 사유가 있는 때에는 법원의 허가를 얻어 그 법률행위의 대리권과 재산관리권을 사퇴할 수 있다.
②전항의 사유가 소멸한 때에는 그 친권자는 법원의 허가를 얻어 사퇴한 권리를 회복할 수 있다.

제927조의2 【친권 상실과 친권자의 지정 등】 ①제909조제4항부터 제6항까지의 규정에 따라 단독 친권자가 된 부 또는 모, 양부모(친양자의 양부모를 제외한다) 쌍방에게 다음 각 호의 어느 하나에 해당하는 사유가 있는 경우에는 제909조의2제1항 및 제3항부터 제5항까지의 규정을 준용한다. 다만, 제2호와 제3호의 경우 새로 정하여진 친권자 또는 미성년후견인의 임무는 미성년자의 재산에 관한 행위에 한정된다.
  1. 제924조에 따른 친권상실의 선고가 있는 경우
  2. 제925조에 따른 대리권과 재산관리권 상실의 선고가 있는 경우
  3. 제927조제1항에 따라 대리권과 재산관리권을 사퇴한 경우
  4. 소재불명 등 친권을 행사할 수 없는 중대한 사유가 있는 경우
②가정법원은 제1항에 따라 친권자가 지정되거나 미성년후견인이 선임된 후 단독 친권자이었던 부 또는 모, 양부모 일방 또는 쌍방에게 다음 각 호의 어느 하나에 해당하는 사유가 있는 경우에는 그 부모 일방 또는 쌍방, 미성년자, 미성년자의 친족의 청구에 의하여 친권자를 새로 지정할 수 있다.
  1. 제926조에 따라 실권의 회복이 선고된 경우
  2. 제927조제2항에 따라 사퇴한 권리를 회복한 경우
  3. 소재불명이던 부 또는 모가 발견되는 등 친권을 행사할 수 있게 된 경우
[본조신설 2011.5.19]
[시행일 : 2013.7.1]

제5장 후견

제1절 미성년후견과 성년후견
<개정 2011.3.7>

제1관 후견인
<신설 2011.3.7>

제928조 【미성년자에 대한 후견의 개시】 미성년자에 대하여 친권자가 없거나 친권자가 법률행위의 대리권 및 재산관리권을 행사할 수 없는 때에는 그 후견인을 두어야 한다.

제928조 【미성년자에 대한 후견의 개시】 미성년자에게 친권자가 없거나 친권자가 법률행위의 대리권과 재산관리권을 행사할 수 없는 경우에는 미성년후견인을 두어야 한다.
[전문개정 2011.3.7]
[시행일 : 2013.7.1]

제929조 【금치산자등에 대한 후견의 개시】 금치산 또는 한정치산의 선고가 있는 때에는 그 선고를 받은 자의 후견인을 두어야 한다.

제929조 【성년후견심판에 의한 후견의 개시】 가정법원의 성년후견개시심판이 있는 경우에는 그 심판을 받은 사람의 성년후견인을 두어야 한다.
[전문개정 2011.3.7]
[시행일 : 2013.7.1]

제930조 【후견인의 수】 후견인은 1인으로 한다.

제930조 【후견인의 수】 ①미성년후견인의 수(數)는 한 명으로 한다.
②성년후견인은 피성년후견인의 신상과 재산에 관한 모든 사정을 고려하여 여러 명을 둘 수 있다.
③법인도 성년후견인이 될 수 있다.
[전문개정 2011.3.7]
[시행일 : 2013.7.1]

제931조 【유언에 의한 후견인의 지정】
미성년자에 대하여 친권을 행사하는 부모는 유언으로 미성년자의 후견인을 지정할 수 있다. 그러나 법률행위의 대리권과 재산관리권없는 친권자는 이를 지정하지 못한다.

제931조 【유언에 의한 미성년후견인의 지정 등】
①미성년자에게 친권을 행사하는 부모는 유언으로 미성년후견인을 지정할 수 있다. 다만, 법률행위의 대리권과 재산관리권이 없는 친권자는 그러하지 아니하다.
②가정법원은 제1항에 따라 미성년후견인이 지정된 경우라도 미성년자의 복리를 위하여 필요하면 생존하는 부 또는 모, 미성년자의 청구에 의하여 후견을 종료하고 생존하는 부 또는 모를 친권자로 지정할 수 있다.
[전문개정 2011.5.19]
[시행일 : 2013.7.1]

제932조 **【미성년자의 후견인의 순위】** 제931조의 규정에 의한 후견인의 지정이 없는 때에는 미성년자의 직계혈족, 3촌이내의 방계혈족의 순위로 후견인이 된다. [전문개정 1990.1.13]

제932조 **【미성년후견인의 선임】** ①가정법원은 제931조에 따라 지정된 미성년후견인이 없는 경우에는 직권으로 또는 미성년자, 친족, 이해관계인, 검사, 지방자치단체의 장의 청구에 의하여 미성년후견인을 선임한다. 미성년후견인이 없게 된 경우에도 또한 같다.
②가정법원은 친권상실의 선고나 대리권 및 재산관리권 상실의 선고에 따라 미성년후견인을 선임할 필요가 있는 경우에는 직권으로 미성년후견인을 선임한다.
③친권자가 대리권 및 재산관리권을 사퇴한 경우에는 지체 없이 가정법원에 미성년후견인의 선임을 청구하여야 한다.
[전문개정 2011.3.7]
[시행일 : 2013.7.1]

제933조 **【금치산등의 후견인의 순위】** 금치산 또는 한정치산의 선고가 있는 때에는 그 선고를 받은 자의 직계혈족, 3촌이내의 방계혈족의 순위로 후견인이 된다. [전문개정 1990.1.13]

제933조 삭제 <2011.3.7>
[시행일 : 2013.7.1]

제934조 **【기혼자의 후견인의 순위】** 기혼자가 금치산 또는 한정치산의 선고를 받은 때에는 배우자가 후견인이 된다. 그러나 배우자도 금치산 또는 한정치산의 선고를 받은 때에는 제933조의 순위에 따른다. [전문개정 1990.1.13]

제934조 삭제 <2011.3.7>
[시행일 : 2013.7.1]

제935조 **【후견인의 순위】** ①제932조 내지 제934조의 규정에 의한 직계혈족 또는 방계혈족이 수인인 때에는 최근친을 선순위로 하고, 동순위자가 수인인 때에는 연장자를 선순위로 한다. <개정 1990.1.13>
②제1항의 규정에 불구하고 양자의 친생부모와 양부모가 구존한 때에는 양부모를 선순위로, 기타 생가혈족과 양가혈족의 촌수가 동순위인 때에는 양가혈족을 선순위로 한다. <개정 1990.1.13>

제935조 삭제 <2011.3.7>
[시행일 : 2013.7.1]

제936조 【법원에 의한 후견인의 선임】 ①전4조의 규정에 의하여 후견인이 될 자가 없는 경우에는 법원은 제777조의 규정에 의한 피후견인의 친족 기타 이해관계인의 청구에 의하여 후견인을 선임하여야 한다.

②후견인이 사망, 결격 기타 사유로 인하여 결격된 때에 전4조의 규정에 의하여 후견인이 될 자가 없는 경우에도 전항과 같다.

제936조 【성년후견인의 선임】 ①제929조에 따른 성년후견인은 가정법원이 직권으로 선임한다.

②가정법원은 성년후견인이 사망, 결격, 그 밖의 사유로 없게 된 경우에도 직권으로 또는 피성년후견인, 친족, 이해관계인, 검사, 지방자치단체의 장의 청구에 의하여 성년후견인을 선임한다.

③가정법원은 성년후견인이 선임된 경우에도 필요하다고 인정하면 직권으로 또는 제2항의 청구권자나 성년후견인의 청구에 의하여 추가로 성년후견인을 선임할 수 있다.

④가정법원이 성년후견인을 선임할 때에는 피성년후견인의 의사를 존중하여야 하며, 그 밖에 피성년후견인의 건강, 생활관계, 재산상황, 성년후견인이 될 사람의 직업과 경험, 피성년후견인과의 이해관계의 유무(법인이 성년후견인이 될 때에는 사업의 종류와 내용, 법인이나 그 대표자와 피성년후견인 사이의 이해관계의 유무를 말한다) 등의 사정도 고려하여야 한다.

[전문개정 2011.3.7]

[시행일 : 2013.7.1]

제937조 【후견인의 결격사유】 다음 각호에 해당한 자는 후견인이 되지 못한다. <개정 2005.3.31>

1. 미성년자
2. 금치산자, 한정치산자
3. 파산선고를 받은 자
4. 자격정지이상의 형의 선고를 받고 그 형기중에 있는 자
5. 법원에서 해임된 법정대리인 또는 친족회원
6. 행방이 불명한 자
7. 피후견인에 대하여 소송을 하였거나 하고 있는 자 또는 그 배우자와 직계혈족

제937조 【후견인의 결격사유】 다음 각 호의 어느 하나에 해당하는 자는 후견인이 되지 못한다.

1. 미성년자
2. 피성년후견인, 피한정후견인, 피특정후견인, 피임의후견인
3. 회생절차개시결정 또는 파산선고를 받은 자
4. 자격정지 이상의 형의 선고를 받고 그 형기(刑期) 중에 있는 사람
5. 법원에서 해임된 법정대리인

6. 법원에서 해임된 성년후견인, 한정후견인, 특정후견인, 임의후견인과 그 감독인

7. 행방이 불분명한 사람

8. 피후견인을 상대로 소송을 하였거나 하고 있는 자 또는 그 배우자와 직계혈족

[전문개정 2011.3.7]

[시행일 : 2013.7.1]

제938조 【후견인의 대리권】 후견인은 피후견인의 법정대리인이 된다.

제938조 【후견인의 대리권 등】 ①후견인은 피후견인의 법정대리인이 된다.

②가정법원은 성년후견인이 제1항에 따라 가지는 법정대리권의 범위를 정할 수 있다.

③가정법원은 성년후견인이 피성년후견인의 신상에 관하여 결정할 수 있는 권한의 범위를 정할 수 있다.

④제2항 및 제3항에 따른 법정대리인의 권한의 범위가 적절하지 아니하게 된 경우에 가정법원은 본인, 배우자, 4촌 이내의 친족, 성년후견인, 성년후견감독인, 검사 또는 지방자치단체의 장의 청구에 의하여 그 범위를 변경할 수 있다.

[전문개정 2011.3.7]

[시행일 : 2013.7.1]

제939조 【후견인의 사퇴】 후견인은 정당한 사유있는 때에는 법원의 허가를 얻어 이를 사퇴할 수 있다.

제939조 【후견인의 사임】 후견인은 정당한 사유가 있는 경우에는 가정법원의 허가를 받아 사임할 수 있다. 이 경우 그 후견인은 사임청구와 동시에 가정법원에 새로운 후견인의 선임을 청구하여야 한다.

[전문개정 2011.3.7]

[시행일 : 2013.7.1]

제940조 【후견인의 변경】 ①가정법원은 피후견인의 복리를 위하여 후견인을 변경할 필요가 있다고 인정되는 경우에는 피후견인의 친족이나 검사의 청구 또는 직권에 의하여 후견인을 변경할 수 있다.

②제1항의 경우에는 제932조 내지 제935조에 규정된 후견인의 순위에 불구하고 4촌 이내의 친족 그 밖에 적합한 자를 후견인으로 정할 수 있다.

[전문개정 2005.3.31]

제940조 【후견인의 변경】 가정법원은 피후견인의 복리를 위하여 후견인을 변경할 필요가 있다고 인정하면 직권으로 또는 피후견인, 친족, 후견감독인, 검사, 지방자치단체의 장의 청구에 의하여 후견인을 변경할 수 있다.

[전문개정 2011.3.7]

제2관 후견감독인

제940조의2 【미성년후견감독인의 지정】 미성년후견인을 지정할 수 있는 사람은 유언으로 미성년후견감독인을 지정할 수 있다.
[본조신설 2011.3.7]
[시행일 : 2013.7.1]

제940조의3 【미성년후견감독인의 선임】 ①가정법원은 제940조의2에 따라 지정된 미성년후견감독인이 없는 경우에 필요하다고 인정하면 직권으로 또는 미성년자, 친족, 미성년후견인, 검사, 지방자치단체의 장의 청구에 의하여 미성년후견감독인을 선임할 수 있다.
②가정법원은 미성년후견감독인이 사망, 결격, 그 밖의 사유로 없게 된 경우에는 직권으로 또는 미성년자, 친족, 미성년후견인, 검사, 지방자치단체의 장의 청구에 의하여 미성년후견감독인을 선임한다.
[본조신설 2011.3.7]
[시행일 : 2013.7.1]

제940조의4 【성년후견감독인의 선임】 ①가정법원은 필요하다고 인정하면 직권으로 또는 피성년후견인, 친족, 성년후견인, 검사, 지방자치단체의 장의 청구에 의하여 성년후견감독인을 선임할 수 있다.
②가정법원은 성년후견감독인이 사망, 결격, 그 밖의 사유로 없게 된 경우에는 직권으로 또는 피성년후견인, 친족, 성년후견인, 검사, 지방자치단체의 장의 청구에 의하여 성년후견감독인을 선임한다.
[본조신설 2011.3.7]
[시행일 : 2013.7.1]

제940조의5 【후견감독인의 결격사유】 제779조에 따른 후견인의 가족은 후견감독인이 될 수 없다.
[본조신설 2011.3.7]
[시행일 : 2013.7.1]

제940조의6 【후견감독인의 직무】
①후견감독인은 후견인의 사무를 감독하며, 후견인이 없는 경우 지체 없이 가정법원에 후견인의 선임을 청구하여야 한다.
②후견감독인은 피후견인의 신상이나 재산에 대하여 급박한 사정이 있는 경우 그의 보호를 위하여 필요한 행위 또는 처분을 할 수 있다.
③후견인과 피후견인 사이에 이해가 상반되는 행위에 관하여는 후견감독인이 피후견인을

대리한다.
[본조신설 2011.3.7]
[시행일 : 2013.7.1]

제940조의7 【위임 및 후견인 규정의 준용】 후견감독인에 대하여는 제681조, 제691조, 제692조, 제930조제2항·제3항, 제936조제3항·제4항, 제937조, 제939조, 제940조, 제947조의2제3항부터 제5항까지, 제949조의2, 제955조 및 제955조의2를 준용한다.
[본조신설 2011.3.7]
[시행일 : 2013.7.1]

제3관 후견인의 임무
<신설 2011.3.7>

제941조 【재산조사와 목록작성】
①후견인은 지체없이 피후견인의 재산을 조사하여 2월내에 그 목록을 작성하여야 한다. 그러나 정당한 사유있는 때에는 법원의 허가를 얻어 그 기간을 연장할 수 있다.
②전항의 재산조사와 목록작성은 친족회가 지정한 회원의 참여가 없으면 효력이 없다.

제941조 【재산조사와 목록작성】
①후견인은 지체 없이 피후견인의 재산을 조사하여 2개월 내에 그 목록을 작성하여야 한다. 다만, 정당한 사유가 있는 경우에는 법원의 허가를 받아 그 기간을 연장할 수 있다.
②후견감독인이 있는 경우 제1항에 따른 재산조사와 목록작성은 후견감독인의 참여가 없으면 효력이 없다.
[전문개정 2011.3.7]
[시행일 : 2013.7.1]

제942조 【후견인의 채권, 채무의 제시】 ①후견인과 피후견인 사이에 채권, 채무의 관계가 있는 때에는 후견인은 재산목록의 작성을 완료하기 전에 그 내용을 친족회 또는 친족회의 지정한 회원에게 제시하여야 한다.
②후견인이 피후견인에 대한 채권있음을 알고 전항의 제시를 해태한 때에는 그 채권을 포기한 것으로 본다.

제942조 【후견인의 채권·채무의 제시】 ①후견인과 피후견인 사이에 채권·채무의 관계가 있고 후견감독인이 있는 경우에는 후견인은 재산목록의 작성을 완료하기 전에 그 내용을 후견감독인에게 제시하여야 한다.
②후견인이 피후견인에 대한 채권이 있음을 알고도 제1항에 따른 제시를 게을리한 경우에는 그 채권을 포기한 것으로 본다.

[전문개정 2011.3.7]
[시행일 : 2013.7.1]

　제943조　【목록작성전의 권한】　후견인은 재산조사와 목록작성을 완료하기까지는 긴급필
요한 경우가 아니면 그 재산에 관한 권한을 행사하지 못한다. 그러나 이로써 선의의 제삼자
에게 대항하지 못한다.

　제944조　【피후견인이 취득한 포괄적 재산의 조사등】　전3조의 규정은 후견인의 취임후에 피
후견인이 포괄적 재산을 취득한 경우에 준용한다.

　제945조　【미성년자의 신분에 관한 후견인의 권리의무】　미성년자의 후견인은 제913조
내지 제915조에 규정한 사항에 관하여는 친권자와 동일한 권리의무가 있다. 그러나 친권자
가 정한 교양방법 또는 거소를 변경하거나 피후견인을 감화 또는 교정기관에 위탁하거나
친권자가 허락한 영업을 취소 또는 제한함에는 친족회의 동의를 얻어야 한다.

　제945조　【미성년자의 신분에 관한 후견인의 권리·의무】　미성년후견인은 제913조부터
제915조까지에 규정한 사항에 관하여는 친권자와 동일한 권리와 의무가 있다. 다만, 다음
각 호의 어느 하나에 해당하는 경우에는 미성년후견감독인이 있으면 그의 동의를 받아야
한다.
　1. 친권자가 정한 교육방법, 양육방법 또는 거소를 변경하는 경우
　2. 미성년자를 감화기관이나 교정기관에 위탁하는 경우
　3. 친권자가 허락한 영업을 취소하거나 제한하는 경우
[전문개정 2011.3.7]
[시행일 : 2013.7.1]

　제946조　【재산관리에 한한 후견】
친권자가 법률행위의 대리권과 재산관리권에 한하여 친권을 행사할 수 없는 경우에는 후견
인의 임무는 미성년자의 재산에 관한 행위에 한한다.

　제946조　【재산관리에 한정된 후견】　미성년자의 친권자가 법률행위의 대리권과 재산관
리권에 한정하여 친권을 행사할 수 없는 경우에 미성년후견인의 임무는 미성년자의 재산에
관한 행위에 한정된다.
[전문개정 2011.3.7]
[시행일 : 2013.7.1]

　제947조　【금치산자의 요양, 감호】
①금치산자의 후견인은 금치산자의 요양, 감호에 일상의 주의를 해태하지 아니하여야 한다.
②후견인이 금치산자를 사택에 감금하거나 정신병원 기타 다른 장소에 감금치료함에는 법

원의 허가를 얻어야 한다. 그러나 긴급을 요할 상태인 때에는 사후에 허가를 청구할 수 있다.

제947조 【피성년후견인의 복리와 의사존중】 성년후견인은 피성년후견인의 재산관리와 신상보호를 할 때 여러 사정을 고려하여 그의 복리에 부합하는 방법으로 사무를 처리하여야 한다. 이 경우 성년후견인은 피성년후견인의 복리에 반하지 아니하면 피성년후견인의 의사를 존중하여야 한다.
[전문개정 2011.3.7]
[시행일 : 2013.7.1]

제947조의2 【피성년후견인의 신상결정 등】 ①피성년후견인은 자신의 신상에 관하여 그의 상태가 허락하는 범위에서 단독으로 결정한다.
②성년후견인이 피성년후견인을 치료 등의 목적으로 정신병원이나 그 밖의 다른 장소에 격리하려는 경우에는 가정법원의 허가를 받아야 한다.
③피성년후견인의 신체를 침해하는 의료행위에 대하여 피성년후견인이 동의할 수 없는 경우에는 성년후견인이 그를 대신하여 동의할 수 있다.
④제3항의 경우 피성년후견인이 의료행위의 직접적인 결과로 사망하거나 상당한 장애를 입을 위험이 있을 때에는 가정법원의 허가를 받아야 한다. 다만, 허가절차로 의료행위가 지체되어 피성년후견인의 생명에 위험을 초래하거나 심신상의 중대한 장애를 초래할 때에는 사후에 허가를 청구할 수 있다.
⑤성년후견인이 피성년후견인을 대리하여 피성년후견인이 거주하고 있는 건물 또는 그 대지에 대하여 매도, 임대, 전세권 설정, 저당권 설정, 임대차의 해지, 전세권의 소멸, 그 밖에 이에 준하는 행위를 하는 경우에는 가정법원의 허가를 받아야 한다.
[본조신설 2011.3.7]
[시행일 : 2013.7.1]

제948조 【미성년자의 친권의 대행】
①후견인은 피후견인에 가름하여 그 자에 대한 친권을 행사한다.
②전항의 친권행사에는 후견인의 임무에 관한 규정을 준용한다.

제948조 【미성년자의 친권의 대행】
①미성년후견인은 미성년자를 갈음하여 미성년자의 자녀에 대한 친권을 행사한다.
②제1항의 친권행사에는 미성년후견인의 임무에 관한 규정을 준용한다.
[전문개정 2011.3.7]
[시행일 : 2013.7.1]

제949조 【재산관리권과 대리권】
①후견인은 피후견인의 재산을 관리하고 그 재산에 관한 법률행위에 대하여 피후견인을 대

리한다.

②제920조 단서의 규정은 전항의 법률행위에 준용한다.

제949조의2 【성년후견인이 여러 명인 경우 권한의 행사 등】 ①가정법원은 직권으로 여러 명의 성년후견인이 공동으로 또는 사무를 분장하여 그 권한을 행사하도록 정할 수 있다.

②가정법원은 직권으로 제1항에 따른 결정을 변경하거나 취소할 수 있다.

③여러 명의 성년후견인이 공동으로 권한을 행사하여야 하는 경우에 어느 성년후견인이 피성년후견인의 이익이 침해될 우려가 있음에도 법률행위의 대리 등 필요한 권한행사에 협력하지 아니할 때에는 가정법원은 피성년후견인, 성년후견인, 후견감독인 또는 이해관계인의 청구에 의하여 그 성년후견인의 의사표시를 갈음하는 재판을 할 수 있다.

[본조신설 2011.3.7]

[시행일 : 2013.7.1]

제949조의3 【이해상반행위】 후견인에 대하여는 제921조를 준용한다. 다만, 후견감독인이 있는 경우에는 그러하지 아니하다.

[본조신설 2011.3.7]

[시행일 : 2013.7.1]

제950조 【법정대리권과 동의권의 제한】 ①후견인이 피후견인에 가름하여 다음 각호의 행위를 하거나 미성년자 또는 한정치산자의 다음 각호의 행위에 동의를 함에는 친족회의 동의를 얻어야 한다.

  1. 영업을 하는 일

  2. 차재 또는 보증을 하는 일

  3. 부동산 또는 중요한 재산에 관한 권리의 득실변경을 목적으로 하는 행위를 하는 일

  4. 소송행위를 하는 일

②전항의 규정에 위반한 행위는 피후견인 또는 친족회가 이를 취소할 수 있다.

제950조 【후견감독인의 동의를 필요로 하는 행위】 ①후견인이 피후견인을 대리하여 다음 각 호의 어느 하나에 해당하는 행위를 하거나 미성년자의 다음 각 호의 어느 하나에 해당하는 행위에 동의를 할 때는 후견감독인이 있으면 그의 동의를 받아야 한다.

  1. 영업에 관한 행위

  2. 금전을 빌리는 행위

  3. 의무만을 부담하는 행위

  4. 부동산 또는 중요한 재산에 관한 권리의 득실변경을 목적으로 하는 행위

  5. 소송행위

  6. 상속의 승인, 한정승인 또는 포기 및 상속재산의 분할에 관한 협의

②후견감독인의 동의가 필요한 행위에 대하여 후견감독인이 피후견인의 이익이 침해될 우려가 있음에도 동의를 하지 아니하는 경우에는 가정법원은 후견인의 청구에 의하여 후견감

독인의 동의를 갈음하는 허가를 할 수 있다.
③후견감독인의 동의가 필요한 법률행위를 후견인이 후견감독인의 동의 없이 하였을 때에는 피후견인 또는 후견감독인이 그 행위를 취소할 수 있다.
[전문개정 2011.3.7]
[시행일 : 2013.7.1]

제951조 【피후견인에 대한 권리의 양수】 ①후견인이 피후견인에 대한 제삼자의 권리를 양수함에는 친족회의 동의를 얻어야 한다.
②전항의 규정에 위반한 행위는 피후견인 또는 친족회가 이를 취소할 수 있다.

제951조 【피후견인의 재산 등의 양수에 대한 취소】 ①후견인이 피후견인에 대한 제3자의 권리를 양수(讓受)하는 경우에는 피후견인은 이를 취소할 수 있다.
②제1항에 따른 권리의 양수의 경우 후견감독인이 있으면 후견인은 후견감독인의 동의를 받아야 하고, 후견감독인의 동의가 없는 경우에는 피후견인 또는 후견감독인이 이를 취소할 수 있다.
[전문개정 2011.3.7]
[시행일 : 2013.7.1]

제952조 【상대방의 추인여부최고】
제15조의 규정은 전2조의 경우에 상대방의 친족회에 대한 추인여부의 최고에 준용한다.

제952조 【상대방의 추인 여부 최고】 제950조 및 제951조의 경우에는 제15조를 준용한다.
[전문개정 2011.3.7]
[시행일 : 2013.7.1]

제953조 【친족회의 후견사무의 감독】 친족회는 언제든지 후견인에 대하여 그 임무수행에 관한 보고와 재산목록의 제출을 요구할 수 있고 피후견인의 재산상황을 조사할 수 있다.

제953조 【후견감독인의 후견사무의 감독】 후견감독인은 언제든지 후견인에게 그의 임무수행에 관한 보고와 재산목록의 제출을 요구할 수 있고 피후견인의 재산상황을 조사할 수 있다.
[전문개정 2011.3.7]
[시행일 : 2013.7.1]

제954조 【법원의 후견사무에 관한 처분】 법원은 피후견인 또는 제777조의 규정에 의한 친족 기타 이해관계인의 청구에 의하여 피후견인의 재산상황을 조사하고 그 재산관리 기타 후견임무수행에 관하여 필요한 처분을 명할 수 있다.

제954조 【가정법원의 후견사무에 관한 처분】 가정법원은 직권으로 또는 피후견인, 후견감독인, 제777조에 따른 친족, 그 밖의 이해관계인, 검사, 지방자치단체의 장의 청구에 의하여 피후견인의 재산상황을 조사하고, 후견인에게 재산관리 등 후견임무 수행에 관하여 필요한 처분을 명할 수 있다.
[전문개정 2011.3.7]
[시행일 : 2013.7.1]

제955조 【후견인에 대한 보수】 법원은 후견인의 청구에 의하여 피후견인의 재산상태 기타 사정을 참작하여 피후견인의 재산중에서 상당한 보수를 후견인에게 수여할 수 있다.

제955조의2 【지출금액의 예정과 사무비용】 후견인이 후견사무를 수행하는 데 필요한 비용은 피후견인의 재산 중에서 지출한다.
[본조신설 2011.3.7]
[시행일 : 2013.7.1]

제956조 【위임과 친권의 규정의 준용】 제681조 및 제918조의 규정은 후견인에게 이를 준용한다.

제4관 후견의 종료
<신설 2011.3.7>

제957조 【후견사무의 종료와 관리의 계산】 ①후견인의 임무가 종료한 때에는 후견인 또는 그 상속인은 1월내에 피후견인의 재산에 관한 계산을 하여야 한다. 그러나 정당한 사유있는 때에는 법원의 허가를 얻어 그 기간을 연장할 수 있다.
②전항의 계산은 친족회가 지정한 회원의 참여가 없으면 효력이 없다.

제957조 【후견사무의 종료와 관리의 계산】 ①후견인의 임무가 종료된 때에는 후견인 또는 그 상속인은 1개월 내에 피후견인의 재산에 관한 계산을 하여야 한다. 다만, 정당한 사유가 있는 경우에는 법원의 허가를 받아 그 기간을 연장할 수 있다.
②제1항의 계산은 후견감독인이 있는 경우에는 그가 참여하지 아니하면 효력이 없다.
[전문개정 2011.3.7]
[시행일 : 2013.7.1]

제958조 【이자의 부가와 금전소비에 대한 책임】 ①후견인이 피후견인에게 지급할 금액이나 피후견인이 후견인에게 지급할 금액에는 계산종료의 날로부터 이자를 부가하여야 한다.
②후견인이 자기를 위하여 피후견인의 금전을 소비한 때에는 그 소비한 날로부터 이자를 부가하고 피후견인에게 손해가 있으면 이를 배상하여야 한다.

제959조 【위임규정의 준용】 제691조, 제692조의 규정은 후견의 종료에 이를 준용한다.

제2절 한정후견과 특정후견

<신설 2011.3.7>

제959조의2 【한정후견의 개시】 가정법원의 한정후견개시의 심판이 있는 경우에는 그 심판을 받은 사람의 한정후견인을 두어야 한다.

[본조신설 2011.3.7]

[시행일 : 2013.7.1]

제959조의3 【한정후견인의 선임 등】 ①제959조의2에 따른 한정후견인은 가정법원이 직권으로 선임한다.

②한정후견인에 대하여는 제930조제2항·제3항, 제936조제2항부터 제4항까지, 제937조, 제939조, 제940조 및 제949조의3을 준용한다.

[본조신설 2011.3.7]

[시행일 : 2013.7.1]

제959조의4 【한정후견인의 대리권 등】 ①가정법원은 한정후견인에게 대리권을 수여하는 심판을 할 수 있다.

②한정후견인의 대리권 등에 관하여는 제938조제3항 및 제4항을 준용한다.

[본조신설 2011.3.7]

[시행일 : 2013.7.1]

제959조의5 【한정후견감독인】 ①가정법원은 필요하다고 인정하면 직권으로 또는 피한정후견인, 친족, 한정후견인, 검사, 지방자치단체의 장의 청구에 의하여 한정후견감독인을 선임할 수 있다.

②한정후견감독인에 대하여는 제681조, 제691조, 제692조, 제930조제2항·제3항, 제936조제3항·제4항, 제937조, 제939조, 제940조, 제940조의3제2항, 제940조의5, 제940조의6, 제947조의2제3항부터 제5항까지, 제949조의2, 제955조 및 제955조의2를 준용한다. 이 경우 제940조의6제3항 중 "피후견인을 대리한다"는 "피한정후견인을 대리하거나 피한정후견인이 그 행위를 하는 데 동의한다"로 본다.

[본조신설 2011.3.7]

[시행일 : 2013.7.1]

제959조의6 【한정후견사무】 한정후견의 사무에 관하여는 제681조, 제920조 단서, 제947조, 제947조의2, 제949조, 제949조의2, 제949조의3, 제950조부터 제955까지 및 제955조의2를 준용한다.
[본조신설 2011.3.7]
[시행일 : 2013.7.1]

제959조의7 【한정후견인의 임무의 종료 등】 한정후견인의 임무가 종료한 경우에 관하여는 제691조, 제692조, 제957조 및 제958조를 준용한다.
[본조신설 2011.3.7]
[시행일 : 2013.7.1]

제959조의8 【특정후견에 따른 보호조치】 가정법원은 피특정후견인의 후원을 위하여 필요한 처분을 명할 수 있다.
[본조신설 2011.3.7]
[시행일 : 2013.7.1]

제959조의9 【특정후견인의 선임 등】 ①가정법원은 제959조의8에 따른 처분으로 피특정후견인을 후원하거나 대리하기 위한 특정후견인을 선임할 수 있다.
②특정후견인에 대하여는 제930조제2항·제3항, 제936조제2항부터 제4항까지, 제937조, 제939조 및 제940조를 준용한다.
[본조신설 2011.3.7]
[시행일 : 2013.7.1]

제959조의10 【특정후견감독인】 ①가정법원은 필요하다고 인정하면 직권으로 또는 피특정후견인, 친족, 특정후견인, 검사, 지방자치단체의 장의 청구에 의하여 특정후견감독인을 선임할 수 있다.
②특정후견감독인에 대하여는 제681조, 제691조, 제692조, 제930조제2항·제3항, 제936조제3항·제4항, 제937조, 제939조, 제940조, 제940조의5, 제940조의6, 제949조의2, 제955조 및 제955조의2를 준용한다.
[본조신설 2011.3.7]
[시행일 : 2013.7.1]

제959조의11 【특정후견인의 대리권】 ①피특정후견인의 후원을 위하여 필요하다고 인정하면 가정법원은 기간이나 범위를 정하여 특정후견인에게 대리권을 수여하는 심판을 할 수 있다.
②제1항의 경우 가정법원은 특정후견인의 대리권 행사에 가정법원이나 특정후견감독인의 동의를 받도록 명할 수 있다.
[본조신설 2011.3.7]
[시행일 : 2013.7.1]

제959조의12 【특정후견사무】 특정후견의 사무에 관하여는 제681조, 제920조 단서, 제947조, 제949조의2, 제953조부터 제955조까지 및 제955조의2를 준용한다.
[본조신설 2011.3.7]
[시행일 : 2013.7.1]

제959조의13 【특정후견인의 임무의 종료 등】 특정후견인의 임무가 종료한 경우에 관하여는 제691조, 제692조, 제957조 및 제958조를 준용한다.
[본조신설 2011.3.7]
[시행일 : 2013.7.1]

제3절 후견계약
<신설 2011.3.7>

제959조의14 【후견계약의 의의와 체결방법 등】 ①후견계약은 질병, 장애, 노령, 그 밖의 사유로 인한 정신적 제약으로 사무를 처리할 능력이 부족한 상황에 있거나 부족하게 될 상황에 대비하여 자신의 재산관리 및 신상보호에 관한 사무의 전부 또는 일부를 다른 자에게 위탁하고 그 위탁사무에 관하여 대리권을 수여하는 것을 내용으로 한다.
②후견계약은 공정증서로 체결하여야 한다.
③후견계약은 가정법원이 임의후견감독인을 선임한 때부터 효력이 발생한다.
④가정법원, 임의후견인, 임의후견감독인 등은 후견계약을 이행·운영할 때 본인의 의사를 최대한 존중하여야 한다.
[본조신설 2011.3.7]
[시행일 : 2013.7.1]

제959조의15 【임의후견감독인의 선임】 ①가정법원은 후견계약이 등기되어 있고, 본인이 사무를 처리할 능력이 부족한 상황에 있다고 인정할 때에는 본인, 배우자, 4촌 이내의 친족, 임의후견인, 검사 또는 지방자치단체의 장의 청구에 의하여 임의후견감독인을 선임한다.

②제1항의 경우 본인이 아닌 자의 청구에 의하여 가정법원이 임의후견감독인을 선임할 때에는 미리 본인의 동의를 받아야 한다. 다만, 본인이 의사를 표시할 수 없는 때에는 그러하지 아니하다.

③가정법원은 임의후견감독인이 없게 된 경우에는 직권으로 또는 본인, 친족, 임의후견인, 검사 또는 지방자치단체의 장의 청구에 의하여 임의후견감독인을 선임한다.

④가정법원은 임의후견임감독인이 선임된 경우에도 필요하다고 인정하면 직권으로 또는 제3항의 청구권자의 청구에 의하여 임의후견감독인을 추가로 선임할 수 있다.

⑤임의후견감독인에 대하여는 제940조의5를 준용한다.

[본조신설 2011.3.7]

[시행일 : 2013.7.1]

제959조의16 【임의후견감독인의 직무 등】 ①임의후견감독인은 임의후견인의 사무를 감독하며 그 사무에 관하여 가정법원에 정기적으로 보고하여야 한다.

②가정법원은 필요하다고 인정하면 임의후견감독인에게 감독사무에 관한 보고를 요구할 수 있고 임의후견인의 사무 또는 본인의 재산상황에 대한 조사를 명하거나 그 밖에 임의후견감독인의 직무에 관하여 필요한 처분을 명할 수 있다.

③임의후견감독인에 대하여는 제940조의6제2항·제3항, 제940조의7 및 제953조를 준용한다.

[본조신설 2011.3.7]

[시행일 : 2013.7.1]

제959조의17 【임의후견개시의 제한 등】 ①임의후견인이 제937조 각 호에 해당하는 자 또는 그 밖에 현저한 비행을 하거나 후견계약에서 정한 임무에 적합하지 아니한 사유가 있는 자인 경우에는 가정법원은 임의후견감독인을 선임하지 아니한다.

②임의후견감독인을 선임한 이후 임의후견인이 현저한 비행을 하거나 그 밖에 그 임무에 적합하지 아니한 사유가 있게 된 경우에는 가정법원은 임의후견감독인, 본인, 친족, 검사 또는 는 지방자치단체의 장의 청구에 의하여 임의후견인을 해임할 수 있다.

[본조신설 2011.3.7]

[시행일 : 2013.7.1]

제959조의18 【후견계약의 종료】 ①임의후견감독인의 선임 전에는 본인 또는 임의후견인은 언제든지 공증인의 인증을 받은 서면으로 후견계약의 의사표시를 철회할 수 있다.
②임의후견감독인의 선임 이후에는 본인 또는 임의후견인은 정당한 사유가 있는 때에만 가정법원의 허가를 받아 후견계약을 종료할 수 있다.
[본조신설 2011.3.7]
[시행일 : 2013.7.1]

제959조의19 【임의후견인의 대리권 소멸과 제3자와의 관계】 임의후견인의 대리권 소멸은 등기하지 아니하면 선의의 제3자에게 대항할 수 없다.
[본조신설 2011.3.7]
[시행일 : 2013.7.1]

제959조의20 【후견계약과 성년후견·한정후견·특정후견의 관계】 ①후견계약이 등기되어 있는 경우에는 가정법원은 본인의 이익을 위하여 특별히 필요할 때에만 임의후견인 또는 임의후견감독인의 청구에 의하여 성년후견, 한정후견 또는 특정후견의 심판을 할 수 있다. 이 경우 후견계약은 본인이 성년후견 또는 한정후견 개시의 심판을 받은 때 종료된다.
②본인이 피성년후견인, 피한정후견인 또는 피특정후견인인 경우에 가정법원은 임의후견감독인을 선임함에 있어서 종전의 성년후견, 한정후견 또는 특정후견의 종료 심판을 하여야 한다. 다만, 성년후견 또는 한정후견 조치의 계속이 본인의 이익을 위하여 특별히 필요하다고 인정하면 가정법원은 임의후견감독인을 선임하지 아니한다.
[본조신설 2011.3.7]
[시행일 : 2013.7.1]

제6장 삭제

<2011.3.7>

제960조 【친족회의 조직】 본법 기타 법률의 규정에 의하여 친족회의 결의를 요할 사유가 있는 때에는 친족회를 조직한다.

제960조 삭제 <2011.3.7>
[시행일 : 2013.7.1]

제961조 【친족회원의 수】 ①친족회원은 3인이상 10인이하로 한다.
②친족회에 대표자 1인을 두고 친족회원중에서 호선한다.
③전항의 대표자는 소송행위 기타 외부에 대한 행위에 있어서 친족회를 대표한다.

제961조 삭제 <2011.3.7>
[시행일 : 2013.7.1]

제962조 【친권자의 친족회원지정】 후견인을 지정할 수 있는 친권자는 미성년자의 친족
회원을 지정할 수 있다.

제962조 삭제 <2011.3.7>
[시행일 : 2013.7.1]

제963조 【친족회원의 선임】 ①친족회원은 본인, 그 법정대리인 또는 제777조의 규정에
의한 친족이나 이해관계인의 청구에 의하여 법원이 제777조의 규정에 의한 그 친족 또는
본인과 특별한 연고가 있는 자중에서 이를 선임한다. 그러나 전조의 규정에 의하여 친족회
원이 지정된 때에는 그러하지 아니하다. <개정 2005.3.31>
②전항의 규정에 의한 청구를 할 수 있는 자는 친족회의 원수와 그 선임에 관하여 법원에 의
견서를 제출할 수 있다.

제963조 삭제 <2011.3.7>
[시행일 : 2013.7.1]

제964조 【친족회원의 결격사유】
①후견인은 후견의 계산을 완료한 후가 아니면 피후견인의 친족회원이 되지 못한다.
②제937조의 규정은 친족회원에 준용한다.

제964조 삭제 <2011.3.7>
[시행일 : 2013.7.1]

제965조 【무능력자를 위한 상설친족회】 ①미성년자, 금치산자 또는 한정치산자를 위한
친족회는 그 무능력의 사유가 종료할 때까지 계속한다.
②전항의 친족회에 결원이 생한 때에는 법원은 직권 또는 청구에 의하여 이를 보충하여야
한다.

제965조 삭제 <2011.3.7>
[시행일 : 2013.7.1]

제966조 【친족회의 소집】 친족회는 본인, 그 법정대리인, 배우자, 직계혈족, 회원, 이해관계인 또는 검사의 청구에 의하여 가정법원이 이를 소집한다. <개정 1990.1.13, 2005.3.31>

제966조 삭제 <2011.3.7>
[시행일 : 2013.7.1]

제967조 【친족회의 결의방법】 ①친족회의 의사는 회원 과반수의 찬성으로 결정한다.
②전항의 의사에 관하여 이해관계있는 회원은 그 결의에 참가하지 못한다.
③친족회원 과반수의 찬성으로 행한 서면결의로써 친족회의 결의에 가름한 경우에는 전조의 규정에 의하여 친족회의 소집을 청구할 수 있는 자는 2월내에 그 취소를 법원에 청구할 수 있다.

제967조 삭제 <2011.3.7>
[시행일 : 2013.7.1]

제968조 【친족회에서의 의견개진】
본인, 그 법정대리인, 배우자, 직계혈족, 4촌이내의 방계혈족은 친족회에 출석하여 의견을 개진할 수 있다.
<개정 2005.3.31>

제968조 삭제 <2011.3.7>
[시행일 : 2013.7.1]

제969조 【친족회의 결의에 가름할 재판】 친족회가 결의를 할 수 없거나 결의를 하지 아니하는 때에는 친족회의 소집을 청구할 수 있는 자는 그 결의에 가름할 재판을 법원에 청구할 수 있다.

제969조 삭제 <2011.3.7>
[시행일 : 2013.7.1]

제970조 【친족회원의 사퇴】 친족회원은 정당한 사유있는 때에는 법원의 허가를 얻어 이를 사퇴할 수 있다.

제970조 삭제 <2011.3.7>
[시행일 : 2013.7.1]

제971조 【친족회원의 해임】 ①친족회원이 그 임무에 관하여 부정행위 기타 적당하지 아니한 사유가 있는 때에는 법원은 직권 또는 본인, 그 법정대리인, 제777조의 규정에 의한 본인의 친족이나 이해관계인의 청구에 의하여 그 친족회원을 개임 또는 해임할 수 있다.
②법원은 적당하다고 인정할 때에는 직권 또는 본인, 그 법정대리인, 제777조의 규정에 의한 본인의 친족이나 이해관계인의 청구에 의하여 친족회원을 증원선임할 수 있다.

제971조 삭제 <2011.3.7>
[시행일 : 2013.7.1]

제972조 【친족회의 결의와 이의의 소】 친족회의 소집을 청구할 수 있는 자는 친족회의 결의에 대하여 2월내에 이의의 소를 제기할 수 있다.

제972조 삭제 <2011.3.7>
[시행일 : 2013.7.1]

제973조 【친족회원의 선관의무】
제681조의 규정은 친족회원에 준용한다.

제973조 삭제 <2011.3.7>
[시행일 : 2013.7.1]

제7장 부양

제974조 【부양의무】 다음 각호의 친족은 서로 부양의 의무가 있다.
1. 직계혈족 및 그 배우자간
2. 삭제 <1990.1.13>
3. 기타 친족간(생계를 같이 하는 경우에 한한다.)

제975조 【부양의무와 생활능력】
부양의 의무는 부양을 받을 자가 자기의 자력 또는 근로에 의하여 생활을 유지할 수 없는 경우에 한하여 이를 이행할 책임이 있다.

제976조 【부양의 순위】 ①부양의 의무있는 자가 수인인 경우에 부양을 할 자의 순위에 관하여 당사자간에 협정이 없는 때에는 법원은 당사자의 청구에 의하여 이를 정한다. 부양을 받을 권리자가 수인인 경우에 부양의무자의 자력이 그 전원을 부양할 수 없는 때에도 같다.
②전항의 경우에 법원은 수인의 부양의무자 또는 권리자를 선정할 수 있다.

제977조 【부양의 정도, 방법】 부양의 정도 또는 방법에 관하여 당사자간에 협정이 없는 때에는 법원은 당사자의 청구에 의하여 부양을 받을 자의 생활정도와 부양의무자의 자력 기타 제반사정을 참작하여 이를 정한다.

제978조 【부양관계의 변경 또는 취소】 부양을 할 자 또는 부양을 받을 자의 순위, 부양의 정도 또는 방법에 관한 당사자의 협정이나 법원의 판결이 있은 후 이에 관한 사정변경이 있는때에는 법원은 당사자의 청구에 의하여 그 협정이나 판결을 취소 또는 변경할 수 있다.

제979조 【부양청구권처분의 금지】
부양을 받을 권리는 이를 처분하지 못한다.

제8장 삭제
<2005.3.31>
제1절 삭제
<2005.3.31>

제980조 삭제 <2005.3.31>

제981조 삭제 <2005.3.31>

제982조 삭제 <2005.3.31>

제983조 삭제 <1990.1.13>

제2절 삭제

<2005.3.31>

제984조 삭제 <2005.3.31>

제985조 삭제 <2005.3.31>

제986조 삭제 <2005.3.31>

제987조 삭제 <2005.3.31>

제988조 삭제 <1990.1.13>

제989조 삭제 <2005.3.31>

제990조 삭제 <1990.1.13>

제991조 삭제 <2005.3.31>

제992조 삭제 <2005.3.31>

제993조 삭제 <2005.3.31>

제994조 삭제 <2005.3.31>

제3절 삭제

<2005.3.31>

제995조 삭제 <2005.3.31>

제996조 삭제 <1990.1.13>

상 속
<개정 1990.1.13>
제1장 상속
<신설 1990.1.13>
제1절 총칙

제997조 【상속개시의 원인 <개정 1990.1.13>】 상속은 사망으로 인하여 개시된다. <개정 1990.1.13>

제998조 【상속개시의 장소】 상속은 피상속인의 주소지에서 개시한다.
[전문개정 1990.1.13]

제998조의2 【상속비용】 상속에 관한 비용은 상속재산중에서 지급한다. [본조신설 1990.1.13]

제999조 【상속회복청구권】 ①상속권이 참칭상속권자로 인하여 침해된 때에는 상속권자 또는 그 법정대리인은 상속회복의 소를 제기할 수 있다.

②제1항의 상속회복청구권은 그 침해를 안 날부터 3년, 상속권의 침해행위가 있은 날부터 10년을 경과하면 소멸된다. <개정 2002.1.14>

[전문개정 1990.1.13]

■판례 - 상속회복청구의 소의 제척기간의 기산점이 되는 '상속권의 침해행위가 있은 날'의 의미 및 제척기간의 준수 여부의 판단 기준

민법 제999조 제2항은 "상속회복청구권은 그 침해를 안 날부터 3년, 상속권의 침해행위가 있은 날부터 10년을 경과하면 소멸한다."고 규정하고 있는바, 여기서 그 제척기간의 기산점이 되는 '상속권의 침해행위가 있은 날'이라 함은 참칭상속인이 상속재산의 전부 또는 일부를 점유하거나 상속재산인 부동산에 관하여 소유권이전등기를 마치는 등의 방법에 의하여 진정한 상속인의 상속권을 침해하는 행위를 한 날을 의미한다. 또한, 제척기간의 준수 여부는 상속회복청구의 상대방별로 각각 판단하여야 할 것이어서, 진정한 상속인이 참칭상속인으로부터 상속재산에 관한 권리를 취득한 제3자를 상대로 제척기간 내에 상속회복청구의 소를 제기한 이상 그 제3자에 대하여는 민법 제999조에서 정하는 상속회복청구권의 기간이 준수되었으므로, 참칭상속인에 대하여 그 기간 내에 상속회복청구권을 행사한 일이 없다고 하더라도 그것이 진정한 상속인의 제3자에 대한 권리행사에 장애가 될 수는 없다. (대법원 2009.10.15. 선고 2009다42321 판결)

제2절 상속인

<개정 1990.1.13>

제1000조 【상속의 순위 <개정 1990.1.13>】 ①상속에 있어서는 다음 순위로 상속인이 된다.

<개정 1990.1.13>

1. 피상속인의 직계비속
2. 피상속인의 직계존속
3. 피상속인의 형제자매
4. 피상속인의 4촌이내의 방계혈족

②전항의 경우에 동순위의 상속인이 수인인 때에는 최근친을 선순위로 하고 동친등의 상속인이 수인인 때에는 공동상속인이 된다.

③태아는 상속순위에 관하여는 이미 출생한 것으로 본다. <개정 1990.1.13>

제1001조 【대습상속】 전조제1항제1호와 제3호의 규정에 의하여 상속인이 될 직계비속 또는 형제자매가 상속개시전에 사망하거나 결격자가 된 경우에 그 직계비속이 있는 때에는 그 직계비속이 사망하거나 결격된 자의 순위에 가름하여 상속인이 된다.

제1002조 삭제 <1990.1.13>

제1003조 【배우자의 상속순위 <개정 1990.1.13>】 ①피상속인의 배우자는 제1000조제1항제1호와 제2호의 규정에 의한 상속인이 있는 경우에는 그 상속인과 동순위로 공동상속인이 되고 그 상속인이 없는 때에는 단독상속인이 된다. <개정 1990.1.13>
②제1001조의 경우에 상속개시전에 사망 또는 결격된 자의 배우자는 동조의 규정에 의한 상속인과 동순위로 공동상속인이 되고 그 상속인이 없는 때에는 단독상속인이 된다. <개정 1990.1.13>

제1004조 【상속인의 결격사유】
다음 각 호의 어느 하나에 해당한 자는 상속인이 되지 못한다.
<개정 1990.1.13, 2005.3.31>
　1. 고의로 직계존속, 피상속인, 그 배우자 또는 상속의 선순위나 동순위에 있는 자를 살해하거나 살해하려한 자
　2. 고의로 직계존속, 피상속인과 그 배우자에게 상해를 가하여 사망에 이르게 한 자
　3. 사기 또는 강박으로 피상속인의 상속에 관한 유언 또는 유언의 철회를 방해한 자
　4. 사기 또는 강박으로 피상속인의 상속에 관한 유언을 하게 한 자
　5. 피상속인의 상속에 관한 유언서를 위조·변조·파기 또는 은닉한 자

제3절 상속의 효력
<개정 1990.1.13>
제1관 일반적 효력

제1005조 【상속과 포괄적 권리의무의 승계】 상속인은 상속개시된 때로부터 피상속인의 재산에 관한 포괄적 권리의무를 승계한다. 그러나 피상속인의 일신에 전속한 것은 그러하지 아니하다. <개정 1990.1.13>

제1006조 【공동상속과 재산의 공유】 상속인이 수인인 때에는 상속재산은 그 공유로한다. <개정 1990.1.13>

제1007조 【공동상속인의 권리의무 승계】 공동상속인은 각자의 상속분에 응하여 피상속인의 권리의무를 승계한다.

제1008조 【특별수익자의 상속분】
공동상속인중에 피상속인으로부터 재산의 증여 또는 유증을 받은 자가 있는 경우에 그 수증재산이 자기의 상속분에 달하지 못한 때에는 그 부족한 부분의 한도에서 상속분이 있다. <개정 1977.12.31>

제1008조의2 【기여분】 ①공동상속인중에 상당한 기간 동거·간호 그 밖의 방법으로 피상속인을 특별히 부양하거나 피상속인의 재산의 유지 또는 증가에 특별히 기여한 자가 있을 때에는 상속개시 당시의 피상속인의 재산가액에서 공동상속인의 협의로 정한 그 자의 기여분을 공제한 것을 상속재산으로 보고 제1009조 및 제1010조에 의하여 산정한 상속분에 기여분을 가산한 액으로써 그 자의 상속분으로 한다. <개정 2005.3.31>

②제1항의 협의가 되지 아니하거나 협의할 수 없는 때에는 가정법원은 제1항에 규정된 기여자의 청구에 의하여 기여의 시기·방법 및 정도와 상속재산의 액 기타의 사정을 참작하여 기여분을 정한다.

③기여분은 상속이 개시된 때의 피상속인의 재산가액에서 유증의 가액을 공제한 액을 넘지 못한다.

④제2항의 규정에 의한 청구는 제1013조제2항의 규정에 의한 청구가 있을 경우 또는 제1014조에 규정하는 경우에 할 수 있다.

[본조신설 1990.1.13]

제1008조의3 【분묘등의 승계】 분묘에 속한 1정보이내의 금양임야와 600평이내의 묘토인 농지, 족보와 제구의 소유권은 제사를 주재하는 자가 이를 승계한다. [본조신설 1990.1.13]

제2관 상속분

제1009조 【법정상속분】 ①동순위의 상속인이 수인인 때에는 그 상속분은 균분으로 한다.

<개정 1977.12.31, 1990.1.13>

②피상속인의 배우자의 상속분은 직계비속과 공동으로 상속하는 때에는 직계비속의 상속분의 5할을 가산하고, 직계존속과 공동으로 상속하는 때에는 직계존속의 상속분의 5할을 가산한다. <개정 1990.1.13>

③삭제 <1990.1.13>

제1010조 【대습상속분】 ①제1001조의 규정에 의하여 사망 또는 결격된 자에 가름하여 상속인이 된 자의 상속분은 사망 또는 결격된 자의 상속분에 의한다.

②전항의 경우에 사망 또는 결격된 자의 직계비속이 수인인 때에는 그 상속분은 사망 또는 결격된 자의 상속분의 한도에서 제1009조의 규정에 의하여 이를 정한다. 제1003조제2항의 경우에도 또한 같다.

제1011조 【공동상속분의 양수】

①공동상속인중에 그 상속분을 제삼자에게 양도한 자가 있는 때에는 다른 공동상속인은 그 가액과 양도비용을 상환하고 그 상속분을 양수할 수 있다.

②전항의 권리는 그 사유를 안 날로부터 3월, 그 사유있은 날로부터 1년내에 행사하여야 한

다.

■판례 - 민법 제1011조 제1항에 규정된 '상속분의 양도'의 의미

민법 제1011조 제1항은 "공동상속인 중 그 상속분을 제3자에게 양도한 자가 있는 때에는 다른 공동상속인은 그 가액과 양도비용을 상환하고 그 상속분을 양수할 수 있다."고 규정하고 있는바, 여기서 말하는 '상속분의 양도'란 상속재산분할 전에 적극재산과 소극재산을 모두 포함한 상속재산 전부에 관하여 공동상속인이 가지는 포괄적 상속분, 즉 상속인 지위의 양도를 의미하므로, 상속재산을 구성하는 개개의 물건 또는 권리에 대한 개개의 물권적 양도는 이에 해당하지 아니한다. (대법원 2006.3.24. 선고 2006다2179 판결)

제3관 상속재산의 분할

제1012조 【유언에 의한 분할방법의 지정, 분할금지】 피상속인은 유언으로 상속재산의 분할방법을 정하거나 이를 정할 것을 제삼자에게 위탁할 수 있고 상속개시의 날로부터 5년을 초과하지 아니하는 기간내의 그 분할을 금지할 수 있다.

제1013조 【협의에 의한 분할】 ①전조의 경우외에는 공동상속인은 언제든지 그 협의에 의하여 상속재산을 분할할 수 있다.
②제269조의 규정은 전항의 상속재산의 분할에 준용한다.

제1014조 【분할후의 피인지자등의 청구권】 상속개시후의 인지 또는 재판의 확정에 의하여 공동상속인이 된 자가 상속재산의 분할을 청구할 경우에 다른 공동상속인이 이미 분할 기타 처분을 한 때에는 그 상속분에 상당한 가액의 지급을 청구할 권리가 있다.

제1015조 【분할의 소급효】 상속재산의 분할은 상속개시된 때에 소급하여 그 효력이 있다. 그러나 제삼자의 권리를 해하지 못한다.

제1016조 【공동상속인의 담보책임】 공동상속인은 다른 공동상속인이 분할로 인하여 취득한 재산에 대하여 그 상속분에 응하여 매도인과 같은 담보책임이 있다.

제1017조 【상속채무자의 자력에 대한 담보책임】 ①공동상속인은 다른 상속인이 분할로 인하여 취득한 채권에 대하여 분할당시의 채무자의 자력을 담보한다.
②변제기에 달하지 아니한 채권이나 정지조건있는 채권에 대하여는 변제를 청구할 수 있는 때의 채무자의 자력을 담보한다.

제1018조 【무자력공동상속인의 담보책임의 분담】 담보책임있는 공동상속인중에 상환의 자력이 없는 자가 있는 때에는 그 부담부분은 구상권자와 자력있는 다른 공동상속인이 그 상속분에 응하여 분담한다. 그러나 구상권자의 과실로 인하여 상환을 받지 못한 때에는 다른 공동상속인에게 분담을 청구하지 못한다.

제4절 상속의 승인 및 포기
<개정 1990.1.13>
제1관 총칙

제1019조 【승인, 포기의 기간】 ①상속인은 상속개시있음을 안 날로부터 3월내에 단순승인이나 한정승인 또는 포기를 할 수 있다. 그러나 그 기간은 이해관계인 또는 검사의 청구에 의하여 가정법원이 이를 연장할 수 있다.
<개정 1990.1.13>
②상속인은 제1항의 승인 또는 포기를 하기 전에 상속재산을 조사할 수 있다. <개정 2002.1.14>
③제1항의 규정에 불구하고 상속인은 상속채무가 상속재산을 초과하는 사실을 중대한 과실 없이 제1항의 기간내에 알지 못하고 단순승인(제1026조제1호 및 제2호의 규정에 의하여 단순승인한 것으로 보는 경우를 포함한다)을 한 경우에는 그 사실을 안 날부터 3월내에 한정승인을 할 수 있다.
<신설 2002.1.14>

■판례 - 상속재산 협의분할을 통해 이미 상속재산을 처분한 상속인이 민법 제1019조 제3항에 의하여 한정승인을 할 수 있는지 여부(적극)

민법 제1019조 제3항은 상속채무 초과사실을 중대한 과실 없이 민법 제1019조 제1항의 기간 내에 알지 못하고 단순승인을 한 경우뿐만 아니라 민법 제1026조 제1호 및 제2호의 규정에 의하여 단순승인을 한 것으로 간주되는 경우에도 상속채무 초과사실을 안 날로부터 3월 내에 한정승인을 할 수 있다고 규정하고 있으므로, 설사 상속인들이 상속재산 협의분할을 통해 이미 상속재산을 처분한 바 있다고 하더라도 상속인들은 여전히 민법 제1019조 제3항의 규정에 의하여 한정승인을 할 수 있다고 할 것이고, 따라서 위 협의분할 때문에 이 사건 심판이 한정승인으로서 효력이 없다고 할 수는 없다. (대법원 2006.1.26. 선고 2003다29562 판결)

제1020조 【무능력자의 승인, 포기의 기간】 상속인이 무능력자인 때에는 전조제1항의 기간은 그 법정대리인이 상속개시있음을 안 날로부터 기산한다.

제1020조 【제한능력자의 승인·포기의 기간】 상속인이 제한능력자인 경우에는 제1019조제1항의 기간은 그의 친권자 또는 후견인이 상속이 개시된 것을 안 날부터 기산(起算)한다.
[전문개정 2011.3.7]
[시행일 : 2013.7.1]

제1021조 【승인, 포기기간의 계산에 관한 특칙】 상속인이 승인이나 포기를 하지 아니하고 제1019조제1항의 기간내에 사망한 때에는 그의 상속인이 그 자기의 상속개시있음을 안 날로부터 제1019조제1항의 기간을 기산한다.

제1022조 【상속재산의 관리】 상속인은 그 고유재산에 대하는 것과 동일한 주의로 상속재산을 관리하여야 한다. 그러나 단순승인 또는 포기한 때에는 그러하지 아니하다.

제1023조 【상속재산보존에 필요한 처분】 ①법원은 이해관계인 또는 검사의 청구에 의하여 상속재산의 보존에 필요한 처분을 명할 수 있다.
②법원이 재산관리인을 선임한 경우에는 제24조 내지 제26조의 규정을 준용한다.

제1024조 【승인, 포기의 취소금지】
①상속의 승인이나 포기는 제1019조제1항의 기간내에도 이를 취소하지 못한다.   <개정 1990.1.13>
②전항의 규정은 총칙편의 규정에 의한 취소에 영향을 미치지 아니한다. 그러나 그 취소권은 추인할 수 있는 날로부터 3월, 승인 또는 포기한 날로부터 1년내에 행사하지 아니하면 시효로 인하여 소멸된다.

제2관 단순승인

제1025조 【단순승인의 효과】 상속인이 단순승인을 한 때에는 제한없이 피상속인의 권리의무를 승계한다.
<개정 1990.1.13>

제1026조 【법정단순승인】 다음 각호의 사유가 있는 경우에는 상속인이 단순승인을 한 것으로 본다.
<개정 2002.1.14>
  1. 상속인이 상속재산에 대한 처분행위를 한 때
  2. 상속인이 제1019조제1항의 기간내에 한정승인 또는 포기를 하지 아니한 때
  3. 상속인이 한정승인 또는 포기를 한 후에 상속재산을 은닉하거나 부정소비하거나 고의로 재산목록에 기입하지 아니한 때

　■판례 - [96헌가22,97헌가2·3·9,96헌바81,98헌바24·25(병합) 1998.8.27]
　　1. 민법 제1026조제2호(1958.2.22. 법률 제471호)는 헌법에 합치되지 아니한다.
　　2. 위 법률조항은 입법자가 1999.12.31.까지 개정하지 아니하면 2000.1.1부터 그 효력을 상실한다. 법원 기타 국가기관 및 지방자치단체는 입법자가 개정할 때까지 위 법률조항의 적용을 중지하여야 한다.

제1027조 【법정단순승인의 예외】
상속인이 상속을 포기함으로 인하여 차순위 상속인이 상속을 승인한 때에는 전조제3호의 사유는 상속의 승인으로 보지 아니한다.

제3관 한정승인

제1028조 【한정승인의 효과】 상속인은 상속으로 인하여 취득할 재산의 한도에서 피상속인의 채무와 유증을 변제할 것을 조건으로 상속을 승인할 수 있다. <개정 1990.1.13>

제1029조 【공동상속인의 한정승인】
상속인이 수인인 때에는 각상속인은 그 상속분에 응하여 취득할 재산의 한도에서 그 상속분에 의한 피상속인의 채무와 유증을 변제할 것을 조건으로 상속을 승인할 수 있다.

제1030조 【한정승인의 방식】 ①상속인이 한정승인을 함에는 제1019조제1항 또는 제3항의 기간내에 상속재산의 목록을 첨부하여 법원에 한정승인의 신고를 하여야 한다. <개정 2005.3.31>
②제1019조제3항의 규정에 의하여 한정승인을 한 경우 상속재산 중 이미 처분한 재산이 있는 때에는 그 목록과 가액을 함께 제출하여야 한다.
<신설 2005.3.31>

제1031조 【한정승인과 재산상권리의무의 불소멸】 상속인이 한정승인을 한 때에는 피상속인에 대한 상속인의 재산상 권리의무는 소멸하지 아니한다.

제1032조 【채권자에 대한 공고, 최고】
①한정승인자는 한정승인을 한 날로부터 5일내에 일반상속채권자와 유증받은 자에 대하여 한정승인의 사실과 일정한 기간내에 그 채권 또는 수증을 신고할 것을 공고하여야 한다. 그 기간은 2월이상이어야 한다.
②제88조제2항, 제3항과 제89조의 규정은 전항의 경우에 준용한다.

제1033조 【최고기간중의 변제거절】 한정승인자는 전조제1항의 기간만료전에는 상속채권의 변제를 거절할 수 있다.

제1034조 【배당변제】 ①한정승인자는 제1032조제1항의 기간만료후에 상속재산으로서 그 기간내에 신고한 채권자와 한정승인자가 알고 있는 채권자에 대하여 각채권액의 비율로 변제하여야 한다. 그러나 우선권있는 채권자의 권리를 해하지 못한다.
②제1019조제3항의 규정에 의하여 한정승인을 한 경우에는 그 상속인은 상속재산 중에서 남아있는 상속재산과 함께 이미 처분한 재산의 가액을 합하여 제1항의 변제를 하여야 한다. 다만, 한정승인을 하기 전에 상속채권자나 유증받은 자에 대하여 변제한 가액은 이미 처분한 재산의 가액에서 제외한다. <신설 2005.3.31>

제1035조 【변제기전의 채무등의 변제】 ①한정승인자는 변제기에 이르지 아니한 채권에 대하여도 전조의 규정에 의하여 변제하여야 한다.
②조건있는 채권이나 존속기간의 불확정한 채권은 법원의 선임한 감정인의 평가에 의하여 변제하여야 한다.

제1036조 【수증자에의 변제】 한정승인자는 전2조의 규정에 의하여 상속채권자에 대한 변제를 완료한 후가 아니면 유증받은 자에게 변제하지 못한다.

제1037조 【상속재산의 경매】 전3조의 규정에 의한 변제를 하기 위하여 상속재산의 전부나 일부를 매각할 필요가 있는 때에는 민사집행법에 의하여 경매하여야 한다. <개정 1997.12.13, 2001.12.29>

제1038조 【부당변제 등으로 인한 책임 <개정 2005.3.31>】 ①한정승인자가 제1032조의 규정에 의한 공고나 최고를 해태하거나 제1033조 내지 제1036조의 규정에 위반하여 어느 상속채권자나 유증 받은 자에게 변제함으로 인하여 다른 상속채권자나 유증 받은 자에 대하여 변제할 수 없게 된 때에는 한정승인자는 그 손해를 배상하여야 한다. 제1019조제3항의 규정에 의하여 한정승인을 한 경우 그 이전에 상속채무가 상속재산을 초과함을 알지 못한 데 과실이 있는 상속인이 상속채권자나 유증받은 자에게 변제한 때에도 또한 같다. <개정 2005.3.31>
②제1항 전단의 경우에 변제를 받지 못한 상속채권자나 유증 받은 자는 그 사정을 알고 변제를 받은 상속채권자나 유증받은 자에 대하여 구상권을 행사할 수 있다. 제1019조제3항의 규정에 의하여 한정승인을 한 경우 그 이전에 상속채무가 상속재산을 초과함을 알고 변제받은 상속채권자나 유증받은 자가 있는 때에도 또한 같다. <개정 2005.3.31>
③제766조의 규정은 제1항 및 제2항의 경우에 준용한다. <개정 2005.3.31>

제1039조 【신고하지 않은 채권자등】 제1032조제1항의 기간내에 신고하지 아니한 상속채권자 및 유증받은 자로서 한정승인자가 알지 못한 자는 상속재산의 잔여가 있는 경우에 한하여 그 변제를 받을 수 있다. 그러나 상속재산에 대하여 특별담보권있는 때에는 그러하지 아니하다.

제1040조 【공동상속재산과 그 관리인의 선임】 ①상속인이 수인인 경우에는 법원은 각 상속인 기타 이해관계인의 청구에 의하여 공동상속인중에서 상속재산관리인을 선임할 수 있다.
②법원이 선임한 관리인은 공동상속인을 대표하여 상속재산의 관리와 채무의 변제에 관한 모든 행위를 할 권리의무가 있다.
③제1022조, 제1032조 내지 전조의 규정은 전항의 관리인에 준용한다. 그러나 제1032조의 규정에 의하여 공고할 5일의 기간은 관리인이 그 선임을 안 날로부터 기산한다.

제4관 포기

제1041조 【포기의 방식】 상속인이 상속을 포기할 때에는 제1019조제1항의 기간내에 가

정법원에 포기의 신고를 하여야 한다. <개정 1990.1.13>

제1042조 【포기의 소급효】 상속의 포기는 상속개시된 때에 소급하여 그 효력이 있다.

제1043조 【포기한 상속재산의 귀속】 상속인이 수인인 경우에 어느 상속인이 상속을 포기한 때에는 그 상속분은 다른 상속인의 상속분의 비율로 그 상속인에게 귀속된다.

제1044조 【포기한 상속재산의 관리계속의무】 ①상속을 포기한 자는 그 포기로 인하여 상속인이 된 자가 상속재산을 관리할 수 있을 때까지 그 재산의 관리를 계속하여야 한다.
②제1022조와 제1023조의 규정은 전항의 재산관리에 준용한다.

제5절 재산의 분리

제1045조 【상속재산의 분리청구권】
①상속채권자나 유증받은 자 또는 상속인의 채권자는 상속개시된 날로부터 3월내에 상속재산과 상속인의 고유재산의 분리를 법원에 청구할 수 있다.
②상속인이 상속의 승인이나 포기를 하지 아니한 동안은 전항의 기간경과후에도 재산의 분리를 법원에 청구할 수 있다. <개정 1990.1.13>

제1046조 【분리명령과 채권자등에 대한 공고, 최고】 ①법원이 전조의 청구에 의하여 재산의 분리를 명한 때에는 그 청구자는 5일내에 일반상속채권자와 유증받은 자에 대하여 재산분리의 명령있은 사실과 일정한 기간내에 그 채권 또는 수증을 신고할 것을 공고하여야 한다. 그 기간은 2월이상이어야 한다.
②제88조제2항, 제3항과 제89조의 규정은 전항의 경우에 준용한다.

제1047조 【분리후의 상속재산의 관리】 ①법원이 재산의 분리를 명한 때에는 상속재산의 관리에 관하여 필요한 처분을 명할 수 있다.
②법원이 재산관리인을 선임한 경우에는 제24조 내지 제26조의 규정을 준용한다.

제1048조 【분리후의 상속인의 관리의무】 ①상속인이 단순승인을 한 후에도 재산분리의 명령이 있는 때에는 상속재산에 대하여 자기의 고유재산과 동일한 주의로 관리하여야 한다.
②제683조 내지 제685조 및 제688조제1항, 제2항의 규정은 전항의 재산관리에 준용한다.

제1049조 【재산분리의 대항요건】
재산의 분리는 상속재산인 부동산에 관하여는 이를 등기하지 아니하면 제삼자에게 대항하지 못한다.

제1050조 【재산분리와 권리의무의 불소멸】 재산분리의 명령이 있는 때에는 피상속인에 대한 상속인의 재산상 권리의무는 소멸하지 아니한다.

제1051조 【변제의 거절과 배당변제】 ①상속인은 제1045조 및 제1046조의 기간만료전에는 상속채권자와 유증받은 자에 대하여 변제를 거절할 수 있다.
②전항의 기간만료후에 상속인은 상속재산으로써 재산분리의 청구 또는 그 기간내에 신고한 상속채권자, 유증받은 자와 상속인이 알고 있는 상속채권자, 유증받은 자에 대하여 각채권액 또는 수증액의 비율로 변제하여야 한다. 그러나 우선권 있는 채권자의 권리를 해하지 못한다.
③제1035조 내지 제1038조의 규정은 전항의 경우에 준용한다.

제1052조 【고유재산으로부터의 변제】 ①전조의 규정에 의한 상속채권자와 유증 받은 자는 상속재산으로써 전액의 변제를 받을 수 없는 경우에 한하여 상속인의 고유재산으로부터 그 변제를 받을 수 있다.
②전항의 경우에 상속인의 채권자는 상속인의 고유재산으로부터 우선변제를 받을 권리가 있다.

제6절 상속인의 부존재
<개정 1990.1.13>

제1053조 【상속인없는 재산의 관리인】 ①상속인의 존부가 분명하지 아니한 때에는 법원은 제777조의 규정에 의한 피상속인의 친족 기타 이해관계인 또는 검사의 청구에 의하여 상속재산관리인을 선임하고 지체없이 이를 공고하여야 한다. <개정 1990.1.13>
②제24조 내지 제26조의 규정은 전항의 재산관리인에 준용한다.

제1054조 【재산목록제시와 상황보고】 관리인은 상속채권자나 유증받은 자의 청구가 있는 때에는 언제든지 상속재산의 목록을 제시하고 그 상황을 보고하여야 한다.

제1055조 【상속인의 존재가 분명하여진 경우】 ①관리인의 임무는 그 상속인이 상속의 승인을 한 때에 종료한다.
②전항의 경우에는 관리인은 지체없이 그 상속인에 대하여 관리의 계산을 하여야 한다.

제1056조 【상속인없는 재산의 청산】 ①제1053조제1항의 공고있은 날로부터 3월내에 상속인의 존부를 알 수 없는 때에는 관리인은 지체없이 일반상속채권자와 유증받은 자에 대하여 일정한 기간내에 그 채권 또는 수증을 신고할 것을 공고하여야 한다. 그 기간은 2월이상이어야 한다.
②제88조제2항, 제3항, 제89조, 제1033조 내지 제1039조의 규정은 전항의 경우에 준용한다.

　제1057조　【상속인수색의 공고】　제1056조제1항의 기간이 경과하여도 상속인의 존부를 알 수 없는 때에는 법원은 관리인의 청구에 의하여 상속인이 있으면 일정한 기간내에 그 권리를 주장할 것을 공고하여야 한다. 그 기간은 1년 이상이어야 한다.
<개정 2005.3.31>

　제1057조의2　【특별연고자에 대한 분여】　①제1057조의 기간내에 상속권을 주장하는 자가 없는 때에는 가정법원은 피상속인과 생계를 같이 하고 있던 자, 피상속인의 요양간호를 한 자 기타 피상속인과 특별한 연고가 있던 자의 청구에 의하여 상속재산의 전부 또는 일부를 분여할 수 있다.
<개정 2005.3.31>
②제1항의 청구는 제1057조의 기간의 만료후 2월이내에 하여야 한다.
<개정 2005.3.31>
[본조신설 1990.1.13]

　제1058조　【상속재산의 국가귀속】　①제1057조의2의 규정에 의하여 분여(分與)되지 아니한 때에는 상속재산은 국가에 귀속한다.　<개정 2005.3.31>
②제1055조제2항의 규정은 제1항의 경우에 준용한다.　<개정 2005.3.31>

　제1059조　【국가귀속재산에 대한 변제청구의 금지】　전조제1항의 경우에는 상속재산으로 변제를 받지 못한 상속채권자나 유증을 받은 자가 있는 때에도 국가에 대하여 그 변제를 청구하지 못한다.

제2장 유언

제1절 총칙

　제1060조　【유언의 요식성】　유언은 본법의 정한 방식에 의하지 아니하면 효력이 생하지 아니한다.

　제1061조　【유언적령】　만17세에 달하지 못한 자는 유언을 하지 못한다.

　제1062조　【무능력자와 유언】　제5조, 제10조와 제13조의 규정은 유언에 관하여는 이를 적용하지 아니한다.

　제1062조　【제한능력자의 유언】　유언에 관하여는 제5조, 제10조 및 제13조를 적용하지 아니한다.
[전문개정 2011.3.7]

제1063조 【금치산자의 유언능력】

①금치산자는 그 의사능력이 회복된 때에 한하여 유언을 할 수 있다.

②전항의 경우에는 의사가 심신회복의 상태를 유언서에 부기하고 서명날인하여야 한다.

제1063조 【피성년후견인의 유언능력】 ①피성년후견인은 의사능력이 회복된 때에만 유언을 할 수 있다.

②제1항의 경우에는 의사가 심신회복의 상태를 유언서에 부기(附記)하고 서명날인하여야 한다.

제1064조 【유언과 태아, 상속결격자】 제1000조제3항, 제1004조의 규정은 수증자에 준용한다. <개정 1990.1.13>

제2절 유언의 방식

제1065조 【유언의 보통방식】 유언의 방식은 자필증서, 녹음, 공정증서, 비밀증서와 구수증서의 5종으로 한다.

제1066조 【자필증서에 의한 유언】

①자필증서에 의한 유언은 유언자가 그 전문과 년월일, 주소, 성명을 자서하고 날인하여야 한다.

②전항의 증서에 문자의 삽입, 삭제 또는 변경을 함에는 유언자가 이를 자서하고 날인하여야 한다.

■판례 - 연월(년월)만 기재하고 일(일)의 기재가 없는 자필유언증서의 효력(무효)

민법 제1066조 제1항은 "자필증서에 의한 유언은 유언자가 그 전문과 연월일, 주소, 성명을 자서하고 날인하여야 한다"고 규정하고 있으므로, 연월일의 기재가 없는 자필유언증서는 효력이 없다. 그리고 자필유언증서의 연월일은 이를 작성한 날로서 유언능력의 유무를 판단하거나 다른 유언증서와 사이에 유언 성립의 선후를 결정하는 기준일이 되므로 그 작성일을 특정할 수 있게 기재하여야 한다. 따라서 연·월만 기재하고 일의 기재가 없는 자필유언증서는 그 작성일을 특정할 수 없으므로 효력이 없다. (대법원 2009.5.14. 선고 2009다9768 판결)

제1067조 【녹음에 의한 유언】 녹음에 의한 유언은 유언자가 유언의 취지, 그 성명과 년월일을 구술하고 이에 참여한 증인이 유언의 정확함과 그 성명을 구술하여야 한다.

제1068조 【공정증서에 의한 유언】

공정증서에 의한 유언은 유언자가 증인 2인이 참여한 공증인의 면전에서 유언의 취지를 구수하고 공증인이 이를 필기낭독하여 유언자와 증인이 그 정확함을 승인한 후 각자 서명 또는 는 기명날인 하여야 한다.

제1069조 【비밀증서에 의한 유언】

①비밀증서에 의한 유언은 유언자가 필자의 성명을 기입한 증서를 엄봉날인하고 이를 2인 이상의 증인의 면전에 제출하여 자기의 유언서임을 표시한 후 그 봉서표면에 제출 년월일을 기재하고 유언자와 증인이 각자 서명 또는 기명날인 하여야 한다.
②전항의 방식에 의한 유언봉서는 그 표면에 기재된 날로부터 5일내에 공증인 또는 법원서기에게 제출하여 그 봉인상에 확정일자인을 받아야 한다.

제1070조 【구수증서에 의한 유언】

①구수증서에 의한 유언은 질병 기타 급박한 사유로 인하여 전4조의 방식에 의할 수 없는 경우에 유언자가 2인이상의 증인의 참여로 그 1인에게 유언의 취지를 구수하고 그 구수를 받은 자가 이를 필기낭독하여 유언자의 증인이 그 정확함을 승인한 후 각자 서명 또는 기명날인하여야 한다.
②전항의 방식에 의한 유언은 그 증인 또는 이해관계인이 급박한 사유의 종료한 날로부터 7일내에 법원에 그 검인을 신청하여야 한다.
③제1063조제2항의 규정은 구수증서에 의한 유언에 적용하지 아니한다.

제1071조 【비밀증서에 의한 유언의 전환】

비밀증서에 의한 유언이 그 방식에 흠결이 있는 경우에 그 증서가 자필증서의 방식에 적합한 때에는 자필증서에 의한 유언으로 본다.

제1072조 【증인의 결격사유】

①다음 각호의 사항에 해당하는 자는 유언에 참여하는 증인이 되지 못한다.
  1. 미성년자
  2. 금치산자와 한정치산자
  3. 유언에의하여 이익을 받을 자, 그 배우자와 직계혈족
②공정증서에 의한 유언에는 공증인법에 의한 결격자는 증인이 되지 못한다.

제1072조 【증인의 결격사유】

①다음 각 호의 어느 하나에 해당하는 사람은 유언에 참여하는 증인이 되지 못한다.
  1. 미성년자
  2. 피성년후견인과 피한정후견인
  3. 유언으로 이익을 받을 사람, 그의 배우자와 직계혈족
②공정증서에 의한 유언에는 「공증인법」에 따른 결격자는 증인이 되지 못한다.
[전문개정 2011.3.7]

제3절 유언의 효력

제1073조 【유언의 효력발생 시기】
①유언은 유언자가 사망한 때로부터 그 효력이 생긴다.
②유언에 정지조건이 있는 경우에 그 조건이 유언자의 사망후에 성취한 때에는 그 조건성취한 때로부터 유언의 효력이 생긴다.

제1074조 【유증의 승인, 포기】
①유증을 받을 자는 유언자의 사망후에 언제든지 유증을 승인 또는 포기할 수 있다.
②전항의 승인이나 포기는 유언자의 사망한 때에 소급하여 그 효력이 있다.

제1075조 【유증의 승인, 포기의 취소금지】
①유증의 승인이나 포기는 취소하지 못한다.
②제1024조제2항의 규정은 유증의 승인과 포기에 준용한다.

제1076조 【수증자의 상속인의 승인, 포기】
수증자가 승인이나 포기를 하지 아니하고 사망한 때에는 그 상속인은 상속분의 한도에서 승인 또는 포기할 수 있다. 그러나 유언자가 유언으로 다른 의사를 표시한 때에는 그 의사에 의한다.

제1077조 【유증의무자의 최고권】
①유증의무자나 이해관계인은 상당한 기간을 정하여 그 기간내에 승인 또는 포기를 확답할 것을 수증자 또는 그 상속인에게 최고할 수 있다.
②전항의 기간내에 수증자 또는 상속인이 유증의무자에 대하여 최고에 대한 확답을 하지 아니한 때에는 유증을 승인한 것으로 본다.

제1078조 【포괄적 수증자의 권리의무】
포괄적 유증을 받은 자는 상속인과 동일한 권리의무가 있다.
<개정 1990.1.13>

제1079조 【수증자의 과실취득권】
수증자는 유증의 이행을 청구할 수 있는 때로부터 그 목적물의 과실을 취득한다. 그러나 유언자가 유언으로 다른 의사를 표시한 때에는 그 의사에 의한다.

제1080조 【과실수취비용의 상환청구권】
유증의무자가 유언자의 사망후에 그 목적물의 과실을 수취하기 위하여 필요비를 지출한 때에는 그 과실의 가액의 한도에서 과실을 취득한 수증자에게 상환을 청구할 수 있다.

제1081조 【유증의무자의 비용상환청구권】 유증의무자가 유증자의 사망후에 그 목적물에 대하여 비용을 지출한 때에는 제325조의 규정을 준용한다.

제1082조 【불특정물유증의무자의 담보책임】 ①불특정물을 유증의 목적으로 한 경우에는 유증의무자는 그 목적물에 대하여 매도인과 같은 담보책임이 있다.
②전항의 경우에 목적물에 하자가 있는 때에는 유증의무자는 하자없는 물건으로 인도하여야 한다.

제1083조 【유증의 물상대위성】
유증자가 유증목적물의 멸실, 훼손 또는 점유의 침해로 인하여 제삼자에게 손해배상을 청구할 권리가 있는 때에는 그 권리를 유증의 목적으로한 것으로 본다.

제1084조 【채권의 유증의 물상대위성】 ①채권을 유증의 목적으로한 경우에 유언자가 그 변제를 받은 물건이 상속재산중에 있는 때에는 그 물건을 유증의 목적으로한 것으로 본다.
②전항의 채권이 금전을 목적으로한 경우에는 그 변제받은 채권액에 상당한 금전이 상속재산중에 없는 때에도 그 금액을 유증의 목적으로한 것으로 본다.

제1085조 【제삼자의 권리의 목적인 물건 또는 권리의 유증】 유증의 목적인 물건이나 권리가 유언자의 사망당시에 제삼자의 권리의 목적인 경우에는 수증자는 유증의무자에 대하여 그 제삼자의 권리를 소멸시킬 것을 청구하지 못한다.

제1086조 【유언자가 다른 의사표시를 한 경우】 전3조의 경우에 유언자가 유언으로 다른 의사를 표시한 때에는 그 의사에 의한다.

제1087조 【상속재산에 속하지 아니한 권리의 유증】 ①유언의 목적이 된 권리가 유언자의 사망당시에 상속재산에 속하지 아니한 때에는 유언은 그 효력이 없다. 그러나 유언자가 자기의 사망당시에 그 목적물이 상속재산에 속하지 아니한 경우에도 유언의 효력이 있게 할 의사인 때에는 유증의무자는 그 권리를 취득하여 수증자에게 이전할 의무가 있다.
②전항 단서의 경우에 그 권리를 취득할 수 없거나 그 취득에 과다한 비용을 요할 때에는 그 가액으로 변상할 수 있다.

제1088조 【부담있는 유증과 수증자의 책임】 ①부담있는 유증을 받은 자는 유증의 목적의 가액을 초과하지 아니한 한도에서 부담한 의무를 이행할 책임이 있다.
②유증의 목적의 가액이 한정승인 또는 재산분리로 인하여 감소된 때에는 수증자는 그 감소된 한도에서 부담할 의무를 면한다.

제1089조 【유증효력발생전의 수증자의 사망】 ①유증은 유언자의 사망전에 수증자가 사

망한 때에는 그 효력이 생기지 아니한다.

②정지조건있는 유증은 수증자가 그 조건 성취전에 사망한 때에는 그 효력이 생기지 아니한다.

제1090조 【유증의 무효, 실효의 경우와 목적재산의 귀속】 유증이 그 효력이 생기지 아니하거나 수증자가 이를 포기한 때에는 유증의 목적인 재산은 상속인에게 귀속한다. 그러나 유언자가 유언으로 다른 의사를 표시한 때에는 그 의사에 의한다.

제4절 유언의 집행

제1091조 【유언증서, 녹음의 검인】
①유언의 증서나 녹음을 보관한 자 또는 이를 발견한 자는 유언자의 사망후 지체없이 법원에 제출하여 그 검인을 청구하여야 한다.
②전항의 규정은 공정증서나 구수증서에 의한 유언에 적용하지 아니한다.

제1092조 【유언증서의 개봉】
법원이 봉인된 유언증서를 개봉할 때에는 유언자의 상속인, 그 대리인 기타 이해관계인의 참여가 있어야 한다.

제1093조 【유언집행자의 지정】
유언자는 유언으로 유언집행자를 지정할 수 있고 그 지정을 제삼자에게 위탁할 수 있다.

제1094조 【위탁에 의한 유언집행자의 지정】 ①전조의 위탁을 받은 제삼자는 그 위탁 있음을 안 후 지체없이 유언집행자를 지정하여 상속인에게 통지하여야 하며 그 위탁을 사퇴할 때에는 이를 상속인에게 통지하여야 한다.
②상속인 기타 이해관계인은 상당한 기간을 정하여 그 기간내에 유언집행자를 지정할 것을 위탁 받은 자에게 최고할 수 있다. 그 기간내에 지정의 통지를 받지 못한 때에는 그 지정의 위탁을 사퇴한 것으로 본다.

제1095조 【지정유언집행자가 없는 경우】 전2조의 규정에 의하여 지정된 유언집행자가 없는 때에는 상속인이 유언집행자가 된다.

제1096조 【법원에 의한 유언집행자의 선임】 ①유언집행자가 없거나 사망, 결격 기타 사유로 인하여 없게된 때에는 법원은 이해관계인의 청구에 의하여 유언집행자를 선임하여야 한다.
②법원이 유언집행자를 선임한 경우에는 그 임무에 관하여 필요한 처분을 명할 수 있다.

　　제1097조　【유언집행자의 승낙, 사퇴】　①지정에 의한 유언집행자는 유언자의 사망후 지체없이 이를 승낙하거나 사퇴할 것을 상속인에게 통지하여야 한다.

②선임에 의한 유언집행자는 선임의 통지를 받은 후 지체없이 이를 승낙하거나 사퇴할 것을 법원에 통지하여야 한다.

③상속인 기타 이해관계인은 상당한 기간을 정하여 그 기간내에 승낙여부를 확답할 것을 지정 또는 선임에 의한 유언집행자에게 최고할 수 있다. 그 기간내에 최고에 대한 확답을 받지 못한 때에는 유언집행자가 그 취임을 승낙한 것으로 본다.

　　제1098조　【유언집행자의 결격사유】　무능력자와 파산선고를 받은 자는 유언집행자가 되지 못한다.

<개정 2005.3.31>

　　제1098조　【유언집행자의 결격사유】　제한능력자와 파산선고를 받은 자는 유언집행자가 되지 못한다.

[전문개정 2011.3.7]

[시행일 : 2013.7.1]

　　제1099조　【유언집행자의 임무착수】

유언집행자가 그 취임을 승낙한 때에는 지체없이 그 임무를 이행하여야 한다.

　　제1100조　【재산목록작성】　①유언이 재산에 관한 것인 때에는 지정 또는 선임에 의한 유언집행자는 지체없이 그 재산목록을 작성하여 상속인에게 교부하여야 한다.

②상속인의 청구가 있는 때에는 전항의 재산목록작성에 상속인을 참여하게 하여야 한다.

　　제1101조　【유언집행자의 권리의무】

유언집행자는 유증의 목적인 재산의 관리 기타 유언의 집행에 필요한 행위를 할 권리의무가 있다.

　　제1102조　【공동유언집행】　유언집행자가 수인인 경우에는 임무의 집행은 그 과반수의 찬성으로써 결정한다. 그러나 보존행위는 각자가 이를 할 수 있다.

　　제1103조　【유언집행자의 지위】　①지정 또는 선임에 의한 유언집행자는 상속인의 대리인으로 본다.

②제681조 내지 제685조, 제687조, 제691조와 제692조의 규정은 유언집행자에 준용한다.

　　제1104조　【유언집행자의 보수】

①유언자가 유언으로 그 집행자의 보수를 정하지 아니한 경우에는 법원은 상속재산의 상황

기타 사정을 참작하여 지정 또는 선임에 의한 유언집행자의 보수를 정할 수 있다.
②유언집행자가 보수를 받는 경우에는 제686조제2항, 제3항의 규정을 준용한다.

제1105조 【유언집행자의 사퇴】

지정 또는 선임에 의한 유언집행자는 정당한 사유 있는 때에는 법원의 허가를 얻어 그 임무를 사퇴할 수 있다.

제1106조 【유언집행자의 해임】

지정 또는 선임에 의한 유언집행자에 그 임무를 해태하거나 적당하지 아니한 사유가 있는 때에는 법원은 상속인 기타 이해관계인의 청구에 의하여 유언집행자를 해임할 수 있다.

제1107조 【유언집행의 비용】 유언의 집행에 관한 비용은 상속재산중에서 이를 지급한다.

제5절 유언의 철회

제1108조 【유언의철회】 ①유언자는 언제든지 유언 또는 생전행위로써 유언의 전부나 일부를 철회할 수 있다.
②유언자는 그 유언을 철회할 권리를 포기하지 못한다.

제1109조 【유언의 저촉】 전후의 유언이 저촉되거나 유언후의 생전행위가 유언과 저촉되는 경우에는 그 저촉된 부분의 전유언은 이를 철회한 것으로 본다.

제1110조 【파훼로 인한 유언의 철회】 유언자가 고의로 유언증서 또는 유증의 목적물을 파훼한 때에는 그 파훼한 부분에 관한 유언은 이를 철회한 것으로 본다.

제1111조 【부담있는 유언의 취소】

부담있는 유증을 받은 자가 그 부담의무를 이행하지 아니한 때에는 상속인 또는 유언집행자는 상당한 기간을 정하여 이행할 것을 최고하고 그 기간내에 이행하지 아니한 때에는 법원에 유언의 취소를 청구할 수 있다. 그러나 제삼자의 이익을 해하지 못한다.

제3장 유류분

제1112조 【유류분의 권리자와 유류분】 상속인의 유류분은 다음 각호에 의한다.
1. 피상속인의 직계비속은 그 법정상속분의 2분의 1

2. 피상속인의 배우자는 그 법정상속분의 2분의 1
3. 피상속인의 직계존속은 그 법정상속분의 3분의 1
4. 피상속인의 형제자매는 그 법정상속분의 3분의 1
[본조신설 1977.12.31]

제1113조 【유류분의 산정】 ①유류분은 피상속인의 상속개시시에 있어서 가진 재산의 가액에 증여재산의 가액을 가산하고 채무의 전액을 공제하여 이를 산정한다.
②조건부의 권리 또는 존속기간이 불확정한 권리는 가정법원이 선임한 감정인의 평가에 의하여 그 가격을 정한다.
[본조신설 1977.12.31]

■판례 – 유류분의 반환방법

우리 민법은 유류분제도를 인정하여 제1112조부터 제1118조까지 이에 관하여 규정하면서도 유류분의 반환방법에 관하여 별도의 규정을 두지 않고 있는바, 다만 제1115조 제1항이 '부족한 한도에서 그 재산의 반환을 청구할 수 있다.'고 규정한 점 등에 비추어 반환의무자는 통상적으로 증여 또는 유증대상 재산 그 자체를 반환하면 될 것이나 위 원물반환이 불가능한 경우에는 그 가액 상당액을 반환할 수밖에 없다. (대법원 2005. 6. 23. 선고 2004다51887 판결)

■판례 – 유류분액의 산정에 있어서 증여재산의 시가 산정의 기준시기(=상속개시시) 및 원물반환이 불가능하여 가액반환을 명하는 경우, 그 가액 산정의 기준시기(=사실심 변론종결시)

유류분반환범위는 상속개시 당시 피상속인의 순재산과 문제된 증여재산을 합한 재산을 평가하여 그 재산액에 유류분청구권자의 유류분비율을 곱하여 얻은 유류분액을 기준으로 하는 것인바, 이와 같이 유류분액을 산정함에 있어 반환의무자가 증여받은 재산의 시가는 상속개시 당시를 기준으로 산정하여야 하고, 당해 반환의무자에 대하여 반환하여야 할 재산의 범위를 확정한 다음 그 원물반환이 불가능하여 가액반환을 명하는 경우에는 그 가액은 사실심 변론종결시를 기준으로 산정하여야 한다. (대법원 2005. 6. 23. 선고 2004다51887 판결)

제1114조 【산입될 증여】 증여는 상속개시전의 1년간에 행한 것에 한하여 제1113조의 규정에 의하여 그 가액을 산정한다. 당사자쌍방이 유류분권리자에 손해를 가할 것을 알고 증여를 한 때에는 1년전에 한 것도 같다.
[본조신설 1977.12.31]

제1115조 【유류분의 보전】 ①유류분권리자가 피상속인의 제1114조에 규정된 증여 및 유증으로 인하여 그 유류분에 부족이 생긴 때에는 부족한 한도에서 그 재산의 반환을 청구할 수 있다.
②제1항의 경우에 증여 및 유증을 받은 자가 수인인 때에는 각자가 얻은 유증가액의 비례로 반환하여야 한다.
[본조신설 1977.12.31]

제1116조 【반환의 순서】 증여에 대하여는 유증을 반환받은 후가 아니면 이것을 청구할 수 없다.
[본조신설 1977.12.31]

제1117조 【소멸시효】 반환의 청구권은 유류분권리자가 상속의 개시와 반환하여야 할 증여 또는 유증을 한 사실을 안 때로부터 1년내에 하지 아니하면 시효에 의하여 소멸한다. 상속이 개시한 때로부터 10년을 경과한 때도 같다. [본조신설 1977.12.31]

제1118조 【준용규정】 제1001조, 제1008조, 제1010조의 규정은 유류분에 이를 준용한다.
[본조신설 1977.12.31]

부칙

<제11300호, 2012.2.10>

제1조 【시행일】 이 법은 2013년 7월 1일부터 시행한다. 다만, 제818조, 제828조, 제843조 및 제925조의 개정규정은 공포한 날부터 시행한다.

제2조 【이 법의 효력의 불소급】 이 법은 종전의 규정에 따라 생긴 효력에 영향을 미치지 아니한다.

제3조 【종전의 규정에 따른 입양 및 파양에 관한 경과조치】 이 법 시행 전에 제878조 또는 제904조에 따라 입양 또는 파양의 신고가 접수된 입양 또는 파양에 관하여는 종전의 규정에 따른다.

제4조 【재판상 파양 원인에 관한 경과조치】 제905조의 개정규정에도 불구하고 이 법 시행 전에 종전의 규정에 따라 가정법원에 파양을 청구한 경우에 재판상 파양 원인에 관하여는 종전의 규정에 따른다.

제5조 【친양자 입양의 요건에 관한 경과조치】 제908조의2제1항 및 제2항의 개정규정에도 불구하고 이 법 시행 전에 종전의 규정에 따라 가정법원에 친양자 입양을 청구한 경우에 친양자 입양의 요건에 관하여는 종전의 규정에 따른다.

부칙

<법률 제11728호, 2013.4.5>

이 법은 2013년 7월 1일부터 시행한다.

가족관계의 등록
등에 관한 법률

[시행 2011. 12. 30] [법률 제9832호, 2009. 12. 29, 일부개정]
[시행 2013.3.23]
[법률 제11690호, 2013.3.23, 타법개정]

제1장 총칙

제1조 【목적】 이 법은 국민의 출생·혼인·사망 등 가족관계의 발생 및 변동사항에 관한 등록과 그 증명에 관한 사항을 규정함을 목적으로 한다.

제2조 【관장】 가족관계의 발생 및 변동사항에 관한 등록과 그 증명에 관한 사무(이하 "등록사무"라 한다)는 대법원이 관장한다.

제3조 【권한의 위임】 ①대법원장은 등록사무의 처리에 관한 권한을 시·읍·면의 장(도농복합형태의 시에 있어서 동지역에 대하여는 시장, 읍·면지역에 대하여는 읍·면장으로 한다. 이하 같다)에게 위임한다.
②특별시 및 광역시와 구를 둔 시에 있어서는 이 법 중 시, 시장 또는 시의 사무소라 함은 각각 구, 구청장 또는 구의 사무소를 말한다. 다만, 광역시에 있어서 군지역에 대하여는 읍·면, 읍·면의 장 또는 읍·면의 사무소를 말한다.
③대법원장은 등록사무의 감독에 관한 권한을 시·읍·면의 사무소 소재지를 관할하는 가정법원장에게 위임한다. 다만, 가정법원지원장은 가정법원장의 명을 받아 그 관할 구역 내의 등록사무를 감독한다.

제4조 【등록사무처리】 제3조에 따른 등록사무는 가족관계의 발생 및 변동사항의 등록(이하 "등록"이라 한다)에 관한 신고 등을 접수하거나 수리한 신고지의 시·읍·면의 장이 처리한다.

제5조 【직무의 제한】 ①시·읍·면의 장은 등록에 관한 증명서 발급사무를 제외하고 자기 또는 자기와 4촌 이내의 친족에 관한 등록사건에 관하여는 그 직무를 행할 수 없다.
②등록사건 처리에 관하여 시·읍·면의 장을 대리하는 사람도 제1항과 같다.

제6조 【수수료 등의 귀속】 ①이 법의 규정에 따라 납부하는 수수료 및 과태료는 등록사무를 처리하는 해당 지방자치단체의 수입으로 한다. 다만, 다음 각 호의 어느 하나에 해당하는 경우에는 그러하지 아니하다.

  1. 제12조제2항에 따라 전산정보중앙관리소 소속 공무원이 증명서를 발급하는 경우
  2. 제120조 및 제123조에 따라 가정법원이 과태료를 부과하는 경우
  3. 제124조제3항에 따라 가정법원이 「비송사건절차법」에 따른 과태료 재판을 하는 경우
②제1항의 수수료의 금액은 대법원규칙으로 정한다.

제7조 【비용의 부담】 제3조에 따라 시·읍·면의 장에게 위임한 등록사무에 드는 비용은 국가가 부담한다.

제8조 【대법원규칙】 이 법 시행에 관하여 필요한 사항은 대법원규칙으로 정한다.

제2장 가족관계등록부의 작성과 등록사무의 처리

제9조 【가족관계등록부의 작성 및 기록사항】 ①가족관계등록부(이하 "등록부"라 한다)는 전산정보처리조직에 의하여 입력·처리된 가족관계 등록사항(이하 "등록사항"이라 한다)에 관한 전산정보자료를 제10조의 등록기준지에 따라 개인별로 구분하여 작성한다.
②등록부에는 다음 사항을 기록하여야 한다. <개정 2010.5.4>
  1. 등록기준지
  2. 성명·본·성별·출생연월일 및 주민등록번호
  3. 출생·혼인·사망 등 가족관계의 발생 및 변동에 관한 사항
  4. 가족으로 기록할 자가 대한민국 국민이 아닌 사람(이하 "외국인"이라 한다)인 경우에는 성명·성별·출생연월일·국적 및 외국인등록번호(외국인등록을 하지 아니한 외국인의 경우에는 대법원규칙으로 정하는 바에 따른 국내거소신고번호 등을 말한다. 이하 같다)
  5. 그 밖에 가족관계에 관한 사항으로서 대법원규칙으로 정하는 사항

제10조 【등록기준지의 결정】 ①출생 또는 그 밖의 사유로 처음으로 등록을 하는 경우에는 등록기준지를 정하여 신고하여야 한다.
②등록기준지는 대법원규칙으로 정하는 절차에 따라 변경할 수 있다.

제11조 【전산정보처리조직에 의한 등록사무의 처리 등】 ①시·읍·면의 장은 등록사무를 전산정보처리조직에 의하여 처리하여야 한다.
②본인이 사망하거나 실종선고·부재선고를 받은 때, 국적을 이탈하거나 상실한 때 또는 그 밖에 대법원규칙으로 정한 사유가 발생한 때에는 등록부를 폐쇄한다.
③등록부와 제2항에 따라 폐쇄한 등록부(이하 "폐쇄등록부"라 한다)는 법원행정처장이 보관·관리한다.
④법원행정처장은 등록부 또는 폐쇄등록부(이하 "등록부등"이라 한다)에 기록되어 있는 등록사항과 동일한 전산정보자료를 따로 작성하여 관리하여야 한다.
⑤등록부등의 전부 또는 일부가 손상되거나 손상될 염려가 있는 때에는 법원행정처장은 대

법원규칙으로 정하는 바에 따라 등록부등의 복구 등 필요한 처분을 명할 수 있다.
⑥등록부등을 관리하는 사람 또는 등록사무를 처리하는 사람은 이 법이나 그 밖의 법에서 규정하는 사유가 아닌 다른 사유로 등록부등에 기록된 등록사항에 관한 전산정보자료(이하 "등록전산정보자료"라 한다)를 이용하거나 다른 사람(법인을 포함한다)에게 자료를 제공하여서는 아니 된다.

제12조 【전산정보중앙관리소의 설치 등】 ①등록부등의 보관과 관리, 전산정보처리조직에 의한 등록사무처리의 지원 및 등록전산정보자료의 효율적인 활용을 위하여 법원행정처에 전산정보중앙관리소(이하 "중앙관리소"라 한다)를 둔다. 이 경우 국적 관련 통보에 따른 등록사무처리에 관하여는 대법원규칙으로 정하는 바에 따라 법무부와 전산정보처리조직을 연계하여 운영한다.
②법원행정처장은 필요한 경우 중앙관리소 소속 공무원으로 하여금 제15조에 규정된 증명서의 발급사무를 하게 할 수 있다.

제13조 【등록전산정보자료의 이용 등】 ①등록전산정보자료를 이용 또는 활용하고자 하는 사람은 관계 중앙행정기관의 장의 심사를 거쳐 법원행정처장의 승인을 받아야 한다. 다만, 중앙행정기관의 장이 등록전산정보자료를 이용하거나 활용하고자 하는 경우에는 법원행정처장과 협의하여야 한다.
②제1항에 따라 등록전산정보자료를 이용 또는 활용하고자 하는 사람은 본래의 목적 외의 용도로 이용하거나 활용하여서는 아니 된다.
③제1항에 따른 등록전산정보자료의 이용 또는 활용과 그 사용료 등에 관하여 필요한 사항은 대법원규칙으로 정한다.

제14조 【증명서의 교부 등】 ①본인 또는 배우자, 직계혈족, 형제자매(이하 이 조에서는 "본인등"이라 한다)는 제15조에 규정된 등록부등의 기록사항에 관하여 발급할 수 있는 증명서의 교부를 청구할 수 있고, 본인등의 대리인이 청구하는 경우에는 본인등의 위임을 받아야 한다. 다만, 다음 각 호의 어느 하나에 해당하는 경우에는 본인등이 아닌 경우에도 교부를 신청할 수 있다.
  1. 국가 또는 지방자치단체가 직무상 필요에 따라 문서로 신청하는 경우
  2. 소송·비송·민사집행의 각 절차에서 필요한 경우
  3. 다른 법령에서 본인등에 관한 증명서를 제출하도록 요구하는 경우
  4. 그 밖에 대법원규칙으로 정하는 정당한 이해관계가 있는 사람이 신청하는 경우
②제15조제1항제5호의 친양자입양관계증명서는 다음 각 호의 어느 하나에 해당하는 경우에 한하여 교부를 청구할 수 있다.
  1. 친양자가 성년이 되어 신청하는 경우
  2. 혼인당사자가 「민법」 제809조의 친족관계를 파악하고자 하는 경우
  3. 법원의 사실조회촉탁이 있거나 수사기관이 수사상 필요에 따라 문서로 신청하는 경우
  4. 그 밖에 대법원규칙으로 정하는 경우

③제1항 및 제2항에 따라 증명서의 교부를 청구하는 사람은 수수료를 납부하여야 하며, 증명서의 송부를 신청하는 경우에는 우송료를 따로 납부하여야 한다.

④시·읍·면의 장은 제1항 및 제2항의 청구가 등록부에 기록된 사람에 대한 사생활의 비밀을 침해하는 등 부당한 목적에 의한 것이 분명하다고 인정되는 때에는 증명서의 교부를 거부할 수 있다.

⑤제15조에 규정된 등록부등의 기록사항에 관하여 발급하는 증명서를 제출할 것을 요구하는 자는 사용목적에 필요한 최소한의 등록사항이 기록된 증명서를 요구하여야 한다. 제출받은 증명서를 사용목적 외의 용도로 사용하여서는 아니 된다. <신설 2009.12.29>

⑥제1항부터 제5항까지의 규정은 폐쇄등록부에 관한 증명서 교부의 경우에도 준용한다. <개정 2009.12.29>

제15조【증명서의 종류 및 기록사항】 ①등록부등의 기록사항에 관하여 발급할 수 있는 증명서의 종류와 그 기록사항은 다음 각 호와 같다. <개정 2009.12.29>

 1. 가족관계증명서

  가. 본인의 등록기준지·성명·성별·본·출생연월일 및 주민등록번호

  나. 부모의 성명·성별·본·출생연월일 및 주민등록번호(입양의 경우 양부모를 부모로 기록한다. 다만, 단독입양한 양부가 친생모와 혼인관계에 있는 때에는 양부와 친생모를, 단독입양한 양모가 친생부와 혼인관계에 있는 때에는 양모와 친생부를 각각 부모로 기록한다)

  다. 배우자, 자녀의 성명·성별·본·출생연월일 및 주민등록번호

 2. 기본증명서

  가. 본인의 등록기준지·성명·성별·본·출생연월일 및 주민등록번호

  나. 본인의 출생, 사망, 국적상실·취득 및 회복 등에 관한 사항

 3. 혼인관계증명서

  가. 본인의 등록기준지·성명·성별·본·출생연월일 및 주민등록번호

  나. 배우자의 성명·성별·본·출생연월일 및 주민등록번호

  다. 혼인 및 이혼에 관한 사항

 4. 입양관계증명서

  가. 본인의 등록기준지·성명·성별·본·출생연월일 및 주민등록번호

  나. 친생부모·양부모 또는 양자의 성명·성별·본·출생연월일 및 주민등록번호

  다. 입양 및 파양에 관한 사항

 5. 친양자입양관계증명서

  가. 본인의 등록기준지·성명·성별·본·출생연월일 및 주민등록번호

  나. 친생부모·양부모 또는 친양자의 성명·성별·본·출생연월일 및 주민등록번호

  다. 입양 및 파양에 관한 사항

②제1항 각 호의 증명서의 기록사항 중 일부사항을 증명하는 증명서를 발급할 수 있다. 이 경우 그 증명서의 기록사항에 관하여 필요한 사항은 대법원규칙으로 정한다. <신설 2009.12.29>

③가족관계에 관한 그 밖의 증명서 및 가족관계 기록사항에 관하여 필요한 사항은 대법원

규칙으로 정한다. <개정 2009.12.29>

제3장 등록부의 기록

제16조【등록부의 기록절차】 등록부는 신고, 통보, 신청, 증서의 등본, 항해일지의 등본 또는 재판서에 의하여 기록한다.

제17조【등록부가 없는 사람】 가족관계등록이 되어 있지 아니한 사람에 대하여 등록사항을 기록하여야 할 때에는 새로 등록부를 작성한다.

제18조【등록부의 정정】 ①등록부의 기록이 법률상 무효인 것이거나 그 기록에 착오 또는 누락이 있음을 안 때에는 시·읍·면의 장은 지체 없이 신고인 또는 신고사건의 본인에게 그 사실을 통지하여야 한다. 다만, 그 착오 또는 누락이 시·읍·면의 장의 잘못으로 인한 것인 때에는 그러하지 아니하다.
②제1항 본문의 통지를 할 수 없을 때 또는 통지를 하였으나 정정신청을 하는 사람이 없는 때 또는 그 기록의 착오 또는 누락이 시·읍·면의 장의 잘못으로 인한 것인 때 또는 시·읍·면의 장은 감독법원의 허가를 받아 직권으로 정정할 수 있다. 다만, 대법원규칙으로 정하는 경미한 사항인 경우에는 시·읍·면의 장이 직권으로 정정하고, 감독법원에 보고하여야 한다.
③국가 또는 지방자치단체의 공무원이 그 직무상 등록부의 기록에 착오 또는 누락이 있음을 안 때에는 지체 없이 신고사건의 본인의 등록기준지의 시·읍·면의 장에게 통지하여야 한다. 이 경우 통지를 받은 시·읍·면의 장은 제1항 및 제2항에 따라 처리한다.

제19조【등록부의 행정구역, 명칭 등의 변경】 ①행정구역 또는 토지의 명칭이 변경된 때에는 등록부의 기록은 정정된 것으로 본다. 이 경우 시·읍·면의 장은 그 기록사항을 경정하여야 한다.
②시·읍·면의 장은 지번의 변경이 있을 때에는 등록부의 기록을 경정하여야 한다.

제4장 신고

제1절 통칙

제20조【신고의 장소】 ①이 법에 따른 신고는 신고사건 본인의 등록기준지 또는 신고인의 주소지나 현재지에서 할 수 있다.
②외국인에 관한 신고는 그 거주지 또는 신고인의 주소지나 현재지에서 할 수 있다. <개정 2010.5.4>

제21조【출생·사망의 동 경유 신고 등】 ①시에 있어서 출생·사망의 신고는 그 신고의 장소가 신고사건 본인의 주민등록지 또는 주민등록을 할 지역과 같은 경우에는 신고사건 본인의 주민등록지 또는 주민등록을 할 지역을 관할하는 동을 거쳐 할 수 있다.

②제1항의 경우 동장은 소속 시장을 대행하여 신고서를 수리하고, 동이 속하는 시의 장에게 신고서를 송부하며, 그 밖에 대법원규칙으로 정하는 등록사무를 처리한다.

제22조【신고 후 등록되어 있음이 판명된 때 등】 등록되어 있는지가 분명하지 아니한 사람 또는 등록되어 있지 아니하거나 등록할 수 없는 사람에 관한 신고가 수리된 후 그 사람에 관하여 등록되어 있음이 판명된 때 또는 등록할 수 있게 된 때에는 신고인 또는 신고사건의 본인은 그 사실을 안 날부터 1개월 이내에 수리된 신고사건을 표시하여 처음 그 신고를 수리한 시·읍·면의 장에게 그 사실을 신고하여야 한다.

제23조【신고방법】 ①신고는 서면이나 말로 할 수 있다.

②신고로 인하여 효력이 발생하는 등록사건에 관하여 신고사건 본인이 시·읍·면에 출석하지 아니하는 경우에는 신고사건 본인의 주민등록증·운전면허증·여권, 그 밖에 대법원규칙으로 정하는 신분증명서(이하 이 항에서 "신분증명서"라 한다)를 제시하거나 신고서에 신고사건 본인의 인감증명서를 첨부하여야 한다. 이 경우 본인의 신분증명서를 제시하지 아니하거나 본인의 인감증명서를 첨부하지 아니한 때에는 신고서를 수리하여서는 아니 된다.

제24조【신고서 양식】 신고서 양식은 대법원예규로 정한다. 이 경우 가족관계에 관한 등록신고가 다른 법령으로 규정한 신고를 갈음하는 경우에 당해 신고서 양식을 정함에 있어서는 미리 관계부처의 장과 협의하여야 한다.

제25조【신고서 기재사항】 ①신고서에는 다음 사항을 기재하고 신고인이 서명하거나 기명날인하여야 한다.

　1. 신고사건

　2. 신고연월일

　3. 신고인의 출생연월일·주민등록번호·등록기준지 및 주소

　4. 신고인과 신고사건의 본인이 다른 때에는 신고사건의 본인의 등록기준지·주소·성명·출생연월일 및 주민등록번호와 신고인의 자격

②이 법에 따라 신고서류를 작성한 경우 그 신고서류에 주민등록번호를 기재한 때에는 출생연월일의 기재를 생략할 수 있다.

제26조【신고인이 무능력자인 경우】 ①신고하여야 할 사람이 미성년자 또는 금치산자인 때에는 친권자 또는 후견인을 신고의무자로 한다. 다만, 미성년자 또는 금치산자가 신고를 하여도 된다.

②친권자 또는 후견인이 신고하는 경우에는 신고서에 다음 사항을 기재하여야 한다.

　1. 신고하여야 할 사람의 성명·출생연월일·주민등록번호 및 등록기준지

2. 무능력자가 된 원인
3. 신고인이 친권자 또는 후견인이라는 사실

제27조【동의가 불필요한 무능력자의 신고】 ①무능력자가 그 법정대리인의 동의 없이 할 수 있는 행위에 관하여는 무능력자가 신고하여야 한다.
②금치산자가 신고하는 경우에는 신고서에 신고사건의 성질 및 효과를 이해할 능력이 있음을 증명할 수 있는 진단서를 첨부하여야 한다.

제28조【증인을 필요로 하는 신고】 증인을 필요로 하는 사건의 신고에 있어서는 증인은 신고서에 주민등록번호 및 주소를 기재하고 서명하거나 기명날인하여야 한다.

제29조【부존재 또는 부지의 사항】 신고서에 기재하여야 할 사항으로서 존재하지 아니하거나 알지 못하는 것이 있을 때에는 그 취지를 기재하여야 한다. 다만, 시·읍·면의 장은 법률상 기재하여야 할 사항으로서 특히 중요하다고 인정되는 사항을 기재하지 아니한 신고서는 수리하여서는 아니 된다.

제30조【법령 규정사항 이외의 기재사항】 신고서에는 이 법 또는 다른 법령으로 정하는 사항 외에 등록부에 기록하여야 할 사항을 더욱 분명하게 하기 위하여 필요한 사항이 있으면 이러한 사항도 기재하여야 한다.

제31조【말로 하는 신고 등】 ①말로 신고하려 할 때에는 신고인은 시·읍·면의 사무소에 출석하여 신고서에 기재하여야 할 사항을 진술하여야 한다.
②시·읍·면의 장은 신고인의 진술 및 신고연월일을 기록하여 신고인에게 읽어 들려주고 신고인으로 하여금 그 서면에 서명하거나 기명날인하게 하여야 한다.
③제1항 및 제2항의 경우에 신고인이 질병 또는 그 밖의 사고로 출석할 수 없는 때에는 대리인으로 하여금 신고하게 할 수 있다. 다만, 제55조, 제56조, 제61조, 제63조, 제71조 및 제74조의 신고는 그러하지 아니하다.

제32조【동의, 승낙 또는 허가를 요하는 사건의 신고】 ①신고사건에 있어서 부·모 또는 다른 사람의 동의 또는 승낙이 필요한 경우에는 신고서에 그 동의 또는 승낙을 증명하는 서면을 첨부하여야 한다. 다만, 친족회가 동의를 하는 경우에는 친족회의 결의록을 첨부하여야 하며, 그 밖의 동의 또는 승낙에 있어서는 동의 또는 승낙을 한 사람으로 하여금 신고서에 그 사유를 부기하고 서명 또는 기명날인하게 할 수 있다.
②신고사건, 신고인 또는 신고사항 등에 있어서 재판 또는 관공서의 허가를 요하는 사항이 있는 경우에는 신고서에 그 재판서 또는 허가서의 등본을 첨부하여야 한다.

제33조【신고서에 관한 준용규정】 신고서에 관한 규정은 제31조제2항 및 제32조제1항의 서면에 준용한다.

제34조【외국에서 하는 신고】 외국에 있는 대한민국 국민은 이 법에서 정하는 바에 따라 그 지역을 관할하는 대한민국재외공관(이하 "재외공관"이라 한다)의 장에게 신고하거나 신청을 할 수 있다.

제35조【외국의 방식에 따른 증서의 등본】 ①외국에 있는 대한민국 국민이 그 나라의 방식에 따라 신고사건에 관한 증서를 작성한 경우에는 3개월 이내에 그 지역을 관할하는 재외공관의 장에게 그 증서의 등본을 제출하여야 한다.
②대한민국의 국민이 있는 지역이 재외공관의 관할에 속하지 아니하는 경우에는 3개월 이내에 등록기준지의 시·읍·면의 장에게 증서의 등본을 발송하여야 한다.

제36조【외국에서 수리한 서류의 송부】 재외공관의 장은 제34조 및 제35조에 따라 서류를 수리한 때에는 1개월 이내에 외교통상부장관을 경유하여 본인의 등록기준지 시·읍·면의 장에게 송부하여야 한다.

제37조【신고기간의 기산점】 ①신고기간은 신고사건 발생일부터 기산한다.
②재판의 확정일부터 기간을 기산하여야 할 경우에 재판이 송달 또는 교부 전에 확정된 때에는 그 송달 또는 교부된 날부터 기산한다.

제38조【신고의 최고】 ①시·읍·면의 장은 신고를 게을리 한 사람을 안 때에는 상당한 기간을 정하여 신고의무자에 대하여 그 기간 내에 신고할 것을 최고하여야 한다.
②신고의무자가 제1항의 기간 내에 신고를 하지 아니한 때에는 시·읍·면의 장은 다시 상당한 기간을 정하여 최고할 수 있다.
③제18조제2항은 제2항의 최고를 할 수 없는 때 및 최고를 하여도 신고를 하지 아니한 때에, 같은 조 제3항은 국가 또는 지방자치단체의 공무원이 신고를 게을리 한 사람이 있음을 안 때에 준용한다.

제39조【신고의 추후 보완】 시·읍·면의 장은 신고를 수리한 경우에 흠이 있어 등록부에 기록을 할 수 없을 때에는 신고인 또는 신고의무자로 하여금 보완하게 하여야 한다. 이 경우 제38조를 준용한다.

제40조【기간경과 후의 신고】 시·읍·면의 장은 신고기간이 경과한 후의 신고라도 수리하여야 한다.

제41조【사망 후에 도달한 신고】 ①신고인의 생존 중에 우송한 신고서는 그 사망 후라도 시·읍·면의 장은 수리하여야 한다.
②제1항에 따라 신고서가 수리된 때에는 신고인의 사망시에 신고한 것으로 본다.

제42조【수리, 불수리증명서와 서류의 열람】 ①신고인은 신고의 수리 또는 불수리의 증명서를 청구할 수 있다.

②이해관계인은 시·읍·면의 장에게 신고서나 그 밖에 수리한 서류의 열람 또는 그 서류에 기재한 사항에 관하여 증명서를 청구할 수 있다.

③증명서를 청구할 때에는 수수료를 납부하여야 한다.

④이해관계인은 법원에 보관되어 있는 신고서류에 대한 열람을 청구할 수 있다.

⑤제2항 및 제4항의 이해관계인의 자격과 범위 등에 관하여는 제14조제1항부터 제4항까지의 규정을 준용한다.

제43조【신고불수리의 통지】 시·읍·면의 장이 신고를 수리하지 아니한 때에는 그 사유를 지체 없이 신고인에게 서면으로 통지하여야 한다.

제2절 출생

제44조【출생신고의 기재사항】 ①출생의 신고는 출생 후 1개월 이내에 하여야 한다.

②신고서에는 다음 사항을 기재하여야 한다. <개정 2010.5.4>

　1. 자녀의 성명·본·성별 및 등록기준지

　2. 자녀의 혼인 중 또는 혼인 외의 출생자의 구별

　3. 출생의 연월일시 및 장소

　4. 부모의 성명·본·등록기준지 및 주민등록번호(부 또는 모가 외국인인 때에는 그 성명·출생연월일·국적 및 외국인등록번호)

　5. 「민법」 제781조제1항 단서에 따른 협의가 있는 경우 그 사실

　6. 자녀가 복수국적자(複數國籍者)인 경우 그 사실 및 취득한 외국 국적

③자녀의 이름에는 한글 또는 통상 사용되는 한자를 사용하여야 한다. 통상 사용되는 한자의 범위는 대법원규칙으로 정한다.

④출생신고서에는 의사·조산사나 그 밖에 분만에 관여한 사람이 작성한 출생증명서를 첨부하여야 한다. 다만, 부득이한 사유가 있는 경우에는 그러하지 아니하다.

제45조【출생신고의 장소】 ①출생의 신고는 출생지에서 할 수 있다.

②기차나 그 밖의 교통기관 안에서 출생한 때에는 모가 교통기관에서 내린 곳, 항해일지가 비치되지 아니한 선박 안에서 출생한 때에는 그 선박이 최초로 입항한 곳에서 신고할 수 있다.

제46조【신고의무자】 ①혼인 중 출생자의 출생의 신고는 부 또는 모가 하여야 한다.

②혼인 외 출생자의 신고는 모가 하여야 한다.

③제1항 및 제2항에 따라 신고를 하여야 할 사람이 신고를 할 수 없는 경우에는 다음 각

호의 어느 하나에 해당하는 사람이 각 호의 순위에 따라 신고를 하여야 한다.
  1. 동거하는 친족
  2. 분만에 관여한 의사·조산사 또는 그 밖의 사람

제47조【친생부인의 소를 제기한 때】 친생부인의 소를 제기한 때에도 출생신고를 하여야 한다.

제48조【법원이 부를 정하는 때】 ①「민법」제845조에 따라 법원이 부(父)를 정하여야 할 때에는 출생의 신고는 모가 하여야 한다.
②제46조제3항은 제1항의 경우에 준용한다.

제49조【항해 중의 출생】 ①항해 중에 출생이 있는 때에는 선장은 24시간 이내에 제44조제2항에서 정한 사항을 항해일지에 기재하고 서명 또는 기명날인하여야 한다.
②제1항의 절차를 밟은 후 선박이 대한민국의 항구에 도착하였을 때에는 선장은 지체 없이 출생에 관한 항해일지의 등본을 그 곳의 시·읍·면의 장에게 발송하여야 한다.
③선박이 외국의 항구에 도착하였을 때에는 선장은 지체 없이 제2항의 등본을 그 지역을 관할하는 재외공관의 장에게 발송하고 재외공관의 장은 지체 없이 외교통상부장관을 경유하여 등록기준지의 시·읍·면의 장에게 발송하여야 한다.

제50조【공공시설에서의 출생】 병원, 교도소, 그 밖의 시설에서 출생이 있었을 경우에 부모가 신고할 수 없는 때에는 당해 시설의 장 또는 관리인이 신고를 하여야 한다.

제51조【출생신고 전에 사망한 때】 출생의 신고 전에 자녀가 사망한 때에는 출생의 신고와 동시에 사망의 신고를 하여야 한다.

제52조【기아】 ①기아(棄兒)를 발견한 사람 또는 기아발견의 통지를 받은 국가경찰공무원은 24시간 이내에 그 사실을 시·읍·면의 장에게 통보하여야 한다.
②제1항의 통보를 받은 시·읍·면의 장은 소지품, 발견장소, 발견연월일시, 그 밖의 상황, 성별, 출생의 추정연월일을 조서에 기재하여야 한다. 이 경우 그 조서를 신고서로 본다.
③시·읍·면의 장은 「민법」제781조제4항에 따라 기아의 성과 본을 창설한 후 이름과 등록기준지를 정하여 등록부에 기록하여야 한다.

제53조【부모가 기아를 찾은 때】 ①부 또는 모가 기아를 찾은 때에는 1개월 이내에 출생의 신고를 하고 등록부의 정정을 신청하여야 한다.
②제1항의 경우에는 시·읍·면의 장이 확인하여야 한다.

제54조【기아가 사망한 때】 제52조제1항 또는 제53조의 절차를 밟기 전에 기아가 사망하였을 때에는 사망의 신고와 동시에 그 절차를 밟아야 한다.

제3절 인지

제55조【인지신고의 기재사항】 ①인지의 신고서에는 다음 사항을 기재하여야 한다. <개정 2010.5.4>

1. 자녀의 성명·성별·출생연월일·주민등록번호 및 등록기준지(자가 외국인인 때에는 그 성명·성별·출생연월일·국적 및 외국인등록번호)
2. 사망한 자녀를 인지할 때에는 사망연월일, 그 직계비속의 성명·출생연월일·주민등록번호 및 등록기준지
3. 부가 인지할 때에는 모의 성명·등록기준지 및 주민등록번호
4. 인지 전의 자녀의 성과 본을 유지할 경우 그 취지와 내용
5. 「민법」 제909조제4항 또는 제5항에 따라 친권자가 정하여진 때에는 그 취지와 내용

②제1항제4호 및 제5호의 경우에는 신고서에 그 내용을 증명하는 서면을 첨부하여야 한다. 다만, 가정법원의 성·본 계속사용허가심판 또는 친권자를 정하는 재판이 확정된 때에는 제58조를 준용한다.

제56조【태아의 인지】 태내에 있는 자녀를 인지할 때에는 신고서에 그 취지, 모의 성명 및 등록기준지를 기재하여야 한다.

제57조【친생자출생의 신고에 의한 인지】 부가 혼인 외의 자녀에 대하여 친생자출생의 신고를 한 때에는 그 신고는 인지의 효력이 있다.

제58조【재판에 의한 인지】 ①인지의 재판이 확정된 경우에 소를 제기한 사람은 재판의 확정일부터 1개월 이내에 재판서의 등본 및 확정증명서를 첨부하여 그 취지를 신고하여야 한다.

②제1항의 신고서에는 재판확정일을 기재하여야 한다.

③제1항의 경우에는 그 소의 상대방도 재판서의 등본 및 확정증명서를 첨부하여 인지의 재판이 확정된 취지를 신고할 수 있다. 이 경우 제2항을 준용한다.

제59조【유언에 의한 인지】 유언에 의한 인지의 경우에는 유언집행자는 그 취임일부터 1개월 이내에 인지에 관한 유언서등본 또는 유언녹음을 기재한 서면을 첨부하여 제55조 또는 제56조에 따라 신고를 하여야 한다.

제60조【인지된 태아의 사산】 인지된 태아가 사체로 분만된 경우에 출생의 신고의무자는 그 사실을 안 날부터 1개월 이내에 그 사실을 신고하여야 한다. 다만, 유언집행자가 제59조의 신고를 하였을 경우에는 유언집행자가 그 신고를 하여야 한다.

제4절 입양

제61조【입양신고의 기재사항】 입양의 신고서에는 다음 사항을 기재하여야 한다. <개정 2010.5.4>
  1. 당사자의 성명·본·출생연월일·주민등록번호·등록기준지(당사자가 외국인인 때에는 그 성명·출생연월일·국적 및 외국인등록번호) 및 양자의 성별
  2. 양자의 친생부모의 성명·주민등록번호 및 등록기준지

제62조【입양의 신고】 ①양자가 15세 미만인 때에는 「민법」 제869조에 따라 입양을 승낙한 법정대리인이 신고하여야 한다. 다만, 후견인이 입양을 승낙한 때에는 가정법원의 허가서를 첨부하여야 한다.
②「민법」 제871조에 따라 후견인이 입양의 동의를 한 때에는 후견인의 동의서 및 가정법원의 허가서를 첨부하여야 한다.
③후견인이 피후견인을 양자로 하는 경우에는 가정법원의 허가서를 첨부하여야 한다.

제5절 파양

제63조【파양신고의 기재사항】 파양의 신고서에는 다음 사항을 기재하여야 한다. <개정 2010.5.4>
  1. 당사자의 성명·본·출생연월일·주민등록번호 및 등록기준지(당사자가 외국인인 때에는 그 성명·출생연월일·국적 및 외국인등록번호)
  2. 양자의 친생부모의 성명·등록기준지 및 주민등록번호

제64조【협의상 파양의 신고】 ①「민법」 제899조에 따라 협의상 파양을 하는 경우에는 그 협의를 한 사람이 신고를 하여야 한다. 다만, 그 신고를 후견인 또는 생가(生家)의 다른 직계존속이 하는 때에는 가정법원의 허가서를 첨부하여야 한다.
②「민법」 제900조에 따른 협의상 파양에 관하여 후견인이 파양의 동의를 한 때에는 후견인의 동의서 및 가정법원의 허가서를 첨부하여야 한다.

제65조【준용규정】 ①제63조는 입양취소의 신고에 준용한다.
②제58조는 입양취소의 재판이 확정된 경우에 준용한다.

제66조【준용규정】 제58조는 파양의 재판이 확정된 경우에 준용한다.

제6절 친양자의 입양 및 파양

제67조【친양자의 입양신고】 ①「민법」 제908조의2에 따라 친양자를 입양하고자 하는 사람은 친양자 입양재판의 확정일부터 1개월 이내에 재판서의 등본 및 확정증명서를 첨부하여 제61조의 신고를 하여야 한다.
②제1항의 신고서에는 재판확정일을 기재하여야 한다.

제68조【준용규정】 제58조는 친양자의 입양신고에 준용한다.

제69조【친양자의 파양신고】 ①「민법」 제908조의5에 따라 친양자 파양의 재판이 확정된 경우 소를 제기한 사람은 재판의 확정일부터 1개월 이내에 재판서의 등본 및 확정증명서를 첨부하여 제63조의 신고를 하여야 한다.
②제1항의 신고서에는 재판확정일을 기재하여야 한다.
③제1항의 경우에는 그 소의 상대방도 재판서의 등본 및 확정증명서를 첨부하여 친양자 파양의 재판이 확정된 취지를 신고할 수 있다. 이 경우 제2항을 준용한다.

제70조【준용규정】 제69조는 친양자의 입양취소의 재판이 확정된 경우에 준용한다.

제7절 혼인

제71조【혼인신고의 기재사항 등】 혼인의 신고서에는 다음 사항을 기재하여야 한다. 다만, 제3호의 경우에는 혼인당사자의 협의서를 첨부하여야 한다. <개정 2010.5.4>
　1. 당사자의 성명·본·출생연월일·주민등록번호 및 등록기준지(당사자가 외국인인 때에는 그 성명·출생연월일·국적 및 외국인등록번호)
　2. 당사자의 부모와 양부모의 성명·등록기준지 및 주민등록번호
　3.「민법」 제781조제1항 단서에 따른 협의가 있는 경우 그 사실
　4.「민법」 제809조제1항에 따른 근친혼에 해당되지 아니한다는 사실

제72조【재판에 의한 혼인】 사실상 혼인관계 존재확인의 재판이 확정된 경우에는 소를 제기한 사람은 재판의 확정일부터 1개월 이내에 재판서의 등본 및 확정증명서를 첨부하여 제71조의 신고를 하여야 한다.

제73조【준용규정】 제58조는 혼인취소의 재판이 확정된 경우에 준용한다.

제8절 이혼

제74조【이혼신고의 기재사항】 이혼의 신고서에는 다음 사항을 기재하여야 한다. <개정 2010.5.4>
  1. 당사자의 성명·본·출생연월일·주민등록번호 및 등록기준지(당사자가 외국인인 때에는 그 성명·국적 및 외국인등록번호)
  2. 당사자의 부모와 양부모의 성명·등록기준지 및 주민등록번호
  3. 「민법」 제909조제4항 또는 제5항에 따라 친권자가 정하여진 때에는 그 내용

제75조【협의상 이혼의 확인】 ①협의상 이혼을 하고자 하는 사람은 등록기준지 또는 주소지를 관할하는 가정법원의 확인을 받아 신고하여야 한다. 다만, 국내에 거주하지 아니하는 경우에 그 확인은 서울가정법원의 관할로 한다.
②제1항의 신고는 협의상 이혼을 하고자 하는 사람이 가정법원으로부터 확인서등본을 교부 또는 송달받은 날부터 3개월 이내에 그 등본을 첨부하여 행하여야 한다.
③제2항의 기간이 경과한 때에는 그 가정법원의 확인은 효력을 상실한다.
④가정법원의 확인 절차와 신고에 관하여 필요한 사항은 대법원규칙으로 정한다.

제76조【간주규정】 협의이혼신고서에 가정법원의 이혼의사확인서등본을 첨부한 경우에는 「민법」 제836조제2항에서 정한 증인 2인의 연서가 있는 것으로 본다.

제77조【준용규정】 제74조는 혼인취소의 신고에 준용한다.

제78조【준용규정】 제58조는 이혼의 재판이 확정된 경우에 준용한다.

제9절 친권 및 후견

제79조【친권자 지정 및 변경 신고】 ①부모가 「민법」 제909조제4항에 따라 친권자를 정한 때에는 1개월 이내에 그 사실을 신고하여야 한다. 부모 중 일방이 신고하는 경우에는 그 사실을 증명하는 서면을 첨부하여야 한다.
②친권이나 관리권의 상실·사퇴·회복에 관한 재판 또는 「민법」 제909조제4항부터 제6항까지의 규정에 따라 친권자를 정하거나 변경하는 재판이 확정된 때에는 그 재판을 청구한 사람 또는 그 재판으로 친권자로 정하여진 사람이 그 내용을 신고하여야 한다. 이 경우 제58조를 준용한다.

제80조【후견개시신고의 기재사항】 ①후견개시의 신고는 후견인이 그 취임일부터 1개

월 이내에 하여야 한다.

②신고서에는 다음 사항을 기재하여야 한다.

　1. 후견인과 피후견인의 성명·출생연월일·주민등록번호 및 등록기준지

　2. 후견개시의 원인 및 연월일

　3. 후견인이 취임한 연월일

제81조 【후견인 경질신고 등】 ①후견인이 경질된 경우에는 후임자는 취임일부터 1개월 이내에 그 취지를 신고하여야 한다.

②제1항의 신고에는 제80조제2항을 준용한다.

③제79조제2항은 「민법」 제940조에 따라 후견인이 변경된 경우에 준용한다.

제82조 【유언 또는 재판에 따른 후견인의 선정】 ①유언에 의하여 후견인을 지정한 경우에는 지정에 관한 유언서 그 등본 또는 유언녹음을 기재한 서면을 신고서에 첨부하여야 한다.

②후견인선임의 재판이 있는 경우에는 재판서의 등본을 신고서에 첨부하여야 한다.

제83조 【후견종료신고】 ①후견종료의 신고는 후견인이 1개월 이내에 하여야 한다. 다만, 미성년자의 성년 도달로 인하여 후견이 종료된 경우에는 그러하지 아니하다.

②신고서에는 다음 사항을 기재하여야 한다.

　1. 피후견인의 성명·등록기준지 및 주민등록번호

　2. 후견종료의 원인 및 연월일

③후견종료의 원인이 「민법」 제939조 또는 같은 법 제940조에 따른 것인 때에는 재판서의 등본을 첨부하여야 한다.

제10절 사망과 실종

제84조 【사망신고와 그 기재사항】 ①사망의 신고는 제85조에 규정한 사람이 사망의 사실을 안 날부터 1개월 이내에 진단서 또는 검안서를 첨부하여 하여야 한다.

②신고서에는 다음 사항을 기재하여야 한다.

　1. 사망자의 성명, 성별, 등록기준지 및 주민등록번호

　2. 사망의 연월일시 및 장소

③부득이한 사정으로 인하여 진단서나 검안서를 얻을 수 없는 때에는 사망의 사실을 증명할 만한 서면으로써 이에 갈음할 수 있다. 이 경우 신고서에 그 진단서 또는 검안서를 얻지 못한 사유를 기재하여야 한다.

제85조 【사망신고의무자】 ①사망의 신고는 동거하는 친족이 하여야 한다.

②친족·동거자 또는 사망장소를 관리하는 사람, 사망장소의 동장 또는 통·이장도 사망의 신

고를 할 수 있다.

제86조【사망신고의 장소】 사망의 신고는 사망지·매장지 또는 화장지에서 할 수 있다. 다만, 사망지가 분명하지 아니한 때에는 사체가 처음 발견된 곳에서, 기차나 그 밖의 교통기관 안에서 사망이 있었을 때에는 그 사체를 교통기관에서 내린 곳에서, 항해일지를 비치하지 아니한 선박 안에서 사망한 때에는 그 선박이 최초로 입항한 곳에서 할 수 있다.

제87조【재난 등으로 인한 사망】 수해, 화재나 그 밖의 재난으로 인하여 사망한 사람이 있는 경우에는 이를 조사한 관공서는 지체 없이 사망지의 시·읍·면의 장에게 통보하여야 한다. 다만, 외국에서 사망한 때에는 사망자의 등록기준지의 시·읍·면의 장에게 통보하여야 한다.

제88조【사형, 재소 중 사망】 ①사형의 집행이 있는 때에는 교도소장은 지체 없이 교도소 소재지의 시·읍·면의 장에게 사망의 통보를 하여야 한다.
②제1항은 재소 중 사망한 사람의 사체를 찾아갈 사람이 없는 경우에 준용한다. 이 경우 통보서에 진단서 또는 검안서를 첨부하여야 한다.

제89조【통보서의 기재사항】 제87조 및 제88조에서 규정한 통보서에는 제84조제2항에서 정한 사항을 기재하여야 한다.

제90조【등록불명자 등의 사망】 ①사망자에 대하여 등록이 되어 있는지 여부가 분명하지 아니하거나 사망자를 인식할 수 없는 때에는 국가경찰공무원은 검시조서를 작성·첨부하여 지체 없이 사망지의 시·읍·면의 장에게 사망의 통보를 하여야 한다.
②사망자가 등록이 되어 있음이 판명되었거나 사망자의 신원을 알 수 있게 된 때에는 국가경찰공무원은 지체 없이 사망지의 시·읍·면의 장에게 그 취지를 통보하여야 한다.
③제1항의 통보가 있은 후에 제85조에서 정한 사람이 사망자의 신원을 안 때에는 그 날부터 10일 이내에 사망의 신고를 하여야 한다.

제91조【준용규정】 제49조 및 제50조는 사망의 신고에 준용한다.

제92조【실종선고의 신고】 ①실종선고의 신고는 그 선고를 청구한 사람이 재판확정일부터 1개월 이내에 재판서의 등본 및 확정증명서를 첨부하여 하여야 한다.
②실종선고의 신고서에는 다음 사항을 기재하여야 한다.
 1. 실종자의 성명·성별·등록기준지 및 주민등록번호
 2. 「민법」 제27조에서 정한 기간의 만료일
③제58조는 실종선고취소의 재판이 확정된 경우에 그 재판을 청구한 사람에게 준용한다.

제11절 국적의 취득과 상실

제93조【인지 등에 따른 국적취득의 통보 등】 ①법무부장관은 「국적법」 제3조제1항 또는 같은 법 제11조제1항에 따라 대한민국의 국적을 취득한 사람이 있는 경우 지체 없이 국적을 취득한 사람이 정한 등록기준지의 시·읍·면의 장에게 대법원규칙으로 정하는 사항을 통보하여야 한다.
②제1항의 통보를 받은 시·읍·면의 장은 국적을 취득한 사람의 등록부를 작성한다.

제94조【귀화허가의 통보 등】 ①법무부장관은 「국적법」 제4조에 따라 외국인을 대한민국 국민으로 귀화허가한 경우 지체 없이 귀화허가를 받은 사람이 정한 등록기준지의 시·읍·면의 장에게 대법원규칙으로 정하는 사항을 통보하여야 한다.
②제1항의 통보를 받은 시·읍·면의 장은 귀화허가를 받은 사람의 등록부를 작성한다.

제95조【국적회복허가의 통보 등】 ①법무부장관은 「국적법」 제9조에 따라 대한민국의 국적회복을 허가한 경우 지체 없이 국적회복을 한 사람이 정한 등록기준지의 시·읍·면의 장에게 대법원규칙으로 정하는 사항을 통보하여야 한다.
②제1항의 통보를 받은 시·읍·면의 장은 국적회복을 한 사람의 등록부를 작성한다. 다만, 국적회복을 한 사람의 등록부등이 있는 경우에는 등록부등에 기재된 등록기준지의 시·읍·면의 장에게 그 사항을 통보하여야 한다.

제96조【국적취득자의 성과 본의 창설 신고】 ①외국의 성을 쓰는 국적취득자가 그 성을 쓰지 아니하고 새로이 성(姓)·본(本)을 정하고자 하는 경우에는 그 등록기준지·주소지 또는 등록기준지로 하고자 하는 곳을 관할하는 가정법원의 허가를 받고 그 등본을 받은 날부터 1개월 이내에 그 성과 본을 신고하여야 한다.
②대한민국의 국적을 회복하거나 재취득하는 경우에는 종전에 사용하던 대한민국식 성명으로 국적회복신고 또는 국적재취득신고를 할 수 있다.
③제2항의 경우 신고서에는 종전에 사용하던 대한민국식 성명을 소명하여야 한다.
④신고서에는 다음 사항을 기재하여야 한다.
  1. 종전의 성
  2. 창설한 성·본
  3. 허가의 연월일
⑤제4항의 신고서에는 제1항에 따른 허가의 등본을 첨부하여야 한다.

제97조【국적상실신고의 기재사항】 ①국적상실의 신고는 배우자 또는 4촌 이내의 친족이 그 사실을 안 날부터 1개월 이내에 하여야 한다.
②신고서에는 다음 각 호의 사항을 기재하여야 한다.
  1. 국적상실자의 성명·주민등록번호 및 등록기준지

  2. 국적상실의 원인 및 연월일

  3. 새로 외국국적을 취득한 때에는 그 국적

③제2항의 신고서에는 국적상실을 증명하는 서면을 첨부하여야 한다.

④국적상실자 본인도 국적상실의 신고를 할 수 있다.

제98조【국적선택 등의 통보】 ①법무부장관은 다음 각 호의 어느 하나에 해당하는 사유
가 발생한 경우 그 사람의 등록기준지(등록기준지가 없는 경우에는 그 사람이 정한 등록기
준지)의 시·읍·면의 장에게 대법원규칙으로 정하는 사항을 통보하여야 한다.   <개정
2010.5.4>

  1. 「국적법」 제13조에 따라 복수국적자로부터 대한민국의 국적을 선택한다는 신고를 수
리한 때

  2. 「국적법」 제14조제1항에 따라 국적이탈신고를 수리한 때

  3. 「국적법」 제20조에 따라 대한민국 국민으로 판정한 때

②대한민국 국민으로 판정받은 사람이 등록되어 있지 아니한 때에는 그 통보를 받은 시·읍·
면의 장은 등록부를 작성한다.

제12절 개명 및 성(姓)·본(本) 변경

제99조【개명신고】 ①개명하고자 하는 사람은 주소지(재외국민의 경우 등록기준지)를
관할하는 가정법원의 허가를 받고 그 허가서의 등본을 받은 날부터 1개월 이내에 신고를
하여야 한다.

②신고서에는 다음 사항을 기재하여야 한다.

  1. 변경 전의 이름

  2. 변경한 이름

  3. 허가연월일

③제2항의 신고서에는 허가서의 등본을 첨부하여야 한다.

제100조【성·본 변경신고】 ①「민법」 제781조제6항에 따라 자녀의 성(姓)·본(本)을 변
경하고자 하는 사람은 재판확정일부터 1개월 이내에 재판서의 등본 및 확정증명서를 첨부
하여 신고하여야 한다.

②신고서에는 다음 사항을 기재하여야 한다.

  1. 변경 전의 성·본

  2. 변경한 성·본

  3. 재판확정일

제13절 가족관계 등록 창설

제101조【가족관계 등록 창설신고】 ①등록이 되어 있지 아니한 사람은 등록을 하려는 곳을 관할하는 가정법원의 허가를 받고 그 등본을 받은 날부터 1개월 이내에 가족관계 등록 창설(이하 "등록창설"이라 한다)의 신고를 하여야 한다.
②신고서에는 제9조제2항에 규정된 사항 외에 등록창설허가의 연월일을 기재하여야 한다.
③제2항의 신고서에는 등록창설허가의 등본을 첨부하여야 한다.

제102조【직계혈족에 의한 등록창설신고】 등록창설허가의 재판을 얻은 사람이 등록창설의 신고를 하지 아니한 때에는 배우자 또는 직계혈족이 할 수 있다.

제103조【판결에 의한 등록창설의 신고】 ①확정판결에 의하여 등록창설의 신고를 하여야 할 경우에는 판결확정일부터 1개월 이내에 하여야 한다.
②신고서에는 제9조제2항에 규정된 사항 외에 판결확정일을 기재하여야 한다.
③제2항의 신고서에는 판결의 등본 및 확정증명서를 첨부하여야 한다.

제5장 등록부의 정정

제104조【위법한 가족관계 등록기록의 정정】 등록부의 기록이 법률상 허가될 수 없는 것 또는 그 기재에 착오나 누락이 있다고 인정한 때에는 이해관계인은 사건 본인의 등록기준지를 관할하는 가정법원의 허가를 받아 등록부의 정정을 신청할 수 있다.

제105조【무효인 행위의 가족관계등록기록의 정정】 신고로 인하여 효력이 발생하는 행위에 관하여 등록부에 기록하였으나 그 행위가 무효임이 명백한 때에는 신고인 또는 신고사건의 본인은 사건 본인의 등록기준지를 관할하는 가정법원의 허가를 받아 등록부의 정정을 신청할 수 있다.

제106조【정정신청의 의무】 제104조 및 제105조에 따라 허가의 재판이 있었을 때에는 재판서의 등본을 받은 날부터 1개월 이내에 그 등본을 첨부하여 등록부의 정정을 신청하여야 한다.

제107조【판결에 의한 등록부의 정정】 확정판결로 인하여 등록부를 정정하여야 할 때에는 소를 제기한 사람은 판결확정일부터 1개월 이내에 판결의 등본 및 그 확정증명서를 첨부하여 등록부의 정정을 신청하여야 한다.

제108조【준용규정】 제20조제1항, 제22조, 제25조부터 제27조까지, 제29조부터 제33조까지 및 제37조부터 제42조까지의 규정은 등록부의 정정신청에 준용한다.

제6장 불복절차

제109조【불복의 신청】 ①등록사건에 관하여 이해관계인은 시·읍·면의 장의 위법 또는 부당한 처분에 대하여 관할 가정법원에 불복의 신청을 할 수 있다.
②제1항의 신청을 받은 가정법원은 신청에 관한 서류를 시·읍·면의 장에게 송부하며 그 의견을 구할 수 있다.

제110조【불복신청에 대한 시·읍·면의 조치】 ①시·읍·면의 장은 그 신청이 이유 있다고 인정하는 때에는 지체 없이 처분을 변경하고 그 취지를 법원과 신청인에게 통지하여야 한다.
②신청이 이유 없다고 인정하는 때에는 의견을 붙여 지체 없이 그 서류를 법원에 반환하여야 한다.

제111조【불복신청에 대한 법원의 결정】 ①가정법원은 신청이 이유 없는 때에는 각하하고 이유 있는 때에는 시·읍·면의 장에게 상당한 처분을 명하여야 한다.
②신청의 각하 또는 처분을 명하는 재판은 결정으로써 하고, 시·읍·면의 장 및 신청인에게 송달하여야 한다.

제112조【항고】 가정법원의 결정에 대하여는 법령을 위반한 재판이라는 이유로만 「비송사건절차법」에 따라 항고할 수 있다.

제113조【불복신청의 비용】 불복신청의 비용에 관하여는 「비송사건절차법」의 규정을 준용한다.

제7장 신고서류의 송부와 법원의 감독

제114조【신고서류 등의 송부】 시·읍·면의 장은 등록부에 기록할 수 없는 등록사건을 제외하고는 대법원규칙으로 정하는 바에 따라 등록부에 기록을 마친 신고서류 등을 관할 법원에 송부하여야 한다.

제115조【신고서류 등의 조사 및 시정지시】 ①법원은 시·읍·면의 장으로부터 신고서류 등을 송부받은 때에는 지체 없이 등록부의 기록사항과 대조하고 조사하여야 한다.

②법원은 제1항의 조사결과 그 신고서류 등에 위법·부당한 사실이 발견된 경우에는 시·읍·면의 장에 대하여 시정지시 등 필요한 처분을 명할 수 있다.

③신고서류조사 또는 시정지시 및 신고서류 보관절차에 관하여 필요한 사항은 대법원규칙으로 정한다.

제116조【각종 보고의 명령 등】 법원은 시·읍·면의 장에 대하여 등록사무에 관한 각종 보고를 명하는 등 감독상 필요한 조치를 취할 수 있다.

제8장 벌칙

제117조【벌칙】 다음 각 호의 어느 하나에 해당하는 사람은 3년 이하의 징역 또는 1천만원 이하의 벌금에 처한다.

　1. 제11조제6항을 위반한 사람

　2. 제13조제2항을 위반한 사람

　3. 제14조제1항·제2항 및 제42조를 위반하여 거짓 그 밖의 부정한 방법으로 다른 사람의 신고서류를 열람하거나 신고서류에 기재되어 있는 사항 또는 등록부등의 기록사항에 관한 증명서를 교부받은 사람

　4. 이 법에 따른 등록사무처리의 권한에 관한 승인절차 없이 전산정보처리조직에 가족관계 등록정보를 입력·변경하여 정보처리를 하거나 기술적 수단을 이용하여 가족관계 등록정보를 알아낸 사람

제118조【벌칙】 ①등록부의 기록을 요하지 아니하는 사항에 관하여 거짓의 신고를 한 사람 및 등록의 신고와 관련된 사항에 관하여 거짓으로 보증을 한 사람은 1년 이하의 징역 또는 300만원 이하의 벌금에 처한다.

②외국인에 대한 사항에 관하여 거짓의 신고를 한 사람도 제1항과 같다.

제119조【양벌규정】 법인의 대표자나 법인 또는 개인의 대리인, 사용인, 그 밖의 종업원이 그 법인 또는 개인의 업무에 관하여 제117조 또는 제118조의 위반행위를 하면 그 행위자를 벌하는 외에 그 법인 또는 개인에게도 해당 조문의 벌금형을 과(科)한다. 다만, 법인 또는 개인이 그 위반행위를 방지하기 위하여 해당 업무에 관하여 상당한 주의와 감독을 게을리하지 아니한 경우에는 그러하지 아니하다.

[전문개정 2010.5.4]

제120조【과태료】 다음 각 호의 어느 하나에 해당하는 시·읍·면의 장에게는 50만원 이하의 과태료를 부과한다.

　1. 제115조제2항에 따른 명령을 위반한 때

　2. 제116조에 따른 명령을 위반한 때

제121조 【과태료】 시·읍·면의 장이 제38조 또는 제108조에 따라 기간을 정하여 신고 또는 신청의 최고를 한 경우에 정당한 사유 없이 그 기간 내에 신고 또는 신청을 하지 아니한 사람에게는 10만원 이하의 과태료를 부과한다.

제122조 【과태료】 이 법에 따른 신고의 의무가 있는 사람이 정당한 사유 없이 기간 내에 하여야 할 신고 또는 신청을 하지 아니한 때에는 5만원 이하의 과태료를 부과한다.

제123조 【과태료 재판】 제120조의 과태료 재판은 과태료를 부과할 시·읍·면의 장의 사무소 소재지를 관할하는 가정법원이 「비송사건절차법」에 따라 행한다.

제124조 【과태료 부과·징수】 ①제121조 및 제122조에 따른 과태료는 대법원규칙으로 정하는 바에 따라 시·읍·면의 장(제21조제2항에 해당하는 때에는 출생·사망의 신고를 받는 동의 관할 시장·구청장을 말한다. 이하 이 조에서 같다)이 부과·징수한다.
②제1항에 따른 과태료 처분에 불복하는 사람은 30일 이내에 해당 시·읍·면의 장에게 이의를 제기할 수 있다.
③제1항에 따라 시·읍·면의 장으로부터 과태료 처분을 받은 사람이 제2항에 따라 이의를 제기한 때에는 당해 시·읍·면의 장은 지체 없이 과태료 처분을 받은 사람의 주소 또는 거소를 관할하는 가정법원에 그 사실을 통보하여야 하며, 그 통보를 받은 가정법원은 「비송사건절차법」에 따른 과태료 재판을 한다.
④제2항에 따른 기간 이내에 이의를 제기하지 아니하고 과태료를 납부하지 아니한 때에는 지방세 체납처분의 예에 따라 징수한다.

부칙

<법률 제11690호, 2013.3.23>
(정부조직법)

제1조 【시행일】 ①이 법은 공포한 날부터 시행한다.

제2조부터 제5조까지 생략

제6조 【다른 법률의 개정】
①부터 <113>까지 생략
<114> 가족관계의 등록 등에 관한 법률 일부를 다음과 같이 개정한다.
제36조 및 제49조제3항 중 "외교통상부장관"을 각각 "외교부장관"으로 한다.
<115>부터 <710>까지 생략

제7조 생략

신간 · 개정판 안내(법문북스·법률미디어)		
책 명	저 자	정 가
1. 수사형사조사총서 제1권 형법	김 정 수	150,000
2. 수사형사조사총서 제2권 형사특별법	김 정 수	150,000
3. 도산법 실제와 법리	김 영 한	90,000
4. 사이버수사 형벌총서	김창범 · 고홍남	160,000
5. 법률학 대사전	이 병 태	180,000
6. 수사해법과 형벌사례연구	이 창 현	140,000
7. 형벌법요설과 수사기술	김 정 수	68,000
8. 조세의 정의와 실무이론	생활법률연구원	70,000
9. 자동차사고로 인한 손해배상의 책임과 보상	박 영 민	30,000
10. 형벌형법의 실제와 정해	이 상 범	140,000
11. 형벌형사특별법의 실제와 정해	이 상 범	140,000
12. 부동산제문제와 법률적 연구	대한부동산법률문제연구회	85,000
13. 민사소송실제와 법원유해(전2권)	김 만 길	340,000
14. 상거래시 수표 · 어음의 법률적 문제와 이해	김 창 범	65,000
15. 민사소송실제와 법원유해(전2권)	김 만 길	340,000
16. 채권 총론·각론의 조문분석과 법리	이 기 옥	85,000
17. 형사특별법 형벌문제분석과 조사기법	김 정 수	130,000
18. 형법 형사문제문제분석과 조사기법	김 정 수	130,000
19. 형벌의 이해와 실제연구	김 창 범	80,000
20. 법률학지식입문대사전	이 상 범 외	160,000
21. 실용법인등기요설	김 만 길	160,000
22. 토지건물소송과 법원처리절차	김 용 한	160,000
23. 가사(가족관계)소송과 실무정해	박 근 영 외	160,000
24. 민법주석대전(전3권)	경 수 근 외	450,000
25. 민사소송집행실무이론절차(전4권)	김 만 길 외	560,000
26. 법률종합서식	오 시 영 외	150,000
27. 최신계약실무이론총서(전2권)	박 종 훈 외	320,000
28. 민사집행 · 경매 실무이론	이 재 천	140,000
29. 법률학사전	이 병 태	180,000
30. 채무자 회생 파산 분석 요해	이 상 범	160,000
31. 가압류가처분경매총서	김 만 길 외	320,000
32. 법인등기실무이론	김 용 환 외	160,000
33. 법률법원규정특별연구(전2권)	이 상 범	320,000

▨ 편 저 ▨

□ 대한민사법실무연구회

현행 법규 사례에 따른
성년 후견 · 후견 제도의 규정과 사례

定價 24,000원

2013年 10月 5日 1판 인쇄
2013年 10月 10日 1판 발행
　편　저 : 대한민사법실무연구회
　발행인 : 김　현　호
　발행처 : 법문　북스
　공급처 : 법률미디어

152-050
서울 구로구 구로동 636-62
TEL : (대표번호)2636-2911, FAX : 2636~3012
등록 : 1979년 8월 27일 제5-22호
Home : www.lawbooks.co.kr

▌ISBN 978-89-7535-265-2 13360
▌파본은 교환해 드립니다.
▌본서의 무단 전재 · 복제행위는 저작권법에 의거, 3년 이하의
　징역 또는 3,000만원 이하의 벌금에 처해집니다.